WUZHA GUIDAO TIELU LUJI

JISHU GUANJIAN LUJING YU CUOSHI

无砟轨道铁路路基

——技术关键、路径与措施

魏永幸 著

人民交通出版社股份有限公司
China Communications Press Co.,Ltd.

内 容 提 要

本书是作者多年从事无砟轨道铁路路基研究及设计的成果总结。本书从无砟轨道对路基的要求出发，系统阐述了无砟轨道铁路路基的关键技术，介绍了基于层状体系的无砟轨道铁路路基结构设计理论，桩-网结构路基与桩-板结构路基设计方法，以及路基面支承刚度与线路纵向刚度匹配理论等，并讨论了无砟轨道铁路路基关键技术的工程实现途径及具体工程措施。

本书内容丰富，既有系统的无砟轨道铁路路基设计理论阐述，又有面向工程实践的无砟轨道铁路路基技术关键、实现途径及工程措施诠释，兼具理论与工程创新，可供工程技术人员以及教学、科研人员参考。

图书在版编目(CIP)数据

无砟轨道铁路路基：技术关键、路径与措施 / 魏永幸著. —北京：人民交通出版社股份有限公司，2016.7

ISBN 978-7-114-12796-0

Ⅰ.①无… Ⅱ.①魏… Ⅲ.①无砟轨道—铁路路基 Ⅳ.①U213.1

中国版本图书馆 CIP 数据核字(2016)第 024218 号

书　　名：无砟轨道铁路路基——技术关键、路径与措施

著 作 者：魏永幸

责任编辑：王　霞　王景景

出版发行：人民交通出版社股份有限公司

地　　址：(100011)北京市朝阳区安定门外外馆斜街 3 号

网　　址：http://www.ccpress.com.cn

销售电话：(010)59757973

总 经 销：人民交通出版社股份有限公司发行部

经　　销：各地新华书店

印　　刷：北京市密东印刷有限公司

开　　本：787×1092　1/16

印　　张：11

字　　数：255 千

版　　次：2016 年 7 月　第 1 版

印　　次：2016 年 7 月　第 1 次印刷

书　　号：ISBN 978-7-114-12796-0

定　　价：45.00 元

作者简介

魏永幸(1964—),四川名山人,中铁二院工程集团有限责任公司技术中心主任,《高速铁路技术》杂志主编,教授级高工,国家注册土木工程师(岩土)。1985年毕业于西南交通大学(铁道工程专业,工学学士),2003年毕业于四川省工商管理学院(工商管理硕士)。

长期从事铁路(公路)路基、地质灾害治理、边坡防护等工程的勘察、设计、研究及技术管理工作。发表学术论文100余篇,申请并获得专利10余项。获国家科技进步奖1项、省部级科学技术奖10项,获国家优秀工程设计奖1项、省部级优秀工程设计奖8项。

参加中国首条无砟轨道试验铁路——遂渝线无砟轨道综合试验段的研究、设计及试验工作,负责线下工程关键技术研究及路基工程设计,主持完成桩-网结构路基、桩-板结构路基、两桥(隧)之间刚性路基、红层泥岩填筑无砟轨道路基等技术的开发,参与路基及过渡段动力性能测试。主持完成的"遂渝线无砟轨道路基关键技术研究"获四川省科技进步三等奖,"遂渝线无砟轨道路基工程设计"获四川省优秀设计一等奖。参加完成的"遂渝线无砟轨道关键技术研究与应用"获2010年度国家科技进步一等奖,"遂渝线无砟轨道试验段工程设计"获2009年度全国优秀设计铜奖。此外,还先后主持完成了"客运专线两桥(隧)之间短路基设计技术研究"、"客运专线隧路过渡段设计关键技术研究"、"红层泥岩路基基床动力学特性试验研究"、"基于层状体系的无砟轨道铁路路基结构设计理论与应用研究"、"客运专线无砟轨道路基面防水材料试验研究"、"全断面沥青混凝土路基基床表层结构试验研究"等课题研究,参加了"高速铁路线下工程变形监测及评估技术与数据处理系统研究"、"高速铁路路基维护技术研究"等高速铁路相关课题的研究工作。

序

无砟轨道具有更能持久保持轨道几何形位的突出优势，已成为高速铁路轨道结构的首选。但无砟轨道铁路对基础变形和基础纵向刚度变化提出了严格的要求，这对于以岩土材料构筑于露天环境的路基工程的设计、施工提出了新的挑战和考验。我国从2004年起持续开展了土质路基上铺设无砟轨道铁路的试验研究，取得了整体技术的较大进步，主要表现在：针对复杂多样的地质环境，实现了路基沉降变形的有效控制以及路基与桥隧等构筑物刚度的平顺过渡，满足了无砟轨道铁路对基础变形和基础纵向刚度变化的严格要求。

本书作者曾参与中国首条无砟轨道试验铁路——遂渝线无砟轨道综合试验段的建设，负责路基工程技术的研究与设计工作。作者一直紧密结合工程建设在生产一线从事路基工程设计与研究工作，特别是结合我国高速铁路建设，主持或参与了多项科学研究与技术开发工作，对无砟轨道铁路路基设计理论与关键技术及工程应用有较为深入和系统的研究。本书是作者多年研究成果的总结，系统阐述了无砟轨道铁路路基的关键技术，介绍了基于层状体系的无砟轨道铁路路基结构设计理论、桩－网结构路基与桩－板结构路基设计方法以及路基面支承刚度与线路纵向刚度匹配理论等，并探讨了无砟轨道铁路路基关键技术实施的工程途径及具体措施。

“言之不文，行而不远”。在当前高速铁路建设快速发展的形势下，将无砟轨道铁路路基设计理论及其关键技术系统总结提炼，对于业内的技术提升有着重要的现实意义，尤其书中对无砟轨道铁路路基技术关键、实现途径及工程措施的系统阐述，兼具理论与工程创新，值得一读。乐为之序，并推荐给广大同行。

中国工程院院士
浙江大学教授　龚晓南

2015年11月28日

前　言

qianyan

高速铁路，以其高效、快捷、节能、环保的突出优势，自20世纪问世以来逐渐为世界各经济发达国家所接受和推崇，已成为主流交通方式之一。无砟轨道，相对于传统的有砟轨道，具有更能持久保持轨道几何形位的突出优势，成为高速铁路轨道结构的首选。我国自2004年启动高速铁路建设计划，经反复论证，在时速250km高速铁路上主要采用无砟轨道，并通过大量的研究、试验及样板工程建设，先后推出CRTSⅠ型板式、双块式，CRTSⅡ型板式、双块式，以及CRTSⅢ型板式无砟轨道。

有砟轨道，当线下基础出现沉降而引起轨道不平顺时，可以通过补充道砟和整道来恢复轨道几何形位。无砟轨道，当线下基础出现数值较小的沉降变形时，可以通过调整扣件来恢复轨道几何形位，但线下基础数值较大的沉降变形将导致轨道结构重新安装或修复，需要中断行车进行维护且维护工作量大。因此，无砟轨道，必须要将线下基础沉降变形控制在一定范围，以防止因线下基础过量沉降变形引起无砟轨道结构破坏及轨道严重变形。这也是无砟轨道铁路相对于有砟轨道铁路的最显著特点。

为满足无砟轨道铁路对线下基础的要求，作为以岩土材料构筑于露天环境的路基工程，其设计理念、设计理论、设计方法以及工程技术，均与有砟轨道铁路存在显著不同和差异。作者有幸参加了中国首条无砟轨道试验铁路——遂渝线无砟轨道综合试验段的研究与设计，并在之后一直致力于无砟轨道铁路路基设计理论、关键技术的研究与实践，对无砟轨道铁路路基设计理论、关键技术及工程实现途径等，有较为深刻的认识。

本书是作者多年从事无砟轨道铁路路基设计理论、关键技术研究与实践的成果总结。本书从无砟轨道对路基的要求出发，围绕路基工程如何才能满足无砟轨道铺设要求的技术主线，讨论了路基基床性能，路基层状结构体系，基于层状体系的路基基床结构设计方法；讨论了路基沉降构成，路基沉降控制途径，控制地基沉降的桩－网结构路基与桩－板结构路基及其设计方法；讨论了路基支承刚度，路基竖向刚度控制，路基与桥(隧、涵)结构物的纵向刚度匹配及路基纵断面设计理念；路基性能的长期稳定性，路基防排水体系，路基面防水沥青混凝土；以及斜坡路基变形控制，斜坡地段异物入侵危害及其防治等。本书以无砟轨道铁路路基关键技术为线索，在介绍了相关研究成果的基础上，重点讨论了关键技术的工程实现途径，以及解决工程技术问题的创新路径与方向；同时，基于系统性的考虑，也简要介绍了相关设计理论和方法。

全书由魏永幸策划，并负责撰稿、统稿。四川大学薛新华博士协助完成资料整理并参与书稿初稿的编写。西南交通大学邱延骏教授、中国铁道科学院张千里研究员参与了第三章的编写，西南交通大学罗强教授参与了第六章的编写，武汉理工大学方明镜博士参与了第七章的编写，中铁二院工程集团有限责任公司姚裕春博士、徐骏博士参与了第十章的编写，中铁二院工程集团有限责任公司刘洋、孙莺、孙利琴、张敏静等参与了相关工作。中国铁路总公司工程设计鉴定中心师新明教授级高工、工程管理中心尤昌龙教授级高工，中铁八局集团公司梅红教授级高工审阅了书稿并提出修改意见。本书出版得到了中铁二院工程集团有限责任公司学术著作出版基金的支持。

本书创作过程中，主要参考了作者作为主持或主要参与者完成的多项无砟轨道铁路路基研究成果，在此，对课题组成员所做的工作，表示感谢。同时，书中引用了相关文献，已注明出处，但难免遗漏，在此谨向有关文献作者一并致谢。

限于作者水平，书中或存在不妥之处，敬请读者批评指正。

作者　魏永幸

2015年11月18日

目 录 mulu

Wuzha Guidao Tielu Luji

第1章 绪　　论

无砟轨道结构因具有稳定性好，轨道几何尺寸保持持久，维修工作量少，耐久性好，桥梁二期恒载小，可降低隧道净空、减少开挖面积，综合经济效益高等优点，在高速铁路上获得了越来越广泛的应用，其铺设范围由桥梁、隧道发展到土质路基和道岔区。无砟轨道铁路已成为世界各国高速铁路的发展趋势。为满足无砟轨道铺设条件，作为线下基础之一的路基，其技术也伴随高速铁路的发展而得到不断发展。

1.1 无砟轨道铁路发展历程

1.1.1 国外无砟轨道铁路发展历程[1]

日本早在20世纪60年代中期就开始进行无砟轨道的研究与试验，并逐步推广应用。早期建设的高速铁路东海道新干线长575.4km，全部采用有砟轨道，但运营后发现不能维持良好的轨道状态，不得不进行大修，更换轨道结构。20世纪70年代建造的山阳新干线，修建了281km的无砟轨道，占线路全长的74%；东北新干线无砟轨道占线路全长的82%；上越新干线无砟轨道占线路全长的91%。目前，日本不仅在桥梁、隧道中铺设无砟轨道，而且在路基上也开始全面推广使用。

德国于20世纪90年代开始研究铁路无砟轨道技术，其首先解决了土质路基铺设无砟轨道的技术问题，然后逐步推广到隧道和桥梁上，从而为全区间铺设无砟轨道创造了有利条件。目前德国铁路累计铺设无砟轨道360km（含80多组道岔区），其中规模铺设的线路有科隆—法兰克福（300km/h，2002年开通）、柏林—汉诺威（250km/h，1998年开通）、纽伦堡—英戈尔施塔特等。

法国高速铁路采用有砟轨道，并以有砟轨道能够以270～300km/h的速度运营而感到骄傲。但后来发现早期建造的东南线、大西洋线，道砟粉化严重，使轨道几何尺寸难于保持，维修周期缩短，维修费用增加，甚至影响正常的运营。由此，法国认识到无砟轨道的优越性，也开始了无砟轨道的研究与试验。在新建的地中海线，选择隧道段铺设了4.8km双块式无砟轨道进行试验。

韩国于2004年开工建设的第二期高速铁路大邱—釜山线长130km，全部采用无砟轨道。

1.1.2 国内无砟轨道铁路技术研究历程[2,3]

国内对无砟轨道的研究始于20世纪60年代，与国外的研究几乎同时起步。初期曾试铺过支承块式、短枕式、整体灌注式等整体道床以及沥青道床等形式，其中轨枕嵌入式（支承块式）整体道床先后在成昆线、京原线、京通线、南疆线等长度超过 1km 的隧道内铺设，总铺设长度约 300km。20 世纪 80 年代曾试铺过沥青整体道床，有沥青混凝土铺装层与宽枕组成的整体道床以及由沥青灌注的固化道床等，在大型客站和隧道内试铺，总长约 10km。另外，在京九线九江长江大桥引桥上铺设了无砟无枕结构，长度约 7km。

1995 年以后，随着京沪高速铁路研究的深入，无砟轨道得到重视，在"九五"国家科技攻关专题"高速铁路无砟轨道设计参数的研究"中，提出了适用于高速铁路桥隧结构上的三种无砟轨道形式（长枕埋入式、弹性支承块式和板式）及其设计参数；在铁道部科技开发计划项目"高速铁路高架桥上无砟轨道关键技术的试验研究"中，完成了对三种结构形式的无砟轨道实尺模型的铺设及各项性能试验，提出高架桥上无砟轨道施工方案、桥梁徐变上拱限值与控制措施，建立了桥上无砟轨道车线桥耦合模型并进行了仿真计算，分析了高速铁路高架桥上无砟轨道的动力特性与车辆走行性能。

以上研究成果为我国新型无砟轨道结构的发展打下了坚实的基础。1999 年在铁道部科技开发计划项目"秦沈客运专线桥上无砟轨道设计、施工技术条件的研究与编制"的有力推动下，秦沈客运专线选择了 3 座高架桥作为无砟轨道的试铺段。其中，沙河特大桥（铺轨 1384m）铺设了长枕埋入式无砟轨道，狗河直线特大桥（铺轨 1482m）和双河曲线特大桥（铺轨 1480m）上铺设了板式无砟轨道。

随后，在西康线秦岭隧道（铺轨 37km）、兰新线乌鞘岭隧道（铺轨 40.368km）等隧道内设计铺设了弹性支承块式无砟轨道，在渝怀线鱼嘴 2 号隧道（铺轨 1438m）铺设了长枕埋入式无砟轨道，在赣龙线枫树排隧道（铺轨 1420m）铺设了板式无砟轨道。为进一步优化长枕埋入式无砟轨道结构，中国铁道科学研究院提出了双块式无砟轨道（简称 TBS 型）结构方案，并进行了相关的试验。

我国的台湾地区，于 2004 年建成的台北—高雄 345km 高速铁路全部采用无砟轨道。

1.1.3 中国首条无砟轨道试验铁路及大规模高速铁路建设

2004—2007 年，结合中国首条无砟轨道试验铁路——遂渝线无砟轨道综合试验段，开展了 6 种无砟轨道结构以及无砟轨道铺设条件、线下工程设计施工关键技术、无砟轨道与 ZPW2000 轨道电路适应性等无砟轨道铁路建设关键技术的试验研究，并进行了列车运行试验。本次试验研究，在试验铁路上试铺了 6 种形式的无砟轨道结构，并重点研究了土质路基上铺设无砟轨道的技术条件，研究了无砟轨道铁路路基基床动力特性、路基与桥隧构筑物纵向刚度匹配技术、路基沉降控制及桩 - 网结构、桩 - 板结构路基技术以及红层泥岩填料改良技术等[4,5]，首次实现了土质路基上成区段铺设无砟轨道。

随后，结合武广客运专线试验段、严寒地区无砟轨道试验段、旱区无砟轨道试验段建设，以及京津城际、武广、郑西、京沪、哈大等多条无砟轨道铁路建设，又开展了无砟轨道及相关技术的深化研究[6-9]。这些研究成果，支撑了我国无砟轨道铁路建设，同时提升了我国无砟轨道铁路建设技术水平。

截至 2014 年年底，我国已建成高速铁路 16000km，成为世界上高速铁路建设里程最长的国家。

1.2 无砟轨道铁路路基功能要求

作为承载无砟轨道铁路的路基，应具备以下功能要求：

(1)满足轨道及相关设施承载布置的要求。

(2)具有良好的动力特性。

(3)保持长期稳定。

1.2.1 满足轨道及相关设施承载布置

作为轨道基础的路基，必须足够宽，满足轨道结构及相关设施布置的要求，并有足够的安全保障余量。影响路基顶面宽度的因素有线间距、路肩宽度、轨道结构形式、电缆槽布置形式及位置、接触网立柱内侧距轨道中心距离等。其中，线间距、路肩宽度主要与列车设计速度目标值相关。因此，影响路基面宽度及形状的因素可以归纳为以下三个方面：①设计速度目标值；②轨道结构形式；③路基面上站后相关设备布局。

1)设计速度目标值对路基面宽度的影响

设计速度目标值对路基面宽度及形状的影响主要是通过线间距、路肩宽度来实现的。

(1)线间距

线间距直接影响路基面宽度。表1-1是世界上已建高速铁路线间距的相关资料。

世界上已建高速铁路线间距一览表 表1-1

国 家	铁 路 名 称	设计(运营)最高速度(km/h)	线间距(m)	备 注
日本	东海道	270	4.2	
	东北上越	275	4.3	
	山阳	300	4.3	
	北陆	260	4.3	
法国	地中海	350	4.8	
	北方	320	4.5	
	大西洋	300	4.3	
	东南	270	4.2	
德国	科隆—法兰克福	300	4.5	
	汉诺威—维尔兹堡	280	4.7	客货共线
	曼海姆—斯图加特	280	4.7	客货共线
澳大利亚	悉尼—墨尔本	350	5.2	
韩国	首尔—釜山	350	5.0	
中国台湾	台北—高雄	350	4.5	
中国	遂渝线试验段	200	4.2	客货共线
中国	武广客运专线	300	5.0	
中国	京沪高速铁路	350	5.0	

从表1-1中可以看出,采用线间距最大的是澳大利亚悉尼—墨尔本线的5.2m,其设计最高速度为350km/h,最小的是日本东海道新干线的4.2m,目前的运营最高速度为270km/h。总体上,随着速度目标值的提高,线间距逐渐加宽,但因为列车的差别等原因,各国采用的线间距有差异。

(2)路肩宽度

有砟轨道铁路的路肩宽度,是指道砟坡脚至路肩的距离,其宽度主要考虑路堤边坡稳定的需要、养护维修的需要和人员安全避让距离的需要。日本早期修建东海道新干线时,路肩宽度一侧为0.5m,另一侧为1.0m,1978年修订路基规范时,则提高到两侧路堤均为1.2m,路堑为1.0m;法国修建巴黎—里昂TGV(高速列车)时,路肩宽为1.5~2.0m,修建大西洋TGV时改为2.25m;德国两侧均为1.3m。

由于无砟轨道的轨道底座宽度小于有砟轨道的道砟底部宽度,按照相同的定义,其路肩宽度一般都大于2m。因此,对于无砟轨道铁路而言,路肩宽度对无砟轨道路基面宽度不起控制作用。

2)无砟轨道结构形式对路基面宽度的影响

遂渝线无砟轨道综合试验段采用了我国自主研发的板式、双块式和长枕埋入式三种结构形式。长枕埋入式用于车站道岔区,区间路基采用板式和双块式,其中板式又分为普通板式和框架板式。区间路基采用的无砟轨道主要设计参数见表1-2。

遂渝线无砟轨道综合试验段主要设计参数 表1-2

无砟轨道类型	道床板厚度(mm)	轨道结构高度(mm)	轨道板基础宽度(mm)	备　注
双块式	300	866	3600	
Ⅰ型板式	190	756	3200	
Ⅱ型板式	200	774	3200	

双块式和板式无砟轨道底座分别是弹性支承层和钢筋混凝土基础板。弹性支承层属于半刚性体,其弹性模量和刚度介于上部钢筋混凝土道床与下部基床表层级配碎石之间的过渡层,主要功能是分散缓冲上部荷载和减振作用;钢筋混凝土基础板是刚性体,主要功能是分散缓冲上部荷载,并通过凸形挡台对轨道板进行定位,而减振功能则通过CA砂浆来完成。由于两者的设计理论有着明显的区别,导致了底座宽度与曲线超高形式的不同。双块式弹性支承层的底宽为3.6m,板式钢筋混凝土基础板的底宽为3.2m;双块式无砟轨道在路基基床表层上实现超高,而板式无砟轨道在钢筋混凝土基础板上实现超高。

由于上述原因,板式无砟轨道的路基面形状无论在直线还是曲线上,均是梯形,基础板下面为平面,由基础板外侧向两侧设4%的横向排水坡,一般不考虑曲线外侧加宽,只有当轨道结构和接触网支柱等设施的设置有特殊要求需要加宽时,根据具体情况计算确定。双块式无砟轨道的路基面形状在直线上与板式相同,也是梯形,只是底座宽度不同,可能导致路肩设计高程稍有差异;在曲线上由于超高在基床表层上设置,路基面形状较复杂,在保证两侧路肩设计高程相同和设置横向排水坡度的情况下,路基面为逐渐变化的台阶状,并根据曲线半径计算外侧加宽值。

3)站后相关设备布局对路基面宽度的影响

(1)接触网立柱位置

接触网立柱位置,可用接触网立柱内侧距轨道中心距离来表示,其对路基面宽度的影响较大。

接触网立柱内侧距轨道中心距离,受接触网悬挂类型及安装方式、弓网关系和机车类型等诸多因素的制约。

接触网立柱内侧距轨道中心距离应不小于其侧面限界 C_x。接触网立柱的侧面限界一般取距路基面 3.0m 高度位置的距离。

对于速度目标值不大于 160km/h 的普通铁路,曲线超高一般不超过 150mm,接触网立柱内侧距轨道中心距离一般直接采用侧面限界 C_x 的理论计算值即可,一般不会超过 2.8m。

而对于速度目标值超过 160km/h,甚至达到 300 ~350 km/h 的客运专线,接触网立柱内侧距轨道中心距离往往大于侧面限界 C_x。采用有砟轨道结构时,此距离主要受大型养路机械的限界控制;当采用无砟轨道结构时,此距离主要受接触网悬挂类型及安装方式、弓网关系和机车型号等影响。

根据遂渝线无砟轨道综合试验段最小曲线半径 1600m、最大超高 105mm 的线路条件,侧面限界 C_x 的计算值为 2.7m。武广高速铁路韶关至花都段最小曲线半径 9000m、最大超高 170mm 时,侧面限界 C_x 的计算值为 2.8m。考虑到接触网设备安装的技术要求,对于接触网立柱内侧距轨道中心距离,遂渝线无砟轨道综合试验段统一采用 2.9m。

(2)电缆槽形式及位置

电缆槽形式及位置主要影响路基面宽度。

电缆槽一般包括通信、信号和电力电缆槽,有时结合地方通信的需要,也可以单独预留电缆槽,一般设置于两侧路肩上。

根据高速铁路综合接地对信号电磁干扰屏蔽要求的需要,电力电缆槽可以设置在路堤坡脚及侧沟平台上,或者在路肩上与通信信号并排设置。路肩上的电缆槽布置形式可以分别采用单槽、双槽或三槽布局,可以放置于接触网立柱的外侧或内侧。采用单槽形式时,通信和信号电缆共用一个槽,电力电缆槽单独在外设置;采用双槽时,通信和信号电缆各用一个槽,电力电缆槽单独在外设置;采用三槽时,通信、信号和电力电缆槽各用一个槽,且并排设置。

当无砟轨道路基的电缆槽采用外置方式(设置于接触网立柱外侧)时,电缆槽宽度(或者是电缆槽布置形式)是路基面宽度的决定因素。

当无砟轨道路基的电缆槽采用内置方式(设置于接触网立柱内侧)时,为防止电缆槽侵入轨道板基础的动应力扩散范围,接触网立柱内侧距轨道中心距离一般都远远大于其侧面限界 C_x,至少要扩大到 3.1 ~3.6m。

可见,接触网立柱内侧距轨道中心距离是路基面宽度的决定因素,电缆槽布置位置与接触网立柱内侧距轨道中心距离相互作用,共同决定了路基面宽度。

4)无砟轨道铁路路基面宽度及形状的主要设计方案

根据对上述几个影响因素的具体分析,在理论上对无砟轨道铁路双线路基面宽度及形状可以拟定出多种优化组合方案,具体见表 1-3。

客运专线无砟轨道路基面宽度一览表　　表 1-3

设计速度目标值(km/h)	线间距(m)	接触网立柱内侧距轨道中心距离(m)	路肩上电缆槽数量及位置	路基面宽度(m)
300~350	5.0	3.0	三槽外置	14.0
		3.0	双槽外置	13.6
		3.3	双槽内置	12.9
		3.6	三槽内置	13.5
250	4.6	3.0	双槽外置	13.2
		3.1	单槽内置	12.1
		3.3	双槽内置	12.5
200	4.4	3.0	双槽外置	13.0
		3.1	单槽内置	11.9
		3.3	双槽内置	12.3
遂渝线无砟轨道综合试验段(200)	4.2	2.9	单槽外置	12.0

注:1. 路肩上电缆槽外宽统一按照三槽 900mm、双槽 700mm、单槽 500mm 考虑。

2. 接触网立柱宽度按 40cm、基础外径按 70cm 计。

3. 电缆槽内置方式时,接触网立柱基础外侧的保护层宽度按照 10cm 计。

1.2.2　具有良好的动力特性

对于传统的有砟轨道铁路,由于在轨道与路基之间的碎石层具有吸振和消能作用,列车动荷载传递到路基面,其数值也很小。加之传统的铁路,列车运行速度较低,因线下基础刚度不匹配而引起的轨道不平顺造成的不舒适,反应不剧烈,因此,在有砟轨道铁路路基基床设计中,通常将轨道结构静荷载和列车动荷载一并简化为静荷载。而对于高速无砟轨道铁路,列车高速运行要求轨道具有高平顺性,作为承载列车动荷载及轨道基础的路基,除应具有足够的强度外,必须具有合适的刚度,必须具有良好的动力性能。

1)路基基床动力学特性

路基基床表层材料(级配碎石和级配砂砾石)及底层材料(A、B 组填料或改良土)的动力学特性是设计高速无砟轨道铁路路基,特别是路基基床的重要参数。基床动力学特性,可用路基面支承刚度来表示。

路基面支承刚度,也称为基床刚度,或基床反力系数。

路基面支承刚度,理论上可通过路基面平板荷载试验获得,但目前尚缺乏统一的在路基施工建造时对路基面支承刚度进行直接、直观和便捷检测的装备,也缺乏相应的控制标准。相关的研究,主要是通过试验及理论分析,研究基床垂直方向、水平方向的刚度与路基填筑压实检测控制指标 K_{30}、E_{v2}、K_h等的对应关系,通过对路基填筑压实检测控制指标的控制来实现和保证路基结构性能,间接实现对路基面支承刚度的控制。

2)高速铁路无砟轨道刚度匹配

路基区段,由于路基填料以及施工等方面的原因,路基结构会出现局部刚度差异,即路基刚度不平顺；路基刚度不平顺将会引起轨道纵向刚度差异，引起线路刚度不平顺(图1-1)。线路刚度不平顺，可用不平顺波长、不平顺指数来表达。有关研究表明，线路刚度不平顺参数，以及列车行车速度，对车辆(轮对、车体、构架等)及轨道(钢轨、混凝土基础等)振动加速度、动轮载以及路基动变形、加速度和动应力等有重要影响，从而影响高速行车的平稳和安全。

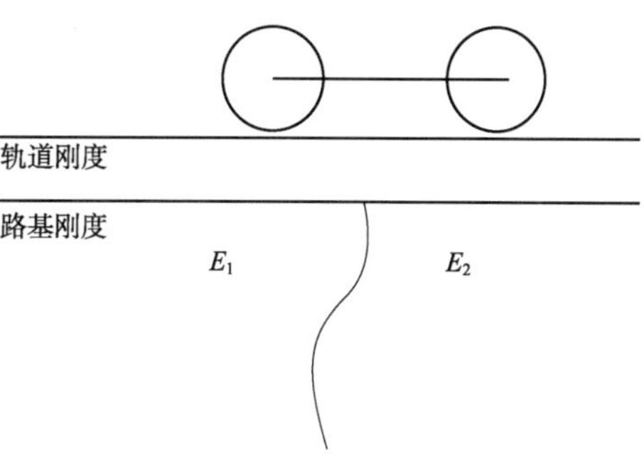

图1-1 路基刚度与轨道刚度关系示意图

对于不同的轨下基础，如路基与桥梁、路基与隧道等，由于其刚度存在的差异，也会造成轨道刚度差异，导致在列车荷载作用下的线路刚度不平顺问题。在工程上，需要设置刚度过渡段，以使不同的轨下基础刚度协调匹配，避免引起轨道刚度不平顺。

1.2.3 保持长期稳定

为保持路基动力性能的长期稳定，必须限制路基工后沉降及列车动载作用下的累计变形，必须控制路基不均匀沉降变形，必须使路基具备抵抗环境变化而保持性能稳定的能力。

1)限制路基工后沉降及列车动载作用下的累计变形

高速铁路无砟轨道扣件可调高度一般小于20mm，这就要求由施工误差、工后沉降及列车动载作用引起的累计沉降总和不超过20mm。其中，路基地基的工后沉降应小于15mm，列车动载作用下的累计变形应小于5mm。由此可见，高速铁路无砟轨道对路基的变形要求非常严格。

因路堤本身变形相对较小，以往对有砟轨道铁路路基的分析，均以地基沉降为重点，而对路堤本身变形重视不够。对无砟轨道铁路而言，由于工后沉降限值的总数值较小，路堤部分的工后沉降对路基工后沉降影响较大，应予以高度重视。同时也要对路基在列车动载反复作用下产生的累计沉降进行分析。

2)控制路基不均匀沉降变形

因路基材料及路基工程施工的特殊性，路基的固结沉降不会绝对均匀，从而形成不均匀沉降变形；另一方面，由于路基刚度的差异，将导致路基基床在列车动载作用下的累计变形的不均匀，形成轨面不平顺，轮轨系统不平顺与路基局部刚度不平顺两者的耦合作用更加剧了路基—轨道—车辆系统的动力作用，形成恶性循环。对路基不均匀变形的产生机理，以及预防路基不均匀变形的技术措施，应结合不同的地形、地质及路基工程形式进行研究并选择经济而有效的工程方案。

3)抵抗环境变化的影响

路基工程处于露天环境，气候等环境变化对路基工程性能存在不利影响。针对不同的气候等环境，如我国东北严寒地区、西北干旱地区、南方多雨地区，应采取相应的经济而有效的工程措施，将环境变化的影响控制在可接受的范围之内。

1.3 无砟轨道铁路路基工程特点

无砟轨道铁路路基，与传统有砟轨道铁路路基比较，具有以下特点：

(1)车辆运行速度达到200km/h以上，轨道不平顺对车辆运行的影响被放大，因此要求线下基础具有高平顺性和高稳定性，以减小轨道养护工作量、保证行车安全。

(2)有砟轨道路基，轨道的不平顺可以通过整道来减小或消除，无砟轨道路基可以通过调整钢轨扣件减小或消除，但钢轨扣件调高量十分有限，因此，无砟轨道铁路对路基工后沉降(无砟轨道施工后路基本体的残余压缩变形及地基的沉降)提出了严格的要求，一般要求出现的路基工后沉降可以通过轨道系统的调整加以克服。表1-4为我国不同设计速度、有砟和无砟轨道铁路对线下基础工后沉降的限制要求，从表中数值可以看出无砟轨道铁路对线下基础工后沉降限制十分严格。

我国高速铁路对线下基础的沉降变形限制标准　　表1-4

设计时速(km/h)	轨道类型	工后沉降(mm)	桥路过渡段工后沉降(差异沉降)(mm)	沉降速率(mm/年)	过渡段折角
200~350	无砟轨道	15	5	—	1/1000
300~350	有砟轨道	50	30	20	—
250	有砟轨道	100	50	30	—
200	有砟轨道	150	80	40	—

(3)路基工程主要由岩土材料构成，受岩土材料特性的限制，路基工程与其他线下基础，如桥、涵、隧道等，存在变形和刚度差异，需要在不同的线下基础之间设置过渡段，以使不同的线下基础之间变形和刚度平缓过渡，保证轨道平顺性满足高速行车的要求。

(4)路基工程建造于露天环境，岩土材料易受环境变化影响，必须采取可靠措施，保证路基工程长期稳定。

在遂渝线无砟轨道综合试验段建设之前，我国尚未进行过成区段铺设无砟轨道的试验，土质路基上成段铺设无砟轨道技术尚属空白。借鉴国外无砟轨道铁路建设的经验与教训，结合遂渝线无砟轨道综合试验段建设的相关成果，笔者归纳总结无砟轨道铁路路基技术的5大特点，或5大特色[10-12]如下：

1)必须高度重视路基沉降变形控制

无砟轨道铁路对路基工后沉降提出了严格的毫米级的限制要求，这对利用岩土材料构筑的路基而言是严峻的技术挑战。路基工后沉降，包括：地基、路堤工后压密沉降、列车动荷载作用下路基基床产生的累积变形三部分。路基基床累积变形，与基床岩土材质、压实度密切有关。根据中国铁道科学研究院对既有有砟轨道铁路的测试资料，采用我国现行铁路规范推荐的双层结构、优质材料、高压密的强化基床结构，基床累积变形很小，一般小于5mm。工程实践表明，路堤采用良质填料并控制压实度，工后沉降较小，一般小于路堤高度的1/1000，且大部分在竣工后6~12个月完成，通过合理安排无砟轨道施工时间，可减小或消除路堤压密沉降的影响。地基工后压密沉降，受地基岩土性质及相应地基处理措施影响较大，不确定因素多，是工程建设管理的重点。特别是，铁路是一个带状工程，沿线地质环境千差万别,如何针对具体工程的地基条件,采用经济、合理的地基处理措施,实现地基工后沉降的有效控制,是工程实践中需要高度重视并解决的技术难题。

2)必须高度重视路基与其他构筑物间线下基础纵向刚度匹配

列车运行速度提高,线路纵向轨道刚度突变,将引起列车振动加剧,引起旅客的不舒适;同时,由于刚度突变,将引起轨道结构应力变化,影响轨道结构的寿命。轨道刚度除与轨道系统各部件刚度有关,还与线下基础支承刚度有关。无砟轨道铁路路基面支承刚度与路基基床多层系统各层材料性能及厚度有关,通过对路基多层系统竖向刚度组合优化设计,可以实现路基面支承刚度的控制,以使路基与其他构筑物间线下基础纵向刚度匹配。

3)必须高度重视路基防排水

路基工程由岩土材料构成并建造于露天环境,岩土材料易受环境变化影响,必须采取可靠的防排水措施,以保证路基工程性能长期稳定。

4)要重视无砟轨道路基基床动力性能长期稳定

作为直接承受高速列车动荷载的无砟轨道路基基床,其动力学特性及其长期动力性能的稳定性十分重要。整体的、大刚度的无砟轨道结构取代了传统的轨枕、碎石道床,路基基床动力响应也发生变化,合理的基床结构及参数,可以保证其良好的动力性能,同时兼顾经济性。

5)要合理利用非良质填料填筑无砟轨道路基

无砟轨道路基,宜采用优质填料填筑。但铁路是一个带状工程,线路长,沿线地形、地质情况复杂,可能存在优质填料缺乏的情况,如采用优质填料填筑,无论从建设成本上还是优质填料的来源上都存在很大困难。因此,研究非良质填料填筑无砟轨道路基工程适应性及工程技术,对于低成本建设无砟轨道铁路具有极其重要意义。

1.4 本书主要内容

本书针对无砟轨道铁路路基特点,紧紧围绕无砟轨道铁路路基关键技术以及影响无砟轨道铁路路基长期服役性能的因素,基于相关试验研究成果,对无砟轨道铁路路基设计理论、设计方法以及无砟轨道铁路路基关键技术及其工程实现途径、技术要点等进行了讨论,内容主要包括:

(1)无砟轨道铁路路基技术关键。

(2)路基层状结构体系与基床动力性能。

(3)路基沉降机理与沉降控制。

(4)路基与其他构筑物纵向刚度匹配。

(5)路基防排水。

(6)路基边坡防护。

(7)斜坡地段路基。

本书的重点是探讨无砟轨道铁路路基关键技术,特别是无砟轨道铁路路基关键技术在工程上的实现途径和技术要点。同时,为了便于理解无砟轨道铁路路基关键技术,也对无砟轨道铁路路基的理论、设计方法等作了介绍和粗浅的探讨。

第2章　无砟轨道铁路路基技术关键

与传统普速有砟轨道铁路比较，无砟轨道铁路，由于车辆运行速度达到200km/h以上，轨道不平顺对车辆运行的影响被放大，因此要求线下基础具有高平顺性和高稳定性，以减小轨道养护工作量、保证行车安全。路基作为线下基础的重要组成部分，如何有效控制路基沉降变形，如何使路基与其他构筑物刚度匹配，如何保持路基性能长期稳定性，是无砟轨道铁路路基的三大技术关键。

2.1　技术关键之一：路基沉降变形控制

2.1.1　路基沉降特征与沉降变形机理

路基沉降，包括地基压密沉降、路堤压密沉降、列车动荷载作用下路基基床产生的累积变形以及列车动荷载作用下路基弹性变形四部分。其中，路基面弹性变形是在列车动荷载作用下可恢复的变形，与基床表面支承刚度密切相关，如采用强化基床结构，一般在1～3mm，对铁路无不利影响。因此，工程管理的重点主要是地基压密沉降、路堤压密沉降以及路基基床在长期动荷载作用下的累积变形（图2-1）。

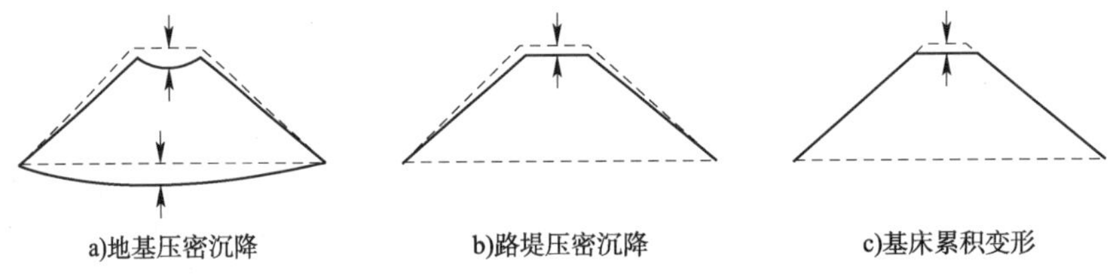

图2-1　路基工后沉降构成示意图

地基压密沉降、路堤压密沉降，在路堤填筑施工过程即发生，铺设轨道后继续发生。路基基床累积变形，则在铁路运营期间，列车往复动荷载作用下逐渐发生。

2.1.2　路基工后沉降

路基工后沉降，是指铺设无砟轨道后出现的不能通过路基工程本身加以克服的沉降。路基工后沉降，包括地基及路堤工后压密沉降、列车动荷载作用下路基基床产生的累积变形。

路基基床累积变形，是基床岩土在列车动荷载反复作用下出现的不可恢复的塑性变形，与基床岩土材质、压实度密切相关。根据实测资料，采用强化基床，列车动荷载作用下路基基床累计变形很小，一般不超过 3mm。

当路堤采用优质填料并控制压实度，其工后沉降较小，一般小于路堤高度的 1 /1000，且大部分在路基填筑施工后 6 ~ 12 个月完成，通过合理安排无砟轨道施工时间，可减小或消除路堤压密沉降的影响。

路堤地基工后压密沉降，受地基岩土性质及相应地基处理措施的影响较大，不确定因素多，是工程建设管理的重点。地基处理的目标是使地基工后沉降控制在允许范围内，如前所述，地基工后沉降限值 = 路基面工后沉降限值 - 路堤工后压密沉降 - 列车动荷载下的基床累积变形。可见，地基工后沉降限值与路堤竣工后放置时间长短有关系，如路堤竣工后放置 12 个月以上，可认为路堤工后压密沉降已完成，则一般情况要求地基工后沉降值 = 20mm - 5mm = 15mm。

2.1.3　路基工后沉降控制标准

无砟轨道铁路对路基、桥涵和隧道等线下基础的变形（包括工后沉降和沉降差）限制严格。我国《客运专线无砟轨道铁路设计指南》（铁建设函〔2005〕754 号）对此作出了明确的规定：

（1）路基工后沉降一般不超过扣件允许的竖向调高量 15mm。

（2）路基与桥隧构筑物沉降差异不大于 5mm。

（3）路基与桥隧构筑物间过渡段沉降折角不大于 1/1000。

（4）路基不均匀沉降应满足式（2-1）要求：

$$R_{sh} \geqslant 0.4v_{sj}^2 \tag{2-1}$$

式中：R_{sh}——轨面圆顺的竖曲线半径（m）；

v_{sj}——设计最高速度（km/h）。

作为技术标准，上述 4 条规定的含义十分明确，但在工程中如何去实现呢？著者认为必须抓住控制路基工后沉降不超过 15mm 和路基与桥隧构筑物沉降差异不大于 5mm 这两个技术关键。

路基不均匀沉降应符合 $R_{sh} \geqslant 0.4v_{sj}^2$ 要求，其工程意义是：如果路基出现沉降，希望沉降是一个在较大范围内出现的沉降，且沉降后的轨面竖向曲线还能满足列车按照设计速度通行。简言之，虽出现沉降，但不影响行车。地基沉降难以精确控制，工程设计更不可能按照此标准进行设计。因此，该标准更适合于路基维护时使用。

路基与桥隧构筑物间过渡段沉降折角应不大于 1/1000，其含义是：路基地段发生沉降后其轨面高程与假定不发生沉降的桥隧构筑物处的轨面高程，是均匀连续变化的，轨面连线的折角不大于 1/1000。假定桥隧构筑物处沉降为 0，按沉降折角不大于 1/1000 推算，当路基与桥隧构筑物间过渡段为 15m 时，路基地段沉降限值为 15mm。

路基工后沉降不大于 15mm。15mm 限值，源于扣件最大调高量。作为路基工后沉降控制限值，其工程含义是：铺设无砟轨道后路基出现的可以接受的最大沉降。但 15mm 变形，对于以岩土材料构筑的路基工程，是无法准确计算的，但可以通过控制路基材料以及施工工艺来实现沉降的控制，并可以依据一定的方法进行预测。

路基与桥隧构筑物沉降差异不大于5mm，其含义是：路基与桥隧构筑物连接处不能出现大于5mm的错台。如果路基与桥隧构筑物连接处出现错台，势必影响轨道结构的受力状况，严重时可能造成轨道结构的破坏。

因此，路基工程设计应抓住控制路基工后沉降不超过15mm和路基与桥隧构筑物沉降差异不大于5mm两个技术关键点。

2.1.4 路基沉降预测与评估[13,14]

无砟轨道铁路对线下基础沉降变形的限制要求严格，其限值标准达到了毫米级别。对于路基、桥梁、隧道等以岩土作为材料或介质的土木工程，目前尚无可以准确计算毫米级精度变形的实用方法。作为以岩土材料构筑于露天环境的路基工程，在客运专线建设中提出了要当作土工结构物进行设计、施工和管理，加强了地基处理，提高了路堤压实标准；但它毕竟是以岩土作为介质，采用岩土不均匀散粒土体材料填筑而成，在实际施工过程中，质量控制环节多，并且受天气、人员素质等“柔性”因素影响较大，任何一个环节都可能造成变形失控，实现路基工程工后沉降毫米级变形控制仍然面临巨大的挑战。桥梁基础的摩擦桩、涵洞基础，浅埋或不良地质地段的隧道也存在一定变形，并且还存在与路基工程的差异沉降等问题。因此，有必要在线下基础完成后进行一段时间的变形观测，经分析评估，确认沉降稳定且预测工后沉降满足要求后方可铺设无砟轨道。

1）路基沉降监测点布置

路基沉降观测，应以路基面沉降和地基沉降观测为主。

路基沉降观测断面的设置及观测断面的观测内容，应根据地形地质条件、地基处理方法、路堤高度、堆载预压等具体情况，结合沉降预测方法和工期要求具体确定观测方案。沉降观测断面的间距一般不应大于50m；地势平坦、地基条件均匀良好的路堑、高度小于5m的路堤可放宽到100m；过渡段及地形、地质条件变化较大地段应适当加密。

沉降观测可在路基面（路肩或线路中心处）设置观测桩，在地基表面或基床底层的顶面设置剖面沉降管，或在地基表面（一般在线路中心位置）设置沉降板。

典型路堤、桥路过渡段沉降观测断面及纵断面布置，如图2-2和图2-3所示。

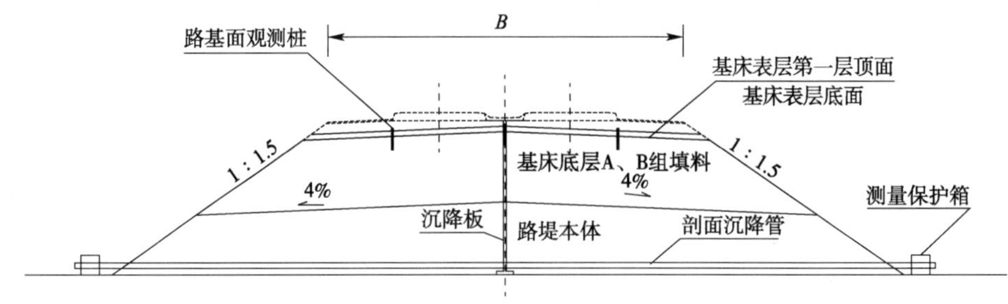

图2-2 典型路堤沉降观测断面布置设计图

路基与桥梁、涵洞、隧道之间的过渡段，其沉降观测以路基面沉降和不均匀沉降观测为主，可在路基面连续设置观测桩，或在过渡段范围宜沿线路斜向对角线布置剖面沉降管并在管口设置沉降观测桩。不同结构物的起点应设置沉降观测断面，距结构物起点5～10m处、20～30m处、50m处应分别设置观测断面。

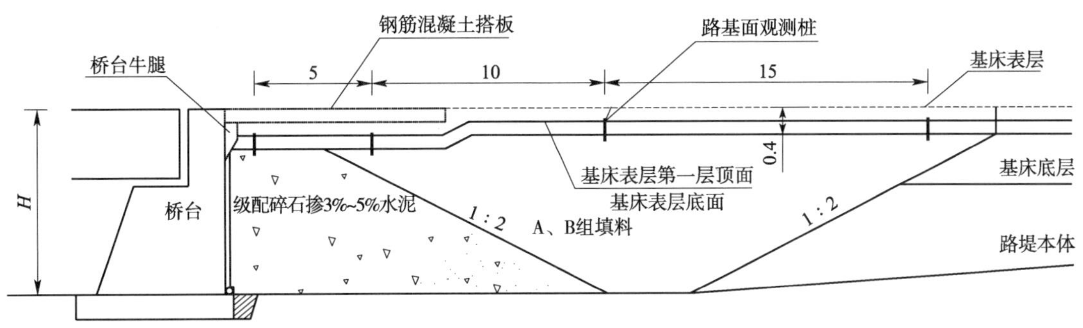

图 2-3　桥路过渡段路基面沉降观测纵断面布置设计图(尺寸单位:m)

2)观测频次

路基从填筑开始进行沉降观测,观测的频次一般应不低于表 2-1 的规定,当环境条件发生变化或数据异常时应及时观测。

路基沉降观测频次表　　表 2-1

路基施工工况	路基沉降观测时段	路基沉降观测频次
填筑或堆载	一般	1 次/d
	沉降量突变	2~3 次/d
	两次填筑间隔时间较长	1 次/3d
堆载预压或路基填筑完成	第 1~3 个月	1 次/周
	第 2~6 个月	1 次/2 周
	6 个月以后	1 次/月
无砟轨道铺设后	第 1 个月	1 次/2 周
	第 2~3 个月	1 次/月
	3 个月后	1 次/3 月

3)观测主要技术要求

(1)观测精度:线下基础沉降(包括梁体徐变变形)水准的测量精度为 ±1mm,读数取位至 0.1mm,剖面沉降的测量精度为 ±4mm/30m。

(2)线下基础施工完成后,应有不小于 3~6 个月的观测期,观测数据不足以评估或工后沉降评估不能满足设计要求时,应延长观测期或采取必要的加速或控制沉降的措施。其中,路基填筑完成或施加预压荷载后的观测期一般不少于 6 个月;桥涵主体工程完工后的沉降观测期一般不少于 6 个月,岩石地基等良好地质区段的桥梁,沉降观测期一般不少于 2 个月;隧道主体工程完工后,变形观测期一般不应少于 3 个月。

(3)观测期内,线下基础沉降实测值超过设计值 20% 及以上时,应及时会同建设、勘察、设计等单位查明原因,必要时进行地质复查,并根据实测结果调整计算参数,对设计预测沉降进行修正或采取沉降控制措施。

4)第三方平行观测

沉降观测是进行工后沉降预测与评估的最为重要和基础的工作,沉降观测数据的真实、有效,是工后沉降预测与评估工作的前提。因此,有必要对重要的沉降观测数据进行验证。对典型工点、重要部位的沉降观测实施第三方平行观测,对保证沉降预测与评估的质量意义重大。

平行观测以路基作为观测重点,同时兼顾施工单位观测变形差异较大的地段。平行观测的数量,一般地段应不少于总测点的10%,对于地质复杂、沉降变化大以及过渡段等区段,为总测点的20%。

5)沉降预测与评估

路基沉降预测分析评估,应满足以下要求:

(1)根据路基填筑完成或堆载预压后不少于3个月的实际观测数据作曲线的回归分析,确定沉降变形的趋势,曲线回归的相关系数不应低于0.92。

(2)沉降预测的可靠性应经过验证,间隔不少于3个月的两次预测最终沉降的差值应不大于8mm。

(3)路基填筑完成或堆载预压后,最终的沉降预测时间应满足下列条件:

$$\frac{S(t)}{S(t=\infty)} \geqslant 75\% \tag{2-2}$$

式中:$S(t)$——预测时的沉降观测值;

$S(t=\infty)$——时间 t 时预测的最终沉降值(时间起点 $t=0$ 为沉降观测桩安装后观测算起)。

在对路基、桥梁、隧道和过渡段等不同结构物的基础沉降变形预测评估完成后,应分别绘制区段或全线的预测及实测沉降变形曲线,进行纵向连续综合评估,确认其满足铺设无砟轨道的要求。

图2-4为区段或全线的预测及实测沉降变形曲线示意图。

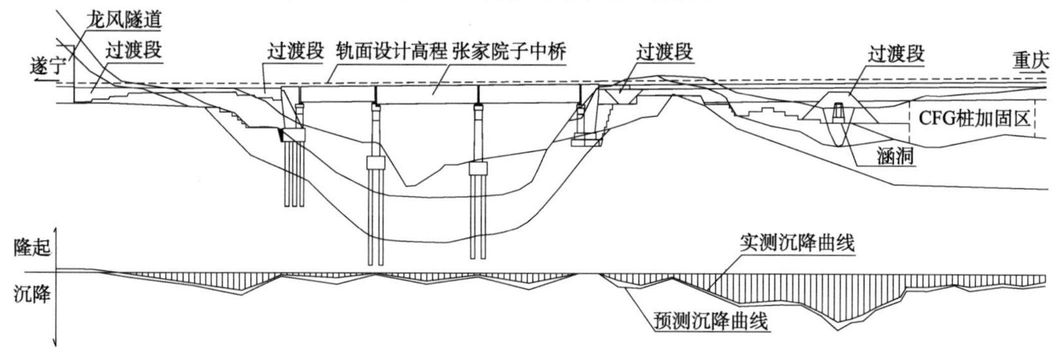

图2-4　区段或全线预测及实测沉降变形曲线示意图

2.2　技术关键之二:路基与其他线下基础刚度匹配

2.2.1　路基面支承刚度

列车高速运行,要求轨道结构高平顺、高稳定、高可靠。无砟轨道铁路,不同线下基础间存在刚度突变将加剧列车与线路相互动力作用,影响轨道结构稳定和列车高速、安全、舒适运行。

对于路基而言,线下基础为轨道提供的支承作用可用路基面支承刚度来表示。所谓路基面支承刚度,含义为:使路基顶面产生单位下沉时所必须施加于路基顶面单位面积上的荷载,单位为MPa/m。它反映了路基和地基的结构性能,其大小受路基横断面几何状态、路基填料性能和地基土质参数的影响。该指标可用作描述路基对轨道结构的支承性能,同时也可作为轨道结构对路基结构性能的要求，是进行无砟轨道路轨一体化设计的关键指标。研究基于满足列车安全平稳运行的路基面支承刚度合理取值并提出其设计流程、计算方法和检测手段，对于促进路轨一体化设计理论的发展、提高轨道及线下基础结构设计水平、保证轨道及线下基础结构设计寿命与性能均具有重要工程意义。

路基面支承刚度与路基基床层状结构各层材料及厚度有关，即与路基竖向刚度组合有关。通过对路基层状结构竖向刚度组合优化设计，可以实现对路基面支承刚度 E_0 值的控制。图 2-5 为路基面支承刚度与路基竖向刚度组合示意图。

E_0

E_1,h_1

E_2,h_2

E_3,h_3

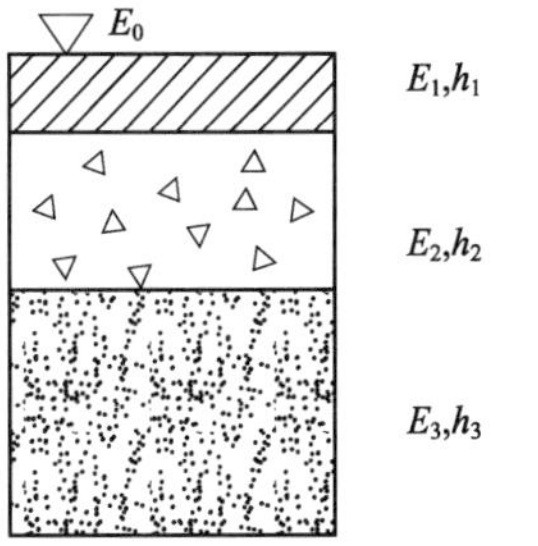

图 2-5 路基面支承刚度与路基竖向刚度组合示意图

路基面支承刚度可按式(2-3) ~ 式(2-8)计算[15]：

$$E_0 = ah_x^b E_3 \left(\frac{E_x}{E_3}\right)^{\frac{1}{3}} \tag{2-3}$$

$$E_x = \frac{h_1^2 E_1 + h_2^2 E_2}{h_1^2 + h_2^2} \tag{2-4}$$

$$h_x = \left(\frac{12D_x}{E_x}\right)^{\frac{1}{3}} \tag{2-5}$$

$$D_x = \frac{E_1 h_1^3 + E_2 h_2^3}{12} + \frac{(h_1 + h_2)^2}{4}\left(\frac{1}{E_1 h_1} + \frac{1}{E_2 h_2}\right)^{-1} \tag{2-6}$$

$$a = 6.22\left[1 - 1.51\left(\frac{E_x}{E_3}\right)^{-0.45}\right] \tag{2-7}$$

$$b = 1 - 1.44\left(\frac{E_x}{E_3}\right)^{-0.55} \tag{2-8}$$

式中：E_0——路基面支承刚度(MPa/m)；

E_1、E_2、E_3——路基结构分层材料弹性模量(MPa)；

h_1、h_2、h_3——路基结构分层厚度(m)。

理论上，通过对一段路基中不同断面的路基竖向刚度组合设计，可以调整线路纵向路基面支承刚度，实现路基面刚度渐变，从而实现路基与其他构筑物之间刚度的匹配。

2.2.2 线下基础纵向刚度匹配[16]

1）不同路基面支承刚度动力响应

采用列车—轨道—线下基础耦合动力分析方法，在列车荷载、轨道结构及参数不变情况下，改变路基面支承刚度值，研究不同路基面支承刚度对轨道结构动力响应的影响，可以得出以下结论：

(1)路基面支承刚度小于标准路基面支承刚度，钢轨垂向位移、路基面位移明显增大。

(2)随着路基面支承刚度的提高，钢轨垂向位移、路基面位移明显减小，而钢轨垂向力、路基面动应力略有增加。

(3)路基面支承刚度大于标准路基面支承刚度 10 倍后，轨道及路基面动力响应变化趋缓。

基于上述计算分析，可以认为：路基面支承刚度的最小值应使路基面动位移控制在合理范围；路基面支承刚度也不是越大越好，而是存在一个技术可行又经济合理的路基面支承刚度范围。

2)不同路基支承刚度过渡段动力响应分析

为考察路基面支承刚度对路基与桥隧等构筑物过渡段动力性能的影响,对不同路基支承刚度过渡段轮轨系统的动力响应进行了计算分析。结果表明:路基支承刚度较小(小于100MPa/m)时,轨道道床板在列车荷载作用下将发生“翘翘板”(即“脱空”)现象,路基支承刚度越小,这种现象越严重,它对轨道结构及路基本身的受力和变形非常不利,同时还影响线路状态的稳定性;路基面支承刚度超过1000MPa/m时,对轮轨系统的动力影响已经非常有限。综合考虑工程安全性和经济性,路基过渡段路基面支承刚度合理范围建议为200~500MPa/m。

3)路基过渡段支承刚度控制

路基面支承刚度与路基结构及分层材料、压实度密切相关。路基面支承刚度大小还与路基累积变形有关,一般来讲,路基面支承刚度小,在动荷载作用下产生的动变形大,累积变形也大。因此,工程设计中应对路基面最小支承刚度做出限制。理论上路基面动变形小于路基结构层材料临界体积剪应变,则不会发生塑性累积变形。对0.4m厚级配碎石+2.3m厚A、B组填料高速铁路标准基床结构,中国铁道科学研究院铁道建筑研究所建议无砟轨道路基面动变形限值为0.22mm。时速300~350km/h无砟轨道高速铁路路基面动应力为15kPa左右,考虑轮轨不平顺的不利情况,最大约为2×15=30kPa,则理论上路基面最小支承刚度为30kPa/0.22mm≈136MPa/m。现场实测路基面支承刚度一般大于200MPa/m,为保证高速铁路高可靠、高安全,笔者建议路基面最小支承刚度按不小于200MPa/m进行控制。

桥(隧、涵)构筑物刚度较路基刚度大,为避免因刚度突变对轨道结构造成不利影响,高速铁路在路基与桥(隧、涵)构筑物连接处设置刚度渐变的过渡段。理论上,通过不同断面的路基竖向刚度组合设计,可以调整线路纵向路基面支承刚度,实现路基与其他构筑物刚度匹配,即通过过渡段实现路基面支承刚度从一般路基的最小支承刚度过渡段到与桥(隧、涵)构筑物连接处,与桥(隧、涵)构筑物刚度匹配的合理刚度。如前分析,过渡段路基面支承刚度合理范围大体应在200~500MPa/m,最大不宜超过1000MPa/m。综合考虑工程实施性和经济性,建议路基与桥隧连接处的路基面支承刚度控制在500~1000 MPa/m,过渡段路基面支承刚度由200MPa/m过渡到与桥隧连接处的500~1000 MPa/m。

2.3 技术关键之三:路基防排水

2.3.1 路基防排水体系[17]

路基由岩土材料填筑于露天环境,路基岩土受到水的浸湿、饱和作用,将引起岩土体强度的降低,引发各种工程病害。如铁路基床土体强度不足,在列车动荷载作用下常常引起基床的变形、翻浆冒泥;边坡土体强度不足,可能引起边坡变形甚至失稳;路堤土体强度不足,将引起路基沉降变形。为保证路基工程的动力特性和承载性能的长期稳定,必须构建完善的路基防排水体系。

路基防排水体系由四个方面构成,即:①路基填料抵御水侵蚀能力;②路基面防排水;

③地下排水,包括路堤底部地下排水和和路堑基床换填层底部地下排水;④边坡防排水,包括路堤、路堑边坡防排水以及侧沟、天沟、排水沟。

2.3.2 路基防排水措施

前述路基防排水体系的四个方面,也是主要的路基防排水措施。

1)路基填料抵御水侵蚀能力

影响路基工程长期稳定性的因素有:①岩土材料抵御水侵蚀能力;②气候及水文特征;③路基防排水措施。上述三个因素中,岩土材料抵御水侵蚀能力最为重要。气候及水文特征,决定路基工程可能受水侵蚀的程度,可作为选择路基防排水工程的主要参考。如,在西北降雨量极少且蒸发量大于降雨量的地区与南方多雨地区,路基工程防排水措施存在较大的不同。路基工程防排水措施,可以起到保护路基不受或少受水侵蚀的作用,但属于被动防护。因此,采用水稳性好的岩土材料、采取措施提高路基填料的水稳性是工程设计方案的首选。

2)路基面防排水

为防止雨水渗入路基,路基面宜采取全封闭防水措施。

遂渝线无砟轨道综合试验段路基面采取了全封闭防水措施,包括:

(1)轨道基础板两侧基床表层铺设0.1m厚沥青混凝土封闭层,防止地表水下渗。

(2)在无砟轨道路基左右两线的轨道板之间,设置贯通的混凝土纵向水沟。间隔50m左右设集水井,在集水井底部设置横向排水管,将积水通过横向ϕ200mm高耐压防断裂复合排水管排入路堤边坡上的排水槽或路堑侧沟。

(3)路堑侧沟外平台采用浆砌片石封闭。

作为路基面封闭防水层的沥青混凝土,应具备良好的防渗性能、高温稳定性、抗低温能力以及抗水损害能力等。

3)地下排水

地下排水包括路堤底部地下排水和路堑基床换填层底部地下排水。

(1)路堤底部地下排水

路堤填方基底存在地下水,可能引起路堤底部填料强度降低,引起变形或路堤沿地基表面的滑动,必须引出。对于路堤填方基底内出露的泉眼,应设置排水通道(暗沟或盲沟),引排地下水。路堤填方基底为洼地、槽谷,或地下水发育时,路堤底部应设置排水层,避免地下水汇聚对路堤底部填料产生不利影响;当路堤填料为非良质填料时,应在路堤底部设置防排水层,这样既能排泄地下水,又能隔断地下水向上迁移对路堤非良质填料的不利影响。

(2)路堑基床换填层底部地下排水

位于富水地层或水田、水塘、地形凹槽地段的低路堤、浅路堑地段,以及地下水发育地段,应在路堤基底、路堑基床换填层的底部设置排水层,在排水沟或侧沟底部设置纵向盲沟,加强地下水流的排泄处理。

4)边坡防排水及地面排水

(1)路堤边坡防排水

未采取防护的土质路堤边坡易受雨水下渗浸润影响,引起边坡浅层强度降低,进而引起边坡浅部变形或失稳。同时，雨水在边坡上形成集中水流，冲蚀边坡，形成冲沟，加剧边坡变形。数值分析表明，边坡有效坡度的变化对路基面竖向沉降变形影响显著。因此，对于无砟轨道铁路路基，除填料、路堤边坡坡度、填筑压实标准严格执行有关标准外，还必须采取有效措施防止边坡浅部变形。一般包括以下措施：

①为防止路基面的水漫流，冲刷路堤边坡，在路堤两侧设置带挡水缘的浆砌片石镶边，拦截地表水，引流归入边坡排水槽。

②边坡设置排水槽（设骨架护坡时为截水主骨架，未设骨架护坡地段间隔15m左右在边坡上单独设置排水槽），将路基面以及边坡地表水引入排水沟。

③路堤边坡设置植被护坡，边坡高度大于3m，增设人字形浆砌片石截水骨架。

④路堤坡脚平台上设置横向排水沟，连接边坡截水主骨架（排水槽）与坡脚纵向排水沟，将坡面水引排至路堤外。

通过设置以上防排水工程，使路堤地段路基面、路堤边坡及边坡平台、路堤坡脚排水建筑相互衔接，形成完善的排水系统，防止或最大程度减小雨水对路基变形稳定的影响。

（2）路堑边坡防排水

为防止雨水冲蚀边坡，根据路堑边坡岩土情况，可选择浆砌片石截水骨架内植被护坡或锚杆钢筋混凝土水框架梁内植被护坡。路堑边坡平台，一般应设置平台截水沟。

（3）地面排水及与边坡排水设施的衔接

天沟、侧沟、排水沟等地面排水设施，应与边坡排水设施相互衔接，并与过水涵洞、自然沟渠相连接，形成完整的排水系统。排水系统与天然沟渠或其他排水系统连接，应设置消能、过滤的排水沟末端装置，避免水流对环境造成冲刷或污染。

第3章 路基基床

路基作为轨道的基础，承受着列车运行时由轨道传递下来的动力作用，动力作用随深度衰减，路基受列车动力作用影响的部分，通常称为路基基床。为了保证列车的高速安全运行，路基基床必须具备足够的强度、刚度，并保持性能稳定。本章从路基基床动力特性入手，讨论路基基床累积变形控制指标，以及基于层状体系的路基基床结构设计方法。

3.1 路基基床动力特性

无砟轨道铁路，采用整体的、大刚度的无砟轨道结构取代了传统的轨枕、碎石道床，列车荷载作用下的路基基床动力响应，与有砟轨道铁路不同，需要对基床的动力特性即基床动应力、动变形的变化规律进行研究，以指导无砟轨道路基基床设计。理论分析和试验表明：土体中存在着一个临界动应力，如果外应力小于这个值，土的塑性应变趋于稳定；否则，土的塑性应变就会累积、发展直到土体破坏。临界动应力与土的种类、含水量、密实度、围压以及荷载作用的频率等有关。临界动应力随围压的增加而增加，随频率的增加而减少。对于铁路路基基床来说，围压对应于土的埋深，频率对应于车速。这说明，随列车速度的提高，路基病害会迅速增加；尽管列车荷载产生的动应力小，但小应力的重复作用仍可能导致基床产生过大的累积变形。因此，随着列车速度的提高，必须重视并考虑列车的动力问题。通过测试其动应力、动变形、加速度、累积变形等动力学特性，可以获取无砟轨道路基基床动力学特性的数据资料，分析动应力的传递规律、基床累积变形增长的规律等，确定基床结构是否满足高速列车长期运行所需要的动力耐久性，评价无砟轨道结构动力性能和适应性、基床动力学、累积变形特性及结构的合理性。

路基刚度，通常反映路基抵抗动力作用的能力。已有的研究资料表明：路基刚度过小或不均匀，都不利于列车高速运行及轨道等部件的使用寿命。路基刚度小，则基床的抗变形能力减小，容易引发不均匀沉降，形成轨道的不平顺，从而影响高速行车的平稳和安全。路基刚度过大，则造成路基/轨道/车辆系统振动加剧，加速轨道和车辆的磨损，并影响行车安全及乘车舒适度等。因此，路基各部分刚度的合理匹配对提高路基设计标准具有重要意义。

3.2 路基基床结构

路基基床作为轨道的基础，直接承受列车动荷载作用，要求路基基床具有良好的动力特性。铁路路基基床结构及分层厚度，应满足以下两个基本条件：

一是变形控制条件。在列车荷载作用下,路基顶面的弹性变形量应不大于2.0mm。

二是强度控制条件。在列车荷载作用下,路基基床岩土体的动应力应不大于岩土体的允许动应力。

列车荷载动应力作用沿深度衰减,一般情况路基面以下0.6m范围内动应力的衰减最剧烈。相关研究资料认为,路基面下3.0m处的动应力约为自重应力的10%,它对路堤的变形影响可忽略不计。因此,一般认为可以将3.0m范围作为路基基床厚度。

参考国内外相关资料,提出遂渝线无砟轨道综合试验段基床结构方案及参数如下:

(1)板式无砟轨道:基床表层级配碎石厚度,一般0.4m,个别地段0.7m;基床底层A、B组填料厚度,路堤地段2.3m,路堑地段1.0~2.3m。

(2)双块式无砟轨道:基床表层级配碎石厚度为0.4m;基床底层A、B组填料厚度,路堤地段2.3m,路堑地段1.0~2.3m。

3.3 路基基床动力特性试验研究[18,19]

为验证遂渝线无砟轨道综合试验段基床结构方案的可行性,在室内进行了1:1模型试验。试验表明,在模拟列车荷载300万次作用下,基床结构变形较小(累计变形为3mm),满足要求。结合遂渝线无砟轨道综合试验段实车试验,对无砟轨道路基基床动力特性进行了现场测试研究。本节介绍现场内容及测试结果。

3.3.1 测试内容

为全面了解并掌握无砟轨道路基基床动力学特性、典型路基结构动力学及承载特性、路基过渡段路基面支承刚度及其沿纵向变化的规律,结合遂渝线无砟轨道综合试验段综合实车试验,开展了14个项目17个工点的测试,其中包括双块式、板式、长枕埋入式三种典型无砟轨道路基基床动力特性测试3处,路桥、路隧、路涵、两桥(隧)之间短路基、桩-板结构路基五种典型路基过渡段路基面支承刚度测试7处,单双线桩-板结构路基、高低路堤桩-网结构路基、陡坡半填半挖路基等特殊路基结构静动力特性测试5处、18号客专及客混无砟道岔区路基动力学测试2处,详见表3-1。

遂渝线无砟轨道综合试验段综合试验路基测试工点表　　表3-1

工点号	名　称	里　程	无砟结构轨道类型	备　注
1	刚性路桥过渡段及轨道结构动力响应测试	DK131+450~DK131+485	框架型板式轨道	张家院子中桥遂宁端
2	一般路桥过渡段及轨道结构动力响应测试	DK131+585~DK131+625	框架型板式轨道	张家院子中桥重庆端
3	薄填土涵洞及路基过渡段路基面支承刚度测试	DK131+872~DK131+918	减振型板式轨道	张家院子中桥重庆端至弯里头隧道进口之间
4	隧道与路基刚性渐变混凝土过渡段路基面支承刚度测试	DK132+264~DK132+284	双块式轨道	湾里头隧道出口

续上表

工点号	名　称	里　程	无砟结构轨道类型	备　注
5	桩－板结构与路基过渡段路基面支承刚度及路基基床动力学响应测试	DK132 +453 ~ DK132 +486	双块式轨道	湾里头隧道出口至二岩隧道进口
6	桩－板结构路基动力响应测试	DK132 +560 及 DK137 +773	双块式轨道	
7	两桥隧之间全长等刚度短路基动力学响应测试	DK133 +630 ~ DK133 +661.30	双块式轨道	二岩隧道出口至纸厂沟大桥遂宁端之间
8	隧道与路基级配碎石过渡段路基面支承刚度测试	DK134 +407 ~ DK134 +427	双块式轨道	木鱼山隧道出口
9	陡坡路基衡重式路肩上墙背动静土压力测试	DK134 +560 ~ DK134 +580	双块式轨道	蔡家车站进口附近
10	板式无砟轨道路基动荷载测试与动力响应测试	DK131 +740 ~ DK131 +770	减振型板式轨道	张家院子中桥至湾里头隧道之间
11	双块式无砟轨道路基动荷载测试与动力响应测试	DK132 +380 ~ DK132 +420	双块式轨道	湾里头隧道至二岩隧道之间
12	桩－网结构路基动静力响应测试	DK134 +820 及 DK135 +843	双块式轨道轨枕埋入式	
13	无砟轨道路基基床动力学响应测试	DK135 +843	长枕埋入式	
14	无砟轨道道岔区轨道及路基基床动力学响应测试	DK135 +788.268 ~ DK135 +944.75	长枕埋入式	4 号岔位及 6 号岔位

测试断面包括双块式、板式、长枕埋入式无砟轨道三种轨道的路基基床动力学测试，测试工点现状及测试内容见表 3-2。

遂渝线无砟轨道综合试验段路基基床动力学测试测点现状及测试内容　　表 3-2

工点号	轨道形式	里程	路基基床结构	测 试 内 容
11	双块式	DK132 +380 ~ DK132 +420	基床表层 0.4m 级配碎石，基床底层 2.3m A、B 组填料	基床动荷载、动变形、加速度及其变化和传递规律
10	板式	DK131 +740 ~ DK131 +770	基床表层 0.4m 级配碎石，基床底层 2.3m A、B 组填料	基床动荷载、动变形、加速度及其变化和传递规律
13	长枕埋入式	DK135 +698 ~ DK135 +806	基床表层 0.7m，其中上表层 0.3m 水泥稳定级配碎石，下表层 0.3m 级配碎石，基床底层 2.0m A、B 组填料	基床动荷载、动变形、加速度及其变化和传递规律

3.3.2 试验结果分析

(1)动车组和 25t 货车通过双块式无砟轨道测试断面时，实测基床表层表面的动应力范围分别为 4.7 ~9.9kPa、10.9 ~17.6kPa，动变形范围分别为 0.12 ~0.19mm、0.19 ~0.29mm，最大加速度分别为 0.13 m/s^2、0.25 m/s^2。

(2)动车组和25t货车通过板式无砟轨道测试断面时，实测CA砂浆动应力范围25.6～38.5kPa、50.9～91.7kPa，实测基床表层表面的动应力范围分别为5.5～7.1kPa、9.8～13.9kPa，动变形范围分别为0.03～0.06mm、0.09～0.13mm，最大加速度分别为0.11m/s^2、0.22m/s^2。

(3)实测双块式和板式无砟轨道的动应力和动变形约为有砟轨道的1/8～1/5，相对较小，双块式无砟轨道略大于板式无砟轨道。

(4)实测双块式和板式无砟轨道的动应力和动变形随车速变化不大，相对而言，轴重为主要影响因素，动应力与轴重基本呈线性关系。动车组轴重轻，远小于货车轴重，实车试验测得的动应力和动变形约为货车的1/3～1/2。相对于货车，动车组对路基影响不大。

(5)实测长枕埋入式无砟轨道的动应力和动变形随车速变化不大，相对而言，轴重为主要影响因素。基床表层表面在横向方向的动应力呈马鞍形分布，动车组和25t货车实车试验测得的动应力，基础板边缘处约为钢轨下方的1/3～1/2，基础板中心处约为钢轨下方的3/5～2/3。

(6)双块式和板式无砟轨道结构下的基床动应力衰减较为接近，距离底座底面3m处基床动应力衰减约为基床表层表面的30%。

(7)测试结果表明，无砟轨道路基的动荷载相对较小，路基的强度容易满足要求，但并不意味着可以降低标准；由于无砟轨道对累积变形的严格限制，路基结构的设计及标准主要考虑长期变形的控制，应加强长期观测和无砟轨道路基长期性能的研究。

3.4 基于层状体系的路基基床结构设计

从满足动力性能出发，路基基床应采用性能良好的材料填筑，而从工程经济性出发，路基基床表面以下不同厚度，应选用满足性能要求且经济性更好的不同的材料来填筑。理论上，合理的路基基床是一个多层体系，自上而下，材料性能的要求由高到低。下面，在简要介绍弹性层状体系的基础上，讨论基于层状体系的路基基床结构设计方法。

3.4.1 弹性层状体系[20,21]

1)基本图式

弹性层状体系理论，也称层状弹性体系理论，属于弹性力学的范畴。它是多层路基或多层地基设计与计算的理论基础，其基本思想是将所研究的物体看作是自上而下由若干弹性层和弹性半空间体组成的弹性体系。

弹性层状体系在圆形均布荷载作用下的计算图式如图3-1所示。图中荷载 P 表示单位面积上的垂直荷载，a 为荷载圆面积的半径，h_1、h_2、…、h_{n-1} 为各层厚度，E_1、E_2、…、E_{n-1}、E_n 及 μ_1、μ_2、…、μ_{n-1}、μ_n 为各层弹性模量及泊松比。

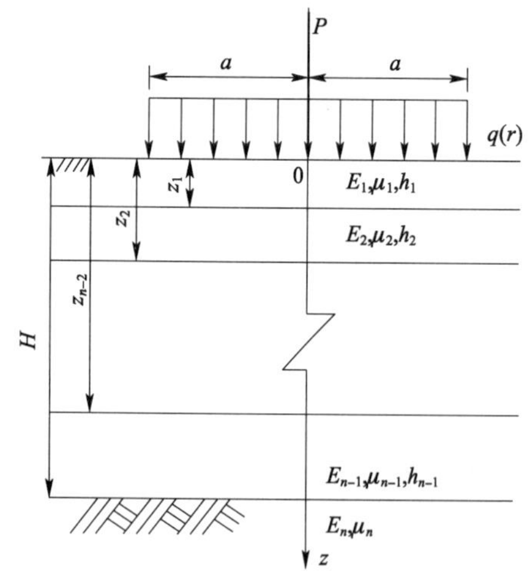

图3-1 弹性层状体系计算图式

2）基本假定

层状体系基本假定：

（1）各层都是由均质、各向同性的弹性材料组成，这种材料的力学性能服从胡克定律。

（2）假定土基在水平方向和沿深度方向均为无限体，其上各层厚度均为有限，但水平方向仍为无限。

（3）上层表示作用轴对称圆形均布垂直荷载作用，同时在下层无限深处及水平无限远处应力和应变都是零。

（4）层间接触面假定为完全连续。

3）基本原理

根据弹性理论，对于轴对称空间体，其几何方程为

$$\begin{cases} \varepsilon_{\mathrm{r}} = \dfrac{\partial u}{\partial r} \\ \varepsilon_{\theta} = \dfrac{u}{r} \\ \varepsilon_{z} = \dfrac{\partial w}{\partial z} \\ \gamma_{zr} = \dfrac{\partial u}{\partial z} + \dfrac{\partial w}{\partial r} \end{cases} \tag{3-1}$$

其物理方程为

$$\begin{cases} \varepsilon_{\mathrm{r}} = \dfrac{1}{E}[\sigma_{\mathrm{r}} - \mu(\sigma_{\theta} + \sigma_{z})] \\ \varepsilon_{\theta} = \dfrac{1}{E}[\sigma_{\theta} - \mu(\sigma_{\mathrm{r}} + \sigma_{z})] \\ \varepsilon_{\mathrm{r}} = \dfrac{1}{E}[\sigma_{z} - \mu(\sigma_{\mathrm{r}} + \sigma_{\theta})] \\ \gamma_{zr} = \dfrac{1}{G}\tau_{zr} \end{cases} \tag{3-2}$$

式中：G——剪切模量，$G = \dfrac{E}{1+\mu}$；

μ——弹性体的泊松比。

3.4.2 无砟轨道铁路路基层状体系及结构设计

1）无砟轨道铁路路基层状体系计算模型[22]

现行无砟轨道结构主要有两种类型：板式无砟轨道和双块式无砟轨道。

板式无砟轨道，由预制轨道板（PC 或 RC）、CA 砂浆调整层、凸形挡台、底座等部分组成。双块式无砟轨道，由双块式轨枕、混凝土支承层等部分组成。

图 3-2 为简化的板式无砟轨道铁路路基层状体系横断面示意图。其主要分为：上部轨道结构（包括钢轨、扣件、轨道板或轨枕）和下部路基层状结构，下部路基层状结构包括轨道板或轨枕以下的 CA 砂浆层、底座层、基床表层、基床底层以及路基本体。

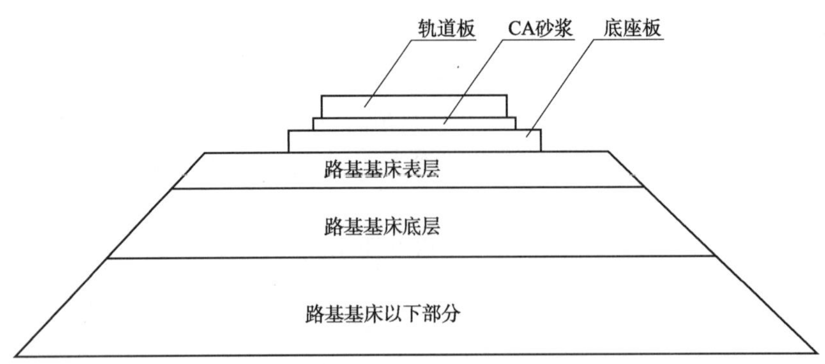

图 3-2　板式无砟轨道铁路路基层状体系横断面示意图

2)无砟轨道铁路路基结构计算分析及设计控制指标

假设钢轨及轨枕为相互交叉的弹性梁结构，其中间相连的扣件假设为弹簧结构，弹簧刚度为 K。上部轨道结构可简化为中间弹性支承交叉梁体系。下部轨道及路基结构，可简化为弹性层状体系。对于上部结构，以上下弹性梁交点的反力为基本未知力建立力法方程，通过求解超静定结构，得到各结点的内力；将内力作用于结构的上下梁，则能求解整个体系的内力和位移。对于下部层状体系结构，假设单位荷载均匀作用在轨道板上，基于经典弹性层状体系理论科推导出均布矩形荷载作用下的三维多层弹性层状体系的理论解答。

路基结构厚度设计，以某一"关键层位"为设计对象，假设这一层的厚度未知，首先拟定其他各层的厚度，以及相关材料参数和控制条件及控制值，对"关键层位"的厚度进行反算，取能满足相应控制条件、相应控制值的该层最小厚度。

路基结构厚度设计中的控制指标，主要为以下两类。

(1)弹性变形控制指标

对于无砟轨道铁路路基结构，一般以路基表面弹性变形作为设计控制指标。基于现场实测资料，建议控制标准为：≤2.0mm。

(2)强度控制指标

①水泥混凝土板层底部拉应力。

在板式及双块式无砟轨道结构中，轨道板及底座一般采用水泥混凝土板。水泥混凝土板具有很高的整体承载能力，能显著降低下部基床承受的荷载强度，但是水泥混凝土板本身的底部拉应力却相对集中，若拉应力超过限值，则将引起轨道板结构的开裂破坏。因此，必须对水泥混凝土板底部拉应力进行控制。

②沥青混凝土层底面拉应力。

沥青混凝土层底面拉应力是控制沥青混凝土层不产生早期开裂的重要指标。沥青混凝土层底面拉应力与各结构层的厚度、模量有关，沥青混凝土层本身的弹性模量与厚度是决定其拉应力的重要因素，而基床填料的厚度与模量对沥青混凝土层底面拉应力的影响也极为敏感。

③碎石材料层顶面最大竖向压应力。

对于路基结构层中的碎石材料层，应控制其顶面最大压应力，使其不超过容许值。

3)无砟轨道铁路路基结构疲劳损伤分析方法

铁路路基结构承受列车重复加载作用。为保证路基结构经受设计年限内列车重复荷载作用仍处于容许的工作状态，设计容许指标必须包含荷载重复作用次数的因素。通常可以通过反复加载疲劳试验、试验段实地观察测试以及基于调查资料的分析推算等方法，获得基于重复荷载作用次数的设计容许指标以及计算方法或计算公式，从而实现对疲劳荷载作用下的损伤控制。综合国内外疲劳损伤控制设计方法 ，可供采用的常用设计方法有：

(1)强度折减法。

(2)容许重复荷载次数法。

其中，容许重复荷载次数法，以相关试验回归经验公式来确定所能承受的最大容许荷载次数。

根据美国沥青协会(Asphalt Institute,1982)对沥青混凝土层疲劳损伤试验的研究结果，沥青混凝土层能承受的最大荷载作用次数试验回归公式为

$$N_a = 1.140001448 \times 10^{-3} \varepsilon_t^{-3.291} E_a^{-0.853} \tag{3-3}$$

式中：N_a——容许最大荷载作用次数；

ε_t——沥青混凝土层底部拉应变；

E_a——沥青混凝土弹性模量(MPa)。

根据美国肯塔基大学(Huang,Y. H. ,Lin,C. ,Deng,X. ,and Rose,J. ,1984)对典型铁路基床材料疲劳损伤试验的研究结果，铁路基床能承受的最大荷载作用次数试验回归公式为

$$N_d = 2.281614668 \times 10^{-5} \sigma_c^{-3.734} E_s^{+3.583} \tag{3-4}$$

式中：N_d——容许最大荷载作用次数；

σ_c——基床表面承受的竖向应力(MPa)；

E_s——基床弹性模量(MPa)。

第 4 章　路堤沉降控制

路堤沉降控制是路基沉降控制的一个重要方面。本章围绕路堤沉降控制，从路堤压密沉降控制原理入手，讨论了路堤填料设计、路堤填料压实控制、路堤填料适应性试验以及非良质填料改良等关键技术问题。

4.1　路堤压密沉降控制对策

路堤是路基的一种形式。通常路基可分为路堤、路堑，以及两者的组合——半堤半堑。路堤，利用岩土材料人工填筑而成；路堑，一般为人工开挖天然岩土而成，有些情况下需要挖除部分天然岩土后再填筑岩土材料而成，此时路堑路基面以下岩土包括天然地基岩土、人工填筑土两部分。天然地基岩土和人工填筑土均存在压密沉降控制问题。

路堤压密沉降控制的对策主要有：严格控制路堤填料；采用高标准的路堤填筑压实度；加强填土压实过程控制。

1）严格控制路堤填料

基本思路：一是优先选择材质坚硬的材料，保证路堤填筑体具有较高的强度；二是控制材料的最大粒径及级配，保证常规压实机械碾压施工能够达到较高的压实密度。我国现行规范推荐路堤本体采用 A 或 B 组填料，并严格控制填料最大粒径（路基基床底层要求不大于 60mm，基床以下要求不大于 75mm）。

2）采用高标准的路堤填筑压实度

采用较高的路堤填筑压实标准，并严格控制路堤填筑压实度，是控制路基填筑体的压密沉降的通行做法。但路堤填筑压实标准的选用，需要同时考虑施工机械以及工程经济性。理论上，如果采用较高能量的压实机械，可以适当放宽对填料最大粒径及级配的控制，如采用高能量的强夯可以实现对较大粒径碎块石土的压实。

我国现行规范推荐要求的无砟轨道铁路路基基床底层以下路基本体的压实标准为压实系数不小于 92%。工程实践中，为确保路堤竣工后 6 个月时间内沉降稳定，达到无砟轨道铺设要求，可分层对采用常规机械填筑的填筑土体采用冲击碾压追加压密，以加速路堤沉降，工程效果较好。对于高路堤，为有效控制路堤沉降，每填筑 2 ~ 4m，可采用强夯对填筑土体进行补充压密。

3）加强填土压实过程控制

路基填筑分层厚度一般采用 0.3 m，采用横断面全宽、纵向分层填筑；路堤边坡设置层厚控制管理材，即在两侧填土边坡按 0.6m 一层铺设土工格栅；同时，按间距 20 ~ 25m，设置填筑密实度检测断面，检测断面检测点必检点3个(中心及两侧边坡内1m处)，随机检测点不少于2个。

值得一提的是，采用基于信息反馈的智能压实控制技术，可以较好地实现路基压实状况的实时显示，可以实现路基无缝连续压实。

4.2 路堤填料设计

所谓路堤填料设计，应包括：可用填料的调查；基于技术经济比较的填料选用原则与标准；路堤填筑参数设计。

1)可用填料的调查

一般情况下就地取土填筑路堤，但有些土石不能用作填料。特别是直接受到列车动荷载作用的路基基床部分，其填料必须严格控制，以免产生翻浆冒泥等路基病害。因此，需要对可用填料进行详细的调查和分析。

2)填料选用原则与标准

我国现行铁路技术规范将填料，按其适用性分为A、B、C、D四级。A级为优质填料，如粗粒无黏性土；B级为良好填料，如细粒含量小于30%的混合土和砂黏土等；C级为限制使用的填料，如细粒含量超过30%的混合土和细粒土等；D级一般为不合格填料，如高液限粉土、黏土等。基床表层应选用A级和B级的填料，不得不用C级填料时，填料的液限应不大于32，塑性指数不大于12。日本新干线用的基床填料最大粒径小于75mm；通过74μm筛孔的土占总重的2%～20%；通过420μm筛孔的土超过总重的40%；不均匀系数大于6；液限小于35，塑性指数小于9。

3)路堤填筑参数设计

路堤填筑参数设计，主要包括以下三个方面：

(1)选择合格的路堤填料与相应的压实工艺。工程设计，要优先选用良质填料，但考虑工程经济性，则应就地取材。选用合格填料是工程设计需要遵循的基本原则。基于选定的填料选用相应的压实工艺，包括压实机具，压实参数等。

所谓良质填料，有两个关键的控制参数：①填料材质是否具有符合要求的强度；②填料是否具有良好的级配。填料级配，与填料是否易于压实有密切关系。理论上，填料具有连续级配是最佳方案，但实际工程中，很难找到具有连续级配的天然材料。通常的做法是采用机械加工或筛选，将天然材料加工为3～4个不同粒径范围的组分，再混合成为填料。

(2)选择合适的路基断面形式，确定边坡形状与坡度。根据填料种类，结合边坡高度，选用梯形或阶梯形路基断面，并确定边坡坡度、边坡平台宽度等参数。

(3)设计路基排水系统及坡面防护工程。

4.3 路堤填筑压实控制

为满足路堤沉降控制要求，需要对路堤填筑压实工艺进行过程控制。

路堤填筑压实过程控制的作用在于，通过过程控制，一是保证填筑材料符合设计要求，二是保证填筑密实程度满足设计要求，三是保证填筑压实的连续、均匀。

路堤填筑“三阶段、四区段、八流程”工法，是常用的路堤填筑工法。

（1）“三阶段”即准备阶段、施工阶段、整修阶段。

（2）“四区段”即填土区段、整平区段、压实区段和检测区段。碾压时，各区段交接处应重叠压实，纵向搭接长度不得小于2m，纵向行与行之间的轨迹重叠压实不小于0.4m，横向同层接头处重叠压实不小于1m，上下两层填筑接头应错开不小于3m。

（3）“八流程”即施工测量、地基处理、分层填土、摊铺整平、洒水晾晒、碾压密实、检测签证和路基修整。

对路堤填筑压实质量进行检测，并据此对路堤填筑压实质量进行控制。根据填料性质的不同，路堤填筑压实质量检测指标主要有：压实系数 K_h、地基系数 K_{30}、相对密实度 D_r、孔隙率 n、动态变形模量指标 E_{vd}、静态变形模量 E_{v2} 等。

为实现路基填筑压实的有效控制，除严格施工工艺、加强监测控制外，采用基于传感与信息化技术的填筑压实智能控制技术，是路基填筑压实技术的重要发展方向。填筑压实智能控制技术原理是：通过与填筑压实机械连接的传感器获取路基填筑土压实程度的信息，并将路基填筑土压实信息反馈给填筑压实机械操作人员，指导填筑压实作业。采用填筑压实智能控制技术，可实现路基填筑连续均匀压实，避免局部漏压和不均匀压实情况的发生，避免压实质量事后检测以及检测点有限的不足。

4.4 路堤填料适应性试验

由于路基填料的区域特性以及填筑施工机械的多样性，为获取特定施工机械进行特定填料填筑施工的效果及最优施工控制参数，在大面积施工前，一般均需要进行填筑工艺性试验。填筑工艺性试验，试验段长度一般不小于100m，宽度为路基设计宽度。通过试验，获取机械的选型及组合方式、碾压遍数及碾压速度、工序、每层填料的厚度等，以指导施工。

4.5 非良质填料改良

所谓非良质填料，是指材质或级配不符合技术标准的填料。

非良质填料改良，一般应通过相应的试验，论证是否可以通过改良后使用，并确定改良的技术措施。

4.5.1 非良质填料改良的技术路线

为满足高速铁路运营要求，路基必须具有较小的工后变形和长期稳定性。非良质填料能否用作高速铁路路基填料，需要明确两个问题：一是采用何种施工工艺可以将非良质填料充分压实，二是充分压实的非良质填料能否满足铁路路堤工后变形和长期稳定性的要求。为此，应通过必要的试验研究，掌握非良质填料工程特性；通过试验获得非良质填料压实土物理及静、动力学参数，分析非良质填料土的变形特性，并采用模型试验、激振试验、现场测试,验证非良质填料土变形特性;通过非良质填料土浸水、软化试验,研究非良质填料土水稳定性;综合研究,提出利用非良质填料填筑高速铁路路基技术。针对遂渝线无砟轨道综合试验段,提出红层泥岩填料改良研究技术路线框图,如图4-1所示。

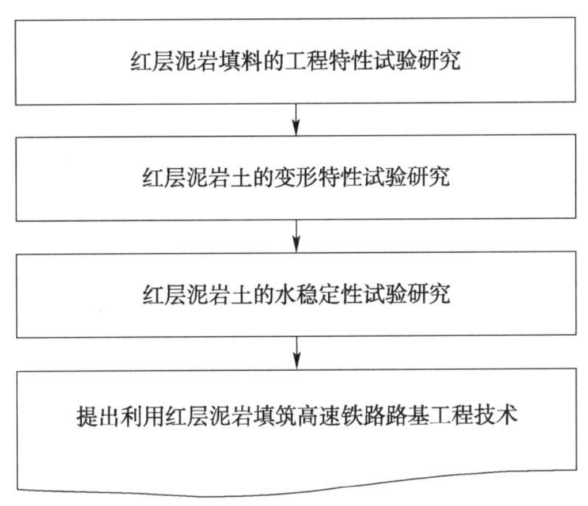

图4-1 红层泥岩填料改良研究技术路线框图

4.5.2 非良质填料填筑高速铁路路堤的实验研究

1)四川红层泥岩[23-29]

(1)红层泥岩填料工程特性

针对遂渝铁路重庆段与达成线仓山段红层泥岩填料进行了击实、三轴剪切、承载比、自由膨胀率、有(无)荷载膨胀率、软化等试验研究。遂渝线重庆段红层泥岩填料:最大干密度 $\rho_{max}=2.16g/cm^3$,最优含水量 $w_{opt}=8.7\%$;自由膨胀率为3%。0.95压实系数的红层泥岩填筑土,$CBR_{5.0}$为4.0kPa、25kPa、50kPa、100kPa、150kPa及200kPa压力下的膨胀率分别为0.145%、0.12%、0.09%、0、-0.04%及-0.04%;软化系数(浸泡3d的红层泥岩试样与最优含水量时的试样无侧限抗压强度之比)$K_p=0.331$;强度指标 $c=50.6kPa$。达成线仓山段红层泥岩填料:最大干密度 $\rho_{max}=2.11g/cm^3$,最优含水量 $w_{opt}=9.7\%$;自由膨胀为4%。0.95压实系数的红层泥岩填筑土,$CBR_{5.0}$为7.0kPa、25kPa、50kPa、100kPa、150kPa及200kPa压力下的膨胀率分别为0.23%、0.21%、0.19%、0.15%、0.12%及0.1%;软化系数 $K_p=0.238$;强度指标 $c=121.05kPa$。

此外,对压实红层泥岩试样进行了振动三轴试验研究,探讨了其累积变形、临界动应力、动强度、动模量及阻尼比等动力学特性。试验包括25kPa、50kPa两种围压,采用等向固结,每种围压下分别对8~12个试样施加不同幅值的动应力,直至试样变形稳定或破坏。试样尺寸:直径×高度=50mm×100mm。动荷载为正弦波,频率5Hz,采用应力控制。试验结果表明:红层泥岩在25kPa、50kPa围压下的临界动应力分别在150kPa、175kPa左右;25kPa围压下,当动应力幅值为25~95kPa时,试样的累积应变稳定在0.17%~0.39%之间。围压对红层泥岩的累积应变有重要影响,在相同动应力条件下,红层泥岩达到相同累积应变所需的振次随围压的增大而增加。动强度随振次增大而减小,随围压的增大而增大。25kPa、50kPa围压下红层泥岩土的动静强度比分别为0.417、0.382。红层泥岩的动模量随动应变的增大而减小，并且随围压增大而增大。阻尼比随动应变增大而增大，在相同的动应变下，阻尼比随围压增大而减小。

试验表明：充分崩解后的红层泥岩土易压实，密度大，动静强度高，变形小，膨胀性小，但长时间浸水后有一定程度的软化。

（2）红层泥岩路基填筑试验

结合遂渝铁路建设，针对不同的施工设备，进行了红层泥岩填筑试验。填筑试验表明，采用合适的碾压机械、合适的分层厚度和碾压遍数，控制好填料含水量，完全可以实现红层泥岩的充分压实。表4-1为遂渝铁路红层泥岩现场填筑试验结果。

遂渝铁路红层泥岩现场填筑试验结果　　表4-1

压实标准		碾压机械	松铺厚度（cm）	填料含水量（%）	碾压遍数	备注
基床底层	$K \geqslant 0.95$ $K_{30} \geqslant 110$MPa/m	YZ18JB	50	8.0～10.0	6～8	
		英格索兰175	35～45	8.1～13.1	10	
		徐工XS140	35～45	8.1～13.1	12	
		YZ1800DG	30	16.1～16.7	8	
		YZ18-C	40	10.2	10	
		YZ20T	25	8.0	7	
		YZ-18-Ⅱ	40	8.7	4	
		YZ-18	30	8.0～11.0	9	
基床底层以下	$K \geqslant 0.90$ $K_{30} \geqslant 90$MPa/m	YZ18JB	50	8.0～10.0	6～7	
		英格索兰175	35～45	8.1～13.1	8	
		徐工XS140	35～45	8.1～13.1	10	
		YZ1800DG	30	16.1～16.7	6	
		YZ18-C	40	10.2	8	
		YZ20T	40	8.0	7	
		YZ-18-Ⅱ	40	7.8	4	
		YZ-18	40	8.0～11.0	7	

结合遂渝线无砟轨道综合试验段和达成铁路扩能改造工程，进一步开展了试验工程的现场填筑试验。通过红层泥岩现场填筑试验，系统总结了红层泥岩填筑高速铁路路基的施工工艺，包括红层泥岩填料检验与制备，红层泥岩填筑工艺与现场控制等。

（3）红层泥岩土沉降变形特性试验研究

为研究红层泥岩路堤沉降变形特性，根据红层泥岩土的物理及静、动力学试验获得的参数，采用数值模拟分析压密沉降、累积变形特性，并采用离心模型试验、现场测试，研究红层泥岩土压密沉降特性，采用室内模型试验、现场激振试验研究红层泥岩土基床变形特性。

①红层泥岩路堤沉降变形特性。

红层泥岩路堤沉降变形特性的主要试验研究工作包括：

a.对压实系数为0.87、0.90、0.93、0.97、0.98的红层泥岩填筑土体试样分别进行不排水静三轴剪切试验，以及密度和含水量测试，获得了不同压实系数红层泥岩填筑土体三轴抗剪强度参数、土体密度及含水量。

b. 采用有限元数值计算分析，研究了红层泥岩路堤的应力应变特性，得出不同压实系数红层泥岩路堤路基本体的工后沉降与路堤高度的关系。计算表明，当红层泥岩压实系数大于0.93之后，不同路堤高度情况下的沉降与高度之比逐渐趋于一致。

c. 采用离心模型试验，研究了红层泥岩路堤的沉降特性。试验条件下，15m高压实度为0.87、0.90、0.93、0.97的红层泥岩路堤路基本体的工后沉降分别为路堤高度2.4‰、1.913‰、1.833‰、1.673‰，离心模型结果与数值计算分析较吻合。

d. 对遂渝铁路有砟轨道地段软土地基路堤和非软土地基但填高大于12m的路堤进行了施工期和施工后的地基沉降观测，对施工后的路基顶面沉降进行了观测，取得了大量实测数据。观测结果表明，压实系数达0.93以上的红层泥岩路堤路基本体的工后沉降较小。

e. 采用离心模型试验研究了遂渝线无砟轨道红层泥岩路基试验段红层泥岩路基在施工期(24d)、放置期(150d)及长期运营期(工后15年)的沉降特性。红层泥岩路基离心模型试验原型为：路基面宽7.7m，路堤底宽约为28.7m，路堤中心高度为6m，边坡坡率为1:1.75，路堤结构为(从上到下)0.7m级配碎石+2.3m A、B组填料+3.0m红层泥岩，地基为水平刚性地基，轨道类型为Rheda型无砟轨道。离心试验模型率$n=40$。模型一，红层泥岩填料按最优含水量、0.95压实系数填筑；模型二，红层泥岩填料按饱和含水量、0.95压实系数填筑；模型三，红层泥岩填料按最优含水量、1.00压实系数填筑。试验结果：模型一填筑期、放置期及长期运营期的沉降分别为1.2mm、1.14mm及5.52mm；模型二填筑期、放置期及长期运营期的沉降分别为4.23mm、10.79mm及16.86mm；模型三填筑期、放置期及长期运营期的沉降分别为1.14mm、1.2mm及4.71mm。

f. 遂渝线无砟轨道红层泥岩路基试验段经现场沉降观测，红层泥岩路基填筑完成530d(运营了半年)时，红层泥岩路基的最大沉降量为4.3mm，满足无砟轨道路基沉降设计要求。试验段所处区域降雨量丰富，红层泥岩路基经过多个雨季的考验，无异常现象，长期稳定性良好。

②红层泥岩路基基床累计变形特性。

为研究红层泥岩路基在列车动荷载作用下的累积变形特性，针对达成线红层泥岩路基试验段开展了现场循环加载试验研究，采用ZSS50循环加载试验设备模拟旅客列车(时速200km)与集装箱货车(时速120km)对路基的动力作用。红层泥岩路基试验段长约100m，结构形式为0.6m级配砂砾石+0.2m中粗砂夹复合土工膜+1.7m红层泥岩，基床下部为2.0m厚红层泥岩路堤本体及原状红层泥岩地基，边坡坡度为1:1.5，路基底面到基床底层顶面的范围内，间隔0.6m高度铺设1.5m宽土工格栅。路基面的动应力设计值为100kPa。轨道系统由35cm厚道床、Ⅲ型混凝土轨枕、扣件及60kg/m钢轨组成。测试元件主要为BY-1型动土压力传感器(共14个)、DPS-0.3-2-V型动位移传感器(共4个)及CA-YD-127型加速度传感器(共4个)等，均埋设于某根轨枕(该轨枕与设备的传力轴位于同一竖直面内)的正下方，主要埋设于路基面横向及轨下方向不同深度等位置。

试验结果表明：基床的最大动应力、动位移分别为43.89kPa、0.755mm；红层泥岩基床底层的最大动应力、动位移分别为20.58kPa、0.529mm，红层泥岩的最大动应力远小于其临界动应力，说明红层泥岩基床底层累积变形可逐渐稳定且其值很小；同一频率下，列车轴重是影响基床动态特性的主要因素；列车轴重对红层泥岩路基沉降发展影响较大。

模拟18t轴重列车运营20年，1.9m红层泥岩基床底层累积沉降为6.3mm；继续模拟25t

轴重列车运营20年,1.9m红层泥岩基床底层沉降增加到10mm。试验表明:红层泥岩填料的动力特性满足旅客列车时速200km(货车时速120km)客货共线铁路的设计要求。

(4)红层泥岩土水稳定性试验研究

针对红层泥岩压实土在浸水环境条件下会发生强度衰减的问题,重点进行了CBR和软化系数试验。并采用浸水条件下的参数,分析了红层泥岩路堤边坡的稳定性,可以满足现行规范的要求。

针对达成线红层泥岩路基试验段路基进行了模拟降雨试验,发现:压实系数0.93以上的红层泥岩土,其雨水浸润深度非常有限(小于0.5m)。

(5)红层泥岩填筑高速铁路路基工程技术

综合分析研究,提出红层泥岩填筑高速铁路路基工程技术,主要内容包括:红层泥岩填料制备标准、红层泥岩路基填筑压实标准、红层泥岩路基结构及设计参数、红层泥岩填筑施工工艺及要点四个方面。

①红层泥岩填料制备标准。

综合研究成果,建议高速铁路路基红层泥岩填料制备标准应符合表4-2规定。施工前,应对拟采用的红层泥岩填料进行基本指标检验,对于不符合要求的红层泥岩则应进行改良处理。

高速铁路路基红层泥岩填料制备标准　表4-2

红层泥岩指标	要求	红层泥岩指标	要求
崩解或破碎后的粒径(cm)	≤15	CBR(%)	≥5
最大压实干密度(g/cm^3)	≥2.00	软化系数	≤0.4

关于表4-2所示红层泥岩填料制备标准的说明如下:

a.开挖出的大块状红层泥岩进行崩解处理,可大幅度降低其水活性。同时,现场填筑试验表明,红层泥岩最大粒径不大于15cm,采用常规施工机械即可使红层泥岩充分压实。

b.试验段红层泥岩最大压实干密度均大于2.0g/cm^3,按0.93压实系数控制的红层泥岩压实土,具有较高的强度和较小的变形。

c.红层泥岩压实土在浸水环境条件下会发生强度衰减,需对可能发生的强度衰减作出限制。CBR≥5,软化系数≤0.4是试验结果,其含义为:即使发生一定程度的强度衰减,其强度、变形仍能满足要求。

②红层泥岩路基填筑压实标准。

综合高速铁路路基变形控制要求以及试验研究成果,建议高速铁路红层泥岩路基压实标准符合表4-3规定。

高速铁路红层泥岩路基压实标准　表4-3

压实标准项目	压实系数K	K_{30}(MPa/m)
基床底层	≥0.95	≥150
基床底层以下部分	≥0.93	≥110

③红层泥岩路基结构及设计参数。

综合试验研究成果,建议高速铁路红层泥岩路基结构及参数为:0.6m级配碎石+0.2m中粗砂夹复合土工膜+1.7m红层泥岩(压实系数0.95)+红层泥岩(压实系数0.93)。

红层泥岩路基应加强防排水处理,应采取以下措施:

a. 为提高路基的稳定性及抵抗雨水浸润引发浅层溜坍的能力,红层泥岩路基边坡应采用土工格栅加筋加固。土工格栅补强可采用长短筋材组合铺设法,即路基边坡铺设短筋材,间隔一定高度铺设长筋材。路基边坡短筋材铺设宽度为4m,竖向间隔为0.6m;长筋材在路基全断面宽度内拉通铺设。加筋筋材应采用低应变高强度双向土工格栅。

b. 当路基基底地下水位接近地表时,防止地下水软化路基,红层泥岩路基基底应设置排水、隔水层。

c. 红层泥岩路基边坡设置截水骨架内植草或灌木护坡,防止雨水对坡面冲蚀。

④红层泥岩填筑施工工艺及要点。

针对现场的施工设备,应进行填筑试验,以确定合理的施工参数。路基填筑严格按照"三阶段、四区段、八流程"的施工程序。红层泥岩的施工含水量应严格控制在允许范围,碾压前测试填料的含水量,并通过翻晒或洒水调整含水量,使压实前材料的含水量控制在最优含水量±2%以内。在红层泥岩路基施工过程中,由于边坡压实质量不易充分保证,应在路基两侧进行超填,超填宽度0.3~0.5m。

2)花岗岩风化层[30,31]

(1)花岗岩风化层填料基本特性

高速铁路要求路基基床底层采用A、B组填料填筑,路堤本体采用A、B组填料及C组碎石类和砾石类填料填筑,采用细粒土填料时应进行改良。

武广高速铁路广东段广泛分布花岗岩地层,主要以全风化层为主,少量分布强风化层。花岗岩强风化层经破碎分解后,达到A、B组填料标准,可直接使用。

花岗岩全风化层大多为细粒土,经过对其物理力学性质及工程特性进行全面的研究后发现,其在颜色、颗粒粒径、矿物成分、液塑性指标、强度与刚度等方面,以及水理性、膨胀性、变形等方面,均存在较大差异。

其天然含水量为18%~24%,与最优含水量相差10%左右,液限45%~70%,塑性指数12.5~20,属于高液限土,孔隙比0.8~1.1。天然含水量与液限值越高,其水理性、物理力学特性就越差,含水量与液限较高时,路基较难压实,或晾晒时间较长。高岭土含量4%~42%,云母含量3%~39%,具有一定膨胀性。不稳定性黏土矿物成分如云母、高岭石等含量越高,膨胀性越强,强度越低,水稳性越差。花岗岩全风化层的工程特性测试结果汇总见表4-4。

花岗岩全风化层的工程特性测试结果汇总 表4-4

取样工点	DK1503+283	DK1682+759	DK2097+560	DK2102+240	DK2116+200
颗粒粒径分布	大于40mm颗粒含量为3%~5%,大于20mm颗粒含量为5%~12%,大于10mm颗粒含量一般为12%~20%,而砂粒占总量的18%~30%,粉粒和黏粒占风化层总量中的38%~50%				
矿物成分	石英含量37%; 高岭石含量24%; 白云母含量32%	石英含量36%; 高岭石含量26%; 白云母含量39%	石英含量57%; 高岭石含量33%; 白云母含量9%	石英含量58%; 高岭石含量24%; 白云母含量7%	石英含量39%; 高岭石含量42%; 白云母含量3%
天然含水量(%)	23.8	24.3	19.2	21.6	22.4

续上表

取样工点		DK1503 + 283	DK1682 + 759	DK2097 + 560	DK2102 + 240	DK2116 + 200
饱和度(%)		68	71	60	61	73
天然密度(g/cm^3)		1.634	1.658	1.633	1.662	1.710
液限 w_L(%)		58.5	62.4	44.6	46.8	51.9
塑限 w_P(%)		40.7	43.4	32.1	25.4	33.9
塑性指数 I_P		17.5	19.0	12.5	15.0	18.0
相对密度		2.72	2.72	2.73	2.73	2.72
孔隙比		0.96	1.02	0.87	0.85	0.93
颜色		灰白色	棕红色	黄色	黄色	红色
风化及结构特征		颗粒细小,细粒和粉粒成分占风化层成分的绝大多数,风化层粒间黏结力弱,结构疏松,孔隙率大,有较大的变形性				
自由膨胀率(%)		24.0	26.0	15.0	14.0	23.0
干燥饱和吸水率(%)		22.0	28.2	14.0	14.3	26.4
收缩率(%)		21.6	24.2	12.1	12.4	24..8
内摩擦角 φ(°)		26.7	25.7	30.2	30.5	26.0
黏聚力 c(kPa)		32.1	31.6	46.6	45.3	33.8
92%压实度	CBR(%)	8	8	17	18	9
	膨胀量(%)	6	5	11	9	5

花岗岩全风化层大多属于 C、D 组填料,不能直接用于高速铁路路基填筑,因此有必要对花岗岩全风化层填料进行改良。

(2)花岗岩风化层填料改良技术方案、相关试验及结果

花岗岩全风化层的上述特性难以满足高速铁路对路基填料的变形和强度要求,尤其是对长期水稳性的要求,应进行改良。

通过开展大量不同掺合料(水泥、石灰、水泥 + 石灰)、不同掺合比例的室内对比试验,对花岗岩全风化层改良土的物理力学性质、压实特性、压缩特性、渗透特性、水稳特性、动静强度、干湿循环强度衰减特性等进行了研究。

①掺加水泥改良。

花岗岩全风化层分别掺加 2%、4%、6%、8%、10% 不同比例的水泥改良后,室内试验显示,塑性指数均显著降低;6d 标准养护、1d 泡水后无侧限抗压强度提升明显。相关试验结果见表 4-5 和表 4-6。

未掺料或掺水泥改良土的液塑限试验结果(DK2097 + 560 工点) 表 4-5

掺灰量(%)	未掺料	2	4	6	8	10
液限 w_L(%)	44.6	45.7	46.3	46.7	46.8	46.8
塑限 w_P(%)	32.1	37.6	38.5	40.4	41.5	43.2
塑性指数 I_p	12.5	8.1	7.8	6.3	5.3	3.6

花岗岩全风化层水泥改良土的无侧限抗压强度(DK2097+560工点)

(6d标准养护,1d泡水饱和)(单位:MPa) 表4-6

参数 \ 要求	试件直径 ϕ100mm						试件直径 ϕ50mm					
	粒径限值 $\phi\leq$20mm						粒径限值 $\phi\leq$10mm					
掺料比(%)	4	5	6	7	8	10	4	5	6	7	8	10
试验组数(个)	16	16	16	16	16	16	12	12	12	12	12	12
极大值(MPa)	0.75	0.88	0.97	1.14	1.27	1.87	0.79	0.95	1.14	1.32	1.53	1.98
极小值(MPa)	0.47	0.59	0.68	0.76	0.86	0.92	0.48	0.61	0.69	0.79	0.88	0.99
平均值(MPa)	0.58	0.66	0.76	0.85	0.98	1.34	0.60	0.67	0.80	0.97	1.07	1.52
变异系数	0.15	0.13	0.12	0.13	0.13	0.15	0.15	0.13	0.11	0.13	0.13	0.15
变异性	小	小	小	小	小	小	小	小	小	小	小	小
水稳系数 $\bar{k}$	0.68	0.75	0.76	0.75	0.74	0.69	0.69	0.75	0.76	0.75	0.74	0.70

②掺加石灰改良。

花岗岩全风化层分别掺加2%、4%、6%、8%、10%不同比例的生石灰改良后,室内试验显示,液限和塑性指数均显著降低;6d标准养护、1d泡水后无侧限抗压强度则提升不明显,掺量6%石灰的改良土大部分试件无侧限抗压强度可达到0.5MPa。

③掺加水泥+石灰改良。

掺加石灰与水泥混合改良可充分结合石灰,能快速降低天然含水量,掺加水泥能有效提高强度,当石灰掺量达到6%、水泥掺量超过3%时,大部分试件无侧限抗压强度可达到0.65MPa。

同时,击实试验显示,无论是掺加石灰、水泥还是两者混合改良,改良土的击实曲线驼峰变宽,含水量的控制范围变宽,意味着施工质量更易控制。如图4-2~图4-4所示。

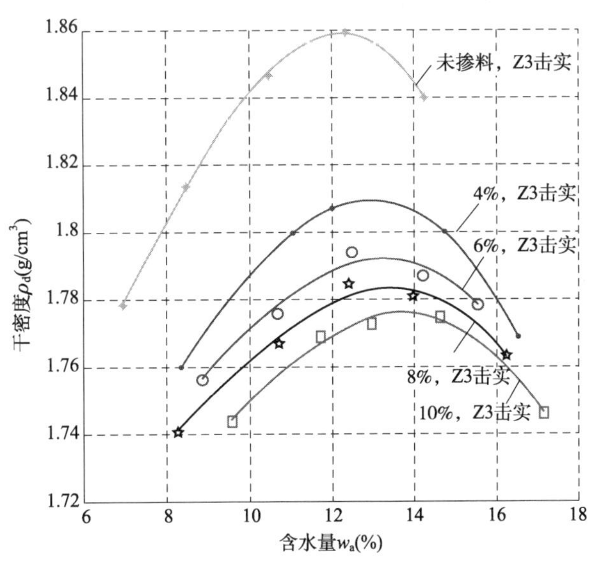

图4-2 DK2097+560试验点石灰改良土击实曲线

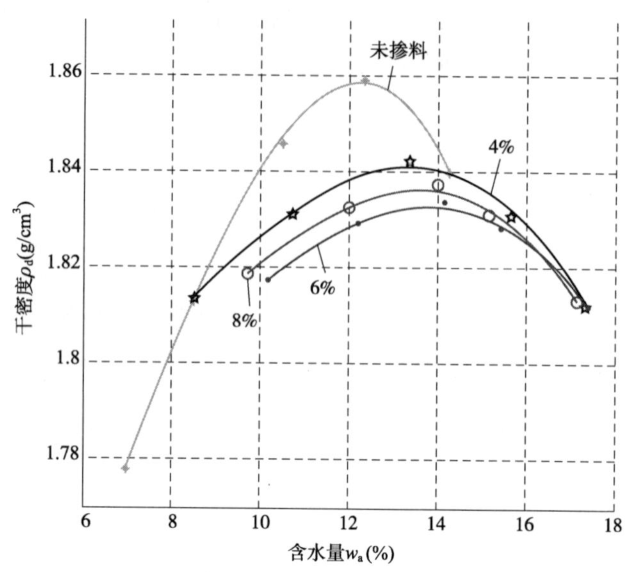

图 4-3　DK2097 + 560 试验点水泥改良土击实曲线

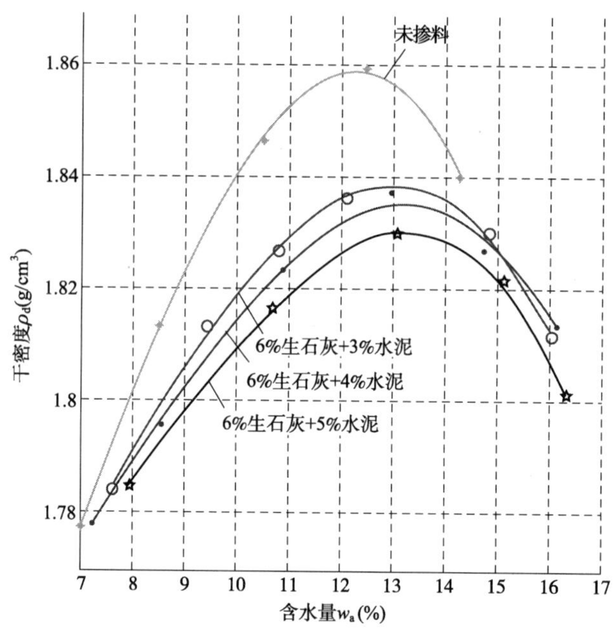

图 4-4　DK2097 + 560 试验点石灰 + 水泥改良土击实曲线

(3)花岗岩风化层填筑高速铁路路堤工程技术

通过大量试验研究,取得了以下研究成果,形成花岗岩风化层填筑高速铁路路堤工程关键技术。

①花岗岩全风化层填筑高速铁路无砟轨道路基的选用标准。

花岗岩全风化层填料可采用石英、黏土矿物成分(云母)含量及液限等关键参数指标,作为其填筑高速铁路无砟轨道路基的选用标准。具体分类如下:

Ⅰ类:石英含量 > 50%,液限 w_L < 45%,云母含量 < 10%,性质好,基本达到 B 组填料,

采取防水隔水措施,可直接用作路基本体填料。

Ⅱ类:35% ≤石英含量≤50%,45% ≤液限 w_L≤55%,10% ≤云母含量≤25%,性质较好,改良后能够用作路基本体填料。

Ⅲ类:石英含量<35%,55% <液限 w_L≤65%,云母含量>25%,性质较差,必须经过改良才能够用作路基本体填料。

Ⅳ类:液限 w_L>65%时,慎用。

②花岗岩全风化层填筑压实质量控制指标。

基于试验研究,提出了花岗岩全风化层压实系数 k、无侧限抗压强度 q_u 可作为压实质量的主控指标,地基系数 K_{30}或二次变形模量 E_{V2} 为压实质量的辅控指标。即用于路基本体填筑时,采用压实系数 K≥0.92,而用于基床底层填筑时,采用压实系数 K≥0.95;同时现场取样室内 7d 标准养护饱和无侧限抗压强度 q_u ≥500kPa 为主控指标,K_{30}或 E_{v2} 为辅助检测指标。

③花岗岩全风化层改良工艺及最佳掺合料与配合比。

根据花岗岩全风化层的不同性质,分别提出改良工艺及最佳掺合料与配合比。

对于性质较好的花岗岩全风化层(石英含量>40%,液限<55%,云母含量<15%),既适宜生石灰改良,也适宜水泥改良,基床底层掺加4% ~5%水泥,路基本体掺加3% ~4%水泥。

对于性质较差的花岗岩全风化层(石英含量<35%、55% ≤液限<65%、云母含量>25%),不适宜生石灰改良,宜采用水泥改良,基床底层掺加6% ~7%水泥,路基本体掺加4% ~5%水泥。

④花岗岩全风化层改良土路基填筑施工工艺。

花岗岩全风化层改良土路基填筑的施工工艺要求:按“3 阶段、6 区段、11 流程”施工,工作面控制在100m 较为合理。填筑施工时,宜采用18t 以上的大吨位振动压路机,并针对不同吨位的压路机,对基床底层和路堤本体的最佳碾压遍数和摊铺系数提出了建议。

花岗岩全风化层改良土施工工艺流程图如图4-5 所示。

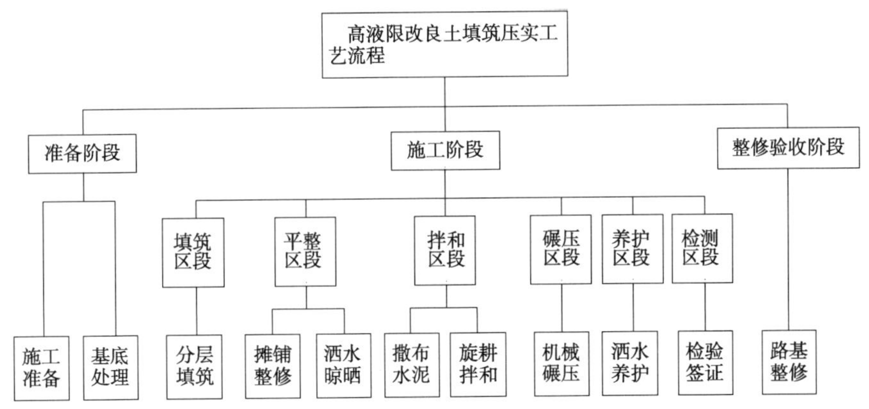

图4-5 花岗岩全风化层改良土施工工艺流程图

3)第三系风积黄土[32,33]

(1)黄土填料基本特性

郑西高速铁路沿线,除局部地段可利用硬质岩弃渣和部分软岩弃渣外,绝大多数为 C 组细粒土的各类黄土。沿线的黄土多为第四系上更新统冲洪积、风积(Q_3)砂质黄土、黏质黄土和中更新统坡洪积(Q_2)黏质黄土,皆为C组填料。

黄土是一种以粉粒为主、具有大孔隙、天然含水量小、富含碳酸钙成分的黏质土。老黄土黏粒含量高,新黄土则粉粒含量高。粉质土干时虽稍有黏性,但分散后易扬尘,浸水时很快被湿透,粉质土的毛细水上升高度大(可达1.5m),在季节性冰冻区,水分积聚现象严重,引起路基结冰期冻胀、春融期翻浆,是最差的筑路材料。黏质土中细颗粒含量多,内摩擦角小,黏聚力大,透水性小,吸水能力强,干燥时较坚硬,不易破碎,亦不易被水浸湿;但浸水后,能长时间保持水分,承载力较低,在不良水温状况下,也容易产生冻胀和翻浆。

根据规范要求,高速铁路铺设无砟轨道地段,路基基床底层采用A、B组填料或改良土,基床以下路堤填料应采用A、B、C组填料(不含细粒土)或改良土填筑,细粒土填料需改良后方可填筑路堤。

为此,对黄土进行了改良试验。

(2)黄土填料改良技术方案、相关试验及结果

①第四系上更新统冲洪积、风积(Q_3)砂质黄土填料改良。

该类填料颗粒组成成分以黏粒、粉粒为主,砂粒含量较少。土样塑性指数I_P为6.6~9.4,液限w_L为24.6%~26.2%,属于低液限粉土C组填料;土样天然孔隙比为0.82~0.91,孔隙发育;原状土样天然含水量比塑限含水量稍小,呈半干硬或硬塑状。击实试验结果显示,最佳含水量11.0%~13.7%。原状土样天然密度1.70~1.76 g/cm^3,重型击实试验最大干密度1.88~2.01g/cm^3,填筑时在天然状态下不易被压实。土样最佳含水量状态无侧限抗压强度232~899kPa,饱和状态下无侧限抗压强度仅为12~16.1kPa,强度很低。土样在200kPa压力下湿陷系数0.03~0.038,为湿陷性黄土。此外,重塑土样在水中8h后呈粒状完全崩解,也证明了土样水稳定性较差、饱和状态下土样强度较低。

由于第四系上更新统冲洪积、风积(Q_3)砂质黄土天然状态下含水量和天然密度与重型击实试验之最佳含水量和最大干密度差别明显,填料在施工填筑时不易被压实;填料饱和抗压强度较低,水稳定性差,不宜直接作为路基基床下部以及路堤本体填料;当必须用作高速铁路路基填料时,需经过改良后方可填筑路基。

改良方案:一是掺入5%消石灰,二是掺入5%水泥。

a.掺入5%消石灰进行改良方案。改良后颗粒组分以粉粒、砂粒为主,黏粒含量较少。土样塑性指数I_P为8.5~9.0,液限w_L为33.3%~34.1%,属于低液限粉土。28d后,石灰改良土不浸水状态下无侧限抗压强度为635~1489kPa,饱和状态下抗压强度为630~1338kPa,强度较高,尤其是饱和抗压强度较改良前有大幅度提高。改良土土样在水中48h无崩解现象,证明其水稳定性较好。

b.掺入5%水泥进行改良方案。改良后颗粒组分以粉粒、砂粒为主,黏粒含量较少。土样塑性指数I_P为5.6,液限w_L为31.9%,属于低液限粉土。28d后,水泥改良土不浸水状态下无侧限抗压强度为1956kPa,饱和状态下抗压强度为1586kPa,强度极高,尤其是饱和抗压强度较改良前有很大提高,比石灰改良土的强度高1~2倍。改良土土样在水中48h无崩解现象,证明其水稳定性较好。

上更新统冲洪积、风积(Q_3)砂质黄土填料改良前后物理力学指标统计见表4-7。

砂质黄土填料改良前后物理力学指标统计　　表4-7

砂粒 0.25 ~ 0.075mm	粉粒 0.075 ~ 0.005mm	黏粒 <0.005	天然含水量（%）	天然密度（g/cm^3）	相对密度	天然孔隙比（%）	液限（%）	塑限（%）	塑性指数	液性指数	备注
0.45 ~ 10.5	69.75 ~ 83.5	11.4 ~ 18.8	16.92 ~ 18.0	1.70 ~ 1.76	2.71 ~ 2.74	0.82 ~ 1.17	24.6 ~ 26.2	15.6 ~ 19.6	6.6 ~ 9.4	0 ~ 0.30	砂质黄土
14.6 ~ 20.8	70.7 ~ 77.0	8.4 ~ 8.5	—	—	—	—	33.3 ~ 34.1	24.3 ~ 25.6	8.5 ~ 9.0	—	石灰改良土
29.4	80.3	6.9	—	—	—	—	31.9	26.3	5.6	—	水泥改良土

内摩擦角 φ（°）	黏聚力 c（kPa）	200kPa 湿陷系数	渗透性	无侧限抗压强度		击实试验		崩解情况	蒙脱石含量（%）	备注
				最佳含水量（kPa）	饱和状态下（kPa）	最佳含水量（%）	最大干密度（g/cm^3）			
27.57 ~ 38.1	73.7 ~ 277	0.03 ~ 0.038		231.4 ~ 899	12 ~ 16.1	11.0 ~ 13.7	1.88 ~ 2.01	8h 粒状完全崩解	4.56	砂质黄土
36.56 ~ 38.4	192	—	不透水	635 ~ 1489	630 ~ 1338	13.9 ~ 14.0	1.81 ~ 1.92	48h 无崩解	—	石灰改良土
39.6	378	—	不透水	1956	1586	13.0	1.92	48h 无崩解	—	水泥改良土

注：1. 改良土改良剂掺入量为5%，养护28d。
2. "—"表示该项未做或数据可不计入。

②上更新统冲洪积（Q_3）黏质黄土和中更新统坡洪积（Q_2）黏质黄土填料改良。

该类填料颗粒组成成分以粉粒、黏粒为主，砂粒含量较少。土样塑性指数 I_P 为 10.7 ~ 19.7，液限 w_L 为 27.8% ~44.3%，为C组填料。土样天然孔隙比为0.62 ~1.08，孔隙较发育。其天然含水量为12.2% ~23.2%，塑限为14.3% ~18.5%，天然状态为硬塑 ~ 半干硬。击实试验结果显示，最佳含水量为12.3% ~15.0%，天然含水量超过了最佳含水量约20%。原状土样天然密度为1.62 ~1.90 g/cm^3，重型击实试验最大干密度为1.78 ~1.97g/cm^3，填筑时在天然状态下不易被压实。土样在最佳含水量状态下的无侧限抗压强度为649 ~ 1587kPa，强度较高，但饱和状态下无侧限抗压强度仅为6.5 ~116kPa，强度很低。此外，重塑土样在水中2h后呈粒状，完全崩解，证明了土样水稳定性较差、饱和状态下土样强度较低。蒙脱石含量为4.56% ~7.3%，部分土样具有弱膨胀性。总之，黏质黄土填料，天然状态下含水量和天然密度与重型击实试验之最佳含水量和最大干密度差别明显，填料在施工时不易被压实；且填料饱和抗压强度低，水稳定性差；局部蒙脱石含量大于5%，有弱膨胀性，不宜作为路基基床下部以及路堤填料。

改良方案：一是掺入5%消石灰，二是掺入5%水泥，三是掺入7%消石灰或7%水泥改良。

a. 掺入5%消石灰进行改良方案。改良后颗粒组分以粉粒、砂粒为主，黏粒含量较少。土样塑性指数 I_P 为 9.4 ~13.4，液限 w_L 为 33.6% ~41%，属于低液限粉土和黏质土。28d后，改良土不浸水状态下无侧限抗压强度为1301 ~2025kPa，饱和状态下无侧限抗压强度为628 ~1758kPa，强度较高，尤其是饱和抗压强度较改良前有大幅度提高。重型击实试验结果，最佳含水量为12.8% ~19.3%，与天然含水量接近，最大干密度1.72 ~1.88g/cm^3。改良土土样在水中48h无崩解现象,证明其水稳定性较好。改良土蒙脱石含量少,不具膨胀性。

b. 掺入5%水泥进行改良方案。改良后颗粒组分以粉粒、砂粒为主,黏粒含量较少。土样塑性指数 I_P 为5.4~9.5,液限 w_L 为34.1%~36.4%,属于低液限粉土。28d后,水泥改良土不浸水状态下无侧限抗压强度为1546~2775kPa,饱和状态下无侧限抗压强度为1352~1799kPa,强度极高,尤其是饱和抗压强度较改良前有很大提高。改良土土样在水中48h无崩解现象,证明其水稳定性较好。改良土蒙脱石含量少,不具膨胀性。

上更新统冲洪积(Q_3)黏质黄土和中更新统坡洪积(Q_2)黏质黄土填料改良前后物理力学指标统计见表4-8。

黏质黄土填料改良前后物理力学指标统计　　表4-8

砂粒 0.25~0.075	粉粒 0.075~0.005	黏粒 <0.005	天然含水量(%)	天然密度(g/cm³)	相对密度	天然孔隙比(%)	液限(%)	塑限(%)	塑性指数	液性指数
2.8~21.2	66.3~77.6	12.2~24.8	12.2~23.2	1.62~1.90	2.69~2.75	0.62~1.08	27.8~44.30	14.3~18.5	10.0~19.9	0~0.44
9.7~42.6	52.1~77.1	5.3~12.5	—	—	—	—	33.6~41.0	22.6~28.5	9.4~13.4	—
8.3~22.2	70.2~78.1	7.6~11.9	—	—	—	—	34.1~36.4	26.9~28.7	5.4~9.5	—

内摩擦角φ(°)	黏聚力c(kPa)	200kPa湿陷系数	渗透性	无侧限抗压强度		击实试验		崩解情况	蒙脱石含量(%)	备注
				最佳含水量(kPa)	饱和状态下(kPa)	最佳含水量(%)	最大干密度(g/cm³)			
22.3~41.4	148~230	0.007~0.068	不透水	649~1587	6.5~116	12.3~15.0	1.78~1.97	8h粒状完全崩解	4.56~7.26	黏质黄土
34.1~52.5	94~167	—	不透水	1301~2025	628~1758	12.8~19.3	1.72~1.88	48h无崩解	—	石灰改良土
40.9~53.3	115~262.3	—	不透水	1546~2775	1352~1799	15.0~15.8	1.88	48h无崩解	—	水泥改良土

注:1. 改良土改良剂掺入量为5%,养护28d。

2. "—"表示该项未做或数据可不计入。

c. 掺入7%消石灰或7%水泥进行改良方案。改良后改良土力学指标统计见表4-9。

砂质黄土改良剂掺入量7%改良土力学指标统计　　表4-9

内摩擦角φ(°)	黏聚力c(kPa)	200kPa湿陷系数	渗透性	无侧限抗压强度		击实试验		崩解情况	蒙脱石含量(%)	备注
				最佳含水量(kPa)	饱和状态下(kPa)	最佳含水量(%)	最大干密度(g/cm³)			
35.43	220.5	—	不透水	886.4	495.3	14.01	1.882	48h无崩解	—	石灰改良土
41.64	478.4	—	不透水	2102.6	1881.2	14.06	1.79	48h无崩解	—	水泥改良土

综合以上分析可知:第四系上更新统冲洪积、风积(Q_3)砂质黄土,上更新统冲洪积(Q_3)黏质黄土和中更新统坡洪积(Q_2)经消石灰、水泥改良后填料强度高,水稳定性好,为不透水填料,能有效阻隔基床上部水渗入下部路基和地基中,掺入石灰、水泥改良土均适宜作为路基基床下部以及路堤填料。从填料改良后强度分析,水泥改良土无侧限抗压强度比石灰改良土更高(特别是饱和无侧限抗压强度)。改良剂的选用可根据其料源情况、施工的难易程度及综合经济对比确定,路基基床底层改良剂采用水泥,掺入量为5% ~7%,基床以下路堤本体改良剂采用消石灰,掺入量为7% ~9%。同时要求改良土还应达到以下设计检控指标:

水泥改良土:无侧限抗压强度(浸水条件下,7d) >500kPa;强度衰减率(干湿循环条件下) <50%;浸水72h无崩解(14d);压缩系数(7d) <$0.1MPa^{-1}$。

石灰改良土:无侧限抗压强度(非浸水条件,7d) >500kPa;强度衰减率(干湿循环条件下) <50%;浸水72h无崩解(14d);压缩系数(7d) <$0.1MPa^{-1}$。

(3)黄土填筑高速铁路路堤工程技术

根据现场填筑试验,填筑土压实参数满足相关规范要求。基床底层,地基系数K_{30}、动态变形模量E_{vd}(无砟轨道要求变形模量E_{v2})、压实系数K或孔隙率n等指标同时检测,压实标准见表4-10。

基床底层填筑压实标准 表4-10

项目 \ 铁路等级	高速铁路无砟轨道		
	改良细粒土	砂类土及细砾土	碎石类及粗砾土
地基系数 K_{30}(MPa/m)	≥110	≥130	≥150
动态变形模量 E_{vd}(MPa)	≥35	≥35	≥35
变形模量 E_{v2}(MPa)	≥60	≥60	≥60
压实系数 K	≥0.95		
孔隙率 n(%)		<28	<28

路基基床以下路堤部分填筑压实标准见表4-11。

基床以下路堤部分填筑压实标准 表4-11

项目 \ 铁路等级	高速铁路无砟轨道		
	改良细粒土	砂类土及细砾土	碎石类及粗砾土
地基系数 K_{30}(MPa/m)	≥90	≥110	≥130
变形模量 E_{v2}(MPa)	≥45	≥45	≥45
压实系数 K	≥0.92		
孔隙率 n(%)		<31	<31

郑西高速铁路黄土改良土路基填料的施工工艺建议意见如下:

①郑西高速铁路黄土改良土路基填料改良采用厂拌法施工。厂拌法施工是采用专用的破碎、拌和机械工厂化生产。其拌和均匀,质量易控制。主要工艺流程为填料摊铺、晾晒→

含水量检测→填料入仓→机械破碎→粒径检测→添加剂含量检测→添加剂与破碎料拌和→均匀性检测→出厂→摊铺、平整、碾压。

②水泥改良土压实由边至中，按静压、强振、弱振、静压的碾压顺序进行，随分层填筑碾压施工进行分层检测，合理调配机械设备，恰当安排各个工序，以保质保量。碾压含水量控制在高于最佳含水量1% ~2%。压路机碾压过程中，禁止急停、变速、转弯。

③碾压时各区段交接处，互相重叠压实，纵向搭接长度不应小于2m，沿线路纵向行与行之间压实重叠不小于40cm，上下两层填筑接头错开不小于3.0m。

④水泥改良土从拌和到碾压完成不得超过水泥的初凝时间。

4)下蜀黏土[34,35]

(1)下蜀黏土填料基本特性

京沪高速铁路徐州至上海段优质填料缺乏，广泛分布下蜀黏土，为C组或D组填料。

下蜀黏土属第四系上更新统地层，冲积、洪积成因，在长江及其支流高阶地被切割形成的岗丘上广泛分布，一般为粉质黏土或黏土，具有易湿化，水稳性差，浸水前后强度相差悬殊的特点。

根据规范要求，高速铁路铺设无砟轨道地段，路基基床底层采用A、B组填料或改良土，基床以下路堤填料应采用A、B、C组填料(不含细粒土)或改良土填筑，细粒土填料需改良后方可填筑路堤。

为此，对下蜀黏土进行了改良试验。

(2)下蜀黏土填料改良技术方案、相关试验及结果

该类填料颗粒组成成分以黏粒、粉粒为主，砂粒含量较少。土样塑性指数I_P为16.1~22.9，液限w_L为33% ~40%，属于低液限黏土C组填料；原状土样天然含水量与塑限含水量接近，呈硬塑状态。击实试验结果显示，最佳含水量为16.9%，天然含水量接近最佳含水量。原状土样天然密度为1.90~2.03 g/cm^3，重型击实试验最大干密度为1.73g/cm^3。土样最佳含水量状态无侧限抗压强度为508.7~535.7kPa，饱和状态下无侧限抗压强度为52.5~56.3kPa，强度衰减严重。由此可知，下蜀黏土属于水稳定性较差的高塑性黏土，饱和状态下土样强度较低。

由于填料饱和抗压强度较低，水稳定性差，不宜直接作为路基基床下部以及路堤本体填料；当必须用作高速铁路路基填料时，需经过改良后方可填筑路基。

改良方案：一是掺入5%石灰，二是掺入5%水泥。

a.掺入5%石灰进行改良方案。改良后颗粒组分中，黏粒和胶粒明显减少，粉粒和砂粒含量增加。土样塑性指数I_P为13.7~15.0，液限w_L为41.3% ~42.9%。14d后，石灰改良土最佳含水量时无侧限抗压强度为735.6~1193.8kPa，饱和无侧限抗压强度为544.8~782.8kPa；28d后，石灰改良土最佳含水量时无侧限抗压强度为1547kPa。强度较高，尤其是饱和抗压强度较改良前有大幅度提高。改良土土样在水中48h无崩解现象，证明其水稳定性较好。

b.掺入5%水泥进行改良方案。改良后颗粒组分中，黏粒和胶粒明显减少，粉粒含量增加，砂粒含量变化不大。土样塑性指数I_P为16.9，液限w_L为39.2%。14d后，石灰改良土最佳含水量时无侧限抗压强度为1180.7kPa，饱和无侧限抗压强度为409.8kPa，强度较高，尤

其是饱和抗压强度较改良前有大幅度提高。改良土土样在水中48h无崩解现象,证明其水稳定性较好。下蜀黏土填料改良前后物理力学指标统计见表4-12。

下蜀黏土填料改良前后物理力学指标统计　　表4-12

砂粒 0.05~0.1	粉粒 0.005~0.05	黏粒 <0.005	天然含水量 (%)	天然密度 (g/cm^3)	液限 (%)	塑限 (%)	塑性指数	液性指数
9.7	55	35.3	17.0~22.8	1.90~2.03	33.0~40.0	15.7~17.5	16.1~22.9	0.18~0.30
19.6	64.4	16.0	—	—	41.3~42.9	27.6~27.9	13.7~15.0	—
—	—	—	—	—	39.2	22.3	16.9	—

内摩擦角 φ(°)	黏聚力 c(kPa)	无侧限抗压强度		击实试验		崩解情况	备注
		最佳含水量 (kPa)	饱和状态下 (kPa)	最佳含水量 (%)	最大干密度 (g/cm^3)		
26.8~30.3	36.0~44.0	508.7~535.7	52.5~56.3	16.9	1.73	2.5h崩解85%左右	下蜀黏土
35.1	263	735.6~1193.8	544.8~782.8	19.6~20.9	1.61~1.72	48~72h无崩解	石灰改良土
—	—	1180.7	409.8	17.8	1.60	48~72h无崩解	水泥改良土

注:1. 改良土改良剂掺入量为5%,养护14d。
2. "—"表示该项未做或数据可不计入。

综合以上分析可知:下蜀黏土经石灰、水泥改良后,填料强度高,水稳定性好,掺入石灰、水泥改良土均适宜作为路基基床下部以及路堤填料。从填料改良后强度分析,水泥改良土饱和无侧限抗压强度比石灰改良土低。改良剂的选用可根据其料源情况、施工的难易程度及综合经济对比确定,路基改良剂石灰掺入量为4.5%~6%。同时要求改良土应达到以下设计检控指标:

石灰改良土:无侧限抗压强度(非浸水条件,7d)>500kPa;强度衰减率(干湿循环条件下)<50%;浸水72h无崩解(14d);压缩系数(7d)<$0.1MPa^{-1}$。

(3)下蜀黏土填筑高速铁路路堤工程技术

根据现场填筑试验,填筑土压实参数满足相关规范要求。基床底层,地基系数K_{30}、动态变形模量E_{vd}(无砟轨道要求变形模量E_{v2})、压实系数K或孔隙率n等指标同时检测,压实标准见表4-13。

基床底层填筑压实标准　　表4-13

项目 \ 铁路等级	高速铁路无砟轨道		
	改良细粒土	砂类土及细砾土	碎石类及粗砾土
地基系数 K_{30}(MPa/m)	≥110	≥130	≥150
动态变形模量 E_{vd}(MPa)	≥35	≥35	≥35
变形模量 E_{v2}(MPa)	≥60	≥60	≥60
压实系数 K	≥0.95		
孔隙率 n(%)		<28	<28

路基基床以下路堤部分填符压实标准见表4-14。

基床以下路堤部分填筑压实标准　表4-14

项目＼铁路等级	高速铁路无砟轨道		
	改良细粒土	砂类土及细砾土	碎石类及粗砾土
地基系数 K_{30}(MPa/m)	≥90	≥110	≥130
变形模量 E_{v2}(MPa)	≥45	≥45	≥45
压实系数 K	≥0.92		
孔隙率 n(%)		<31	<31

京沪高速铁路下蜀黏土改良土路基填料的施工工艺建议意见如下：

①京沪高速铁路下蜀黏土改良土路基填料改良采用厂拌法施工。厂拌法施工是采用专用的破碎、拌和机械工厂化生产。其拌和均匀，质量易控制。主要工艺流程为填料摊铺、晾晒→含水量检测→填料入仓→机械破碎→粒径检测→添加剂含量检测→添加剂与破碎料拌和→均匀性检测→出厂→摊铺、平整、碾压。

②石灰改良土压实由边至中，按静压、强振、弱振、静压的碾压顺序进行，随分层填筑碾压施工进行分层检测，合理调配机械设备，恰当安排各个工序，以保质保量。碾压含水量控制在高于最佳含水量1%～2%。压路机碾压过程中，禁止急停、变速、转弯。

③碾压时各区段交接处，互相重叠压实，纵向搭接长度不应小于2m，沿线路纵向行与行之间压实重叠不小于40cm，上下两层填筑接头错开不小于3.0m。

④石灰改良土从拌和到碾压完成不得超过石灰的初凝时间。

⑤施工区段应按填筑阶段的不同进行划分，划分为底层准备区段、拌和摊铺区段、碾压整型区段、检测报验区段。

4.5.3 非良质填料改良技术关键及工程实现途径

总结非良质填料改良的技术关键，包括：填料初判；进行填料试验，确定填料改良方案；进行现场填筑试验，确定填筑施工参数。

1）填料初判

填料初判，确定填料是否适合用作路基填料或改良后用作路基填料。从路基填筑体功能要求出发，路基填料最基本的要求就是填料本身的强度。借鉴前述及相关研究成果，对于岩质填料，可采用岩石饱和抗压强度、浸水软化系数指标进行初判；对于土质填料，建议采用CBR指标进行初判。

对符合初判要求的非良质填料，进行进一步试验并确定改良方案与技术。

2）进行填料试验，确定填料改良方案

进行填料土工试验，针对非良质填料存在的缺陷，选择合适的改良措施，如掺合优质填料进行物理改良、掺合水泥等化合物进行化学改良等，进行室内填料土工试验，确定掺合比等参数。

3）进行现场填筑试验，确定填筑施工参数

针对拟采用的填料改良方案，按照室内试验确定的掺合比等参数，进行现场填筑试验，并对改良的填料及填筑压实体进行相关土工试验。通过试验，回答并解决以下三个问题：

(1)采用常规的施工机械是否可以将改良填料压实达到较高的压实度？压实指标是否满足设计要求？并据此进行填筑施工机械的选型，确定合理的填筑施工参数。

(2)填筑压实土的强度等是否满足路基功能要求？根据填筑压实土的强度参数，进行路基稳定性、承载能力等性能的分析，判断改良土路基整体性能是否满足要求。

(3)填筑压实土的性能是否满足路基长期稳定性要求？根据填筑压实土浸水等环境模拟试验，判断改良土路基长期稳定性是否满足要求。

归纳起来，非良质填料改良的技术路径为：①填料初判，②填料试验，③填筑试验。其中的技术要点包括：填料可用性判断，填料缺陷判断，填料改良方案选择，填筑施工参数选择。

图4-6为非良质填料改良技术路线图。

图4-6所示非良质填料改良的技术路线，也是非良质填料改良工程实现的途径。

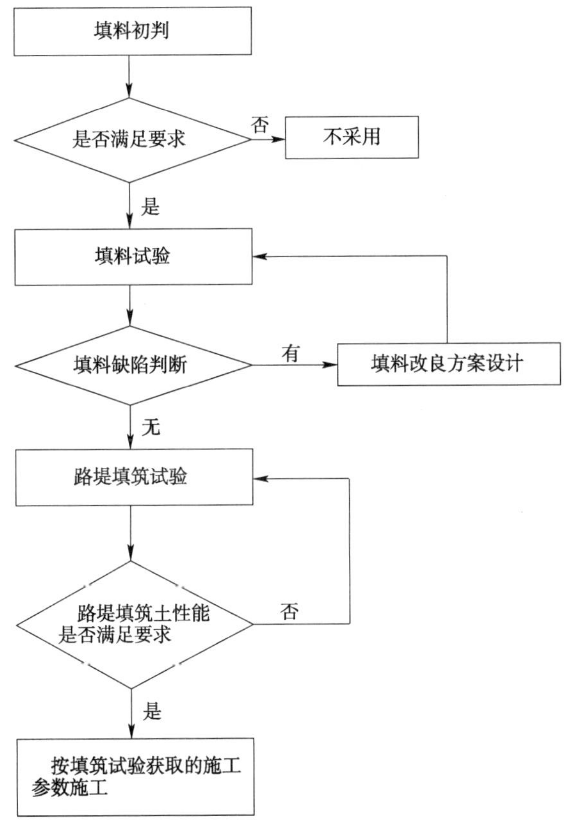

图4-6 非良质填料改良技术路线图

第5章　地基沉降控制

地基沉降是路基工后沉降的重要组成成分。地基沉降,受地基岩土性质及相应地基处理措施影响较大,不确定因素多,如何有效控制地基沉降是工程建设管理重点中的重点,也是路基工后沉降控制的关键。

5.1　地基沉降与路基工后沉降的关系

路基工后沉降系指铺设无砟轨道后出现的不能通过路基工程本身加以克服的沉降。路基工后沉降,一般包括地基未完成的固结沉降及路堤工后压密沉降、列车动荷载作用下路基基床产生的累积变形。路基基床累积变形,是基床岩土在列车动荷载反复作用下出现的不可恢复的塑性变形,与基床岩土材质、压实度密切有关。采用强化基床,基床累计变形很小,一般不超过5mm。路堤采用优良填料并控制压实度,工后路堤沉降较小,一般小于路堤高度的1/1000,且大部分在竣工后6~12个月完成,通过合理安排无砟轨道施工时间,可减少或消除路堤压密沉降的影响。可见,控制路基工后沉降的关键是控制地基工后沉降。地基工后沉降,受地基岩土性质及相应地基处理措施影响较大,不确定因素多,是工程建设管理重点中的重点。

5.2　地基工后沉降控制途径

5.2.1　影响地基工后沉降的因素

地基工后压密沉降,受地基岩土性质及相应地基处理措施,以及铺设无砟轨道的时间等影响较大。

地基岩土性质不同,地基在路堤荷载作用下的沉降变形特性差异较大。

不同的地基处理措施,其地基沉降控制原理有差异,控制地基沉降的效果有差异。如采用桩-网结构进行地基处理,能够实现地基总沉降和工后沉降的有效控制,如采用排水固结的砂桩进行地基处理,则不能够单独实现地基总沉降的有效控制,需要结合路堤填土进行超载预压等,才能实现工后沉降的有效控制。

地基沉降,一般是随时间推移而逐步完成的,因此,选择铺设无砟轨道的时机十分重要。总体上讲,应在地基沉降完成后再铺设无砟轨道,但地基沉降完成的时间与地基处理措施是密切相关的,因此,工程实践中,通常应根据项目建设工期确定最晚铺设无砟轨道的时间,根据地基处理施工、路堤填筑以及允许的路堤静置（路堤填筑完成至开始铺设无砟轨道）时间长短，合理选用地基处理措施。如路堤静置时间较长，可选用排水固结类地基处理措施；但如果路堤静置时间短，如小于6个月，则需要选用复合地基或桩－网结构等刚性桩措施对地基进行加固处理。

5.2.2 地基工后沉降控制途径

如前所述，地基沉降控制受地基岩土性质、地基处理措施以及铺设无砟轨道时间等影响，从控制地基沉降的途径出发，最主要的是选择适合的地基处理措施，并合理确定铺设无砟轨道的时机。

结合遂渝线无砟轨道综合试验段，针对试验铁路路堤地基条件，采用了五种不同的地基处理措施，即CFG桩复合地基、强夯动力固结、桩－网结构路基、桩－板结构路基，以及挖除软弱土层的换土法。表5-1为遂渝线无砟轨道综合试验段地基处理措施与地基条件及设计参数[36]。

遂渝线无砟轨道综合试验段地基处理措施与地基条件及设计参数 表5-1

工程措施	地 基 条 件	主要技术参数
换土	埋藏深度或厚度小于4m的软土或松软土	挖除后地基条件满足规范要求；换填填料及压实标准符合规范要求
强夯	压缩模量小于6MPa、埋藏深度或厚度小于8m的粉质黏土或砂泥岩全风化层	单点夯击能量不小于1000kN·m；加固后地基承载力应大于路堤及上部轨道建筑、列车荷载产生的附加应力，并不小于200kPa
CFG桩复合地基	埋藏深度或厚度大于4m的软土或松软土	桩体抗压强度不小于5MPa；加固后地基承载力应大于路堤及上部轨道建筑、列车荷载产生的附加应力，并不小于200kPa
桩－网结构	软弱地基且采用红层泥岩填料部分填筑的路堤	单桩承载力不小于1000 kN；加固后地基承载力应大于路堤及上部轨道建筑、列车荷载产生的附加应力，并不小于200kPa
桩－板结构	软弱地基且采用红层泥岩填料基本填筑的路堤	承载板竖向变形不大于5 mm，板端折角不大于1/1000，水平变形不大于2mm

遂渝线无砟轨道综合试验段路基沉降变形监测表明，路基竣工后6个月沉降已稳定，最大沉降为8mm，实现了无砟轨道铁路严格的路基工后沉降的有效控制，说明上述五大类地基处理措施均可有效控制地基沉降。

遂渝线无砟轨道综合试验段地基处理获得成功，为无砟轨道铁路路基地基处理积累了经验，但我国幅员辽阔，地基条件具有明显的区域性特点，应结合不同区域地基条件，进行先建段工程建设，以取得工程经验。遂渝线无砟轨道综合试验段软弱地基埋藏深度较浅，其地基处理经验不能直接用于深度大于25m的深厚软弱地基，对于以严格工后沉降控制为目标的无砟轨道铁路路基工程，经济合理的深厚软弱地基加固技术需要研究。深厚软弱地基长短组合CFG桩复合地基方案（图5-1），利用短桩及长桩与地基土共同形成浅层复合地基，利用长桩将荷载传递至地基深部，使加固后的地基具有较高承载能力和较小的地基变形，是一种兼具复合地基与桩基优点的地基处理技术。

5.2.3 地基沉降监测与评估

由于岩土材料本身的复杂性以及路基工程施工工艺的局限性，路基工后沉降难以准确计算，必须通过沉降监测并采用适宜的预测方法，对铺设无砟轨道后的剩余沉降进行预测，并对沉降预测结果进行评估，确定是否可以铺设无砟轨道，以及相应的工程措施。

无砟轨道铁路对路基沉降提出了严格限制要求，对地基及路基面沉降进行监测，并根据监测数据预测铺设无砟轨道后的剩余沉降，判断并确定铺设无砟轨道时机及措施等工作，被总结为“沉降评估”，已作为我国高速铁路建设的一个重要程序，被推广采用。

在沉降评估实践中，发现以下需要进一步改进的问题：一是如何实现沉降监测数据的自动采集；二是沉降预测与评估专家系统。

1)沉降监测数据的自动采集

目前，沉降监测主要采用观测桩＋水准测量法。该方法的优点是实施简便，易于操作，但需要依靠人工定期到现场进行观测，费时费力，工作量巨大。由中铁二院工程集团有限责任公司研制的光纤编码型路基沉降监测系统，可以实现沉降数据的自动采集和传输，较好地解决了这个问题。

光纤编码型路基沉降监测系统由光纤编码型路基传感器、传输光缆、数据处理设备及用户终端等组成[37]。监测点现场设备由传感器、测杆、沉降板组成，数据处理设备及用户终端放置在远程监测中心。沉降监测系统核心部件为光纤编码型传感器，该传感器本身不含任何电子元器件，具有不带电工作、不受电磁干扰、精度高、可实时在线长期工作的优点。光纤编码型路基沉降传感器由全光纤绝对型轴角编码器、传动装置、光缆接口和封装外壳组成，如图5-2 所示[38]。远程数据处理设备发出的光信号通过传输光缆进入全光纤绝对型轴角编码器，当路基有沉降量发生时，通过传动装置将沉降量转换为全光纤绝对型轴角编码器中对应的光学编码，再通过传输光缆将该光学编码远程传输至数据处理设备。

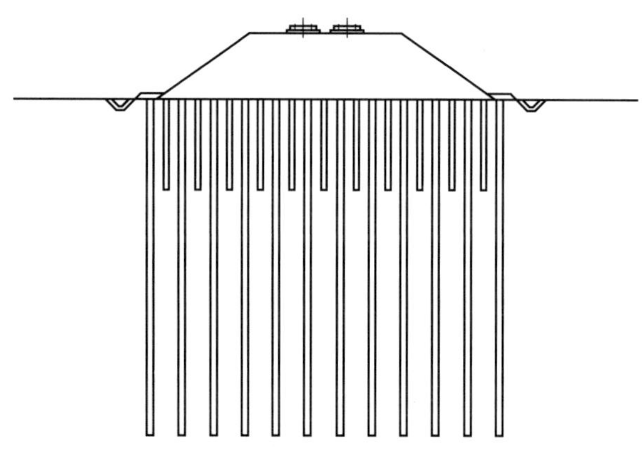
图 5-1　长短组合 CFG 桩复合地基示意图

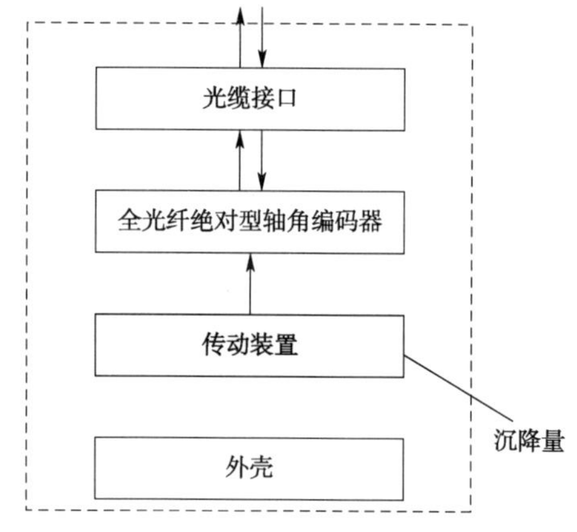

图 5-2　光纤编码型路基沉降传感器原理图

用户终端开发了智能化软件系统，具有用户管理、数据采集模式选择、数据库、历史数据存储、调用功能，具备单点沉降—时间曲线、纵断面沉降曲线显示功能。监测数据超过预设的警戒值时，监测系统具备报警功能。该沉降监测系统在成渝客运专线铁路 DK52＋010～DK52＋150 段软弱地基路堤工程中进行了试验性应用。应用表明，该系统可实现大面积路基沉降的实时、远程、自动监测。

2)沉降预测与评估专家系统

目前,无砟轨道铁路沉降评估,主要借助计算机对沉降数据进行整理、计算及评估分析,其中评估分析工作主要依靠有经验的工程师来完成。为及时对海量观测数据进行处理,并提高评估分析的时效性,相关单位研究开发了沉降预测与评估专家系统,其功能包括:沉降观测数据采集与处理,沉降智能预测与评估等[39]。

5.3　常见地基加固措施

地基处理是个古老而又年轻的领域,许多现代的地基处理技术都可在古代找到它的雏形,而随着新材料和新的施工工艺的出现,新的地基加固技术还在不断地涌现和发展。目前,铁路路基工程中常用的地基处理方法主要有:挖除换填、重型碾压、强夯、排水固结法、粉喷桩、旋喷桩、挤密桩、石灰桩、CFG 桩、土工织物加固等。高速铁路对路基工后沉降、差异沉降的要求极其严格,为控制高速铁路路基沉降,钢筋混凝土打入桩、预应力管桩及新型的钢筋混凝土桩－网(板)结构已应用到高速铁路的地基处理工程中。以地基处理技术特点进行分类,铁路路基工程中常用的地基处理方法可分为图 5-3 所示的 16 类[40,41]。

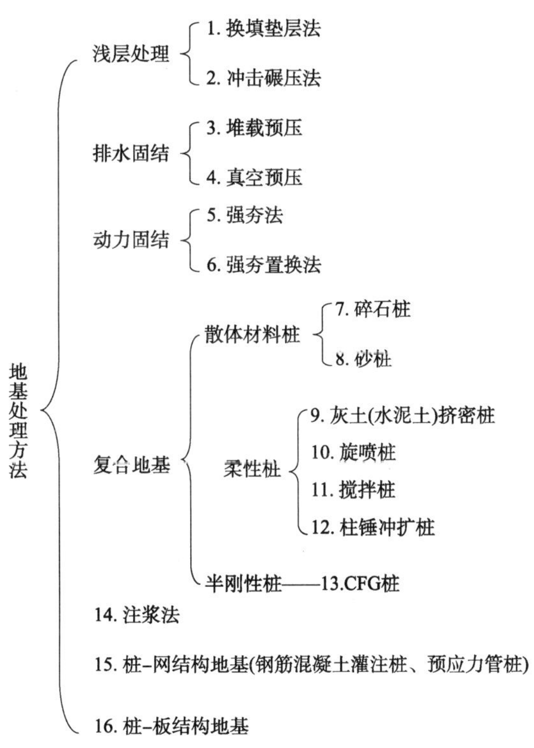

图 5-3　铁路路基工程中常用的地基处理方法

无砟轨道铁路对路基工后沉降限制严格,加之铁路建设工期短,CFG 桩复合地基、桩－网结构地基在我国高速铁路地基处理中得到广泛应用,桩－板结构作为一种新型的路基土工结构,在路堑地段、道岔区、岩溶地基等工程中得到应用。

5.4 桩－网结构路基设计

5.4.1 桩－网结构路基概念

桩－网结构路基又称钢筋混凝土桩－网结构。图 5-4 为钢筋混凝土桩－网结构路基，其中钢筋混凝土桩－网结构基础由钢筋混凝土桩(群)、桩帽及加筋垫层组成，钢筋混凝土桩(群)一般采用灌注桩或预制管桩[42,43]。

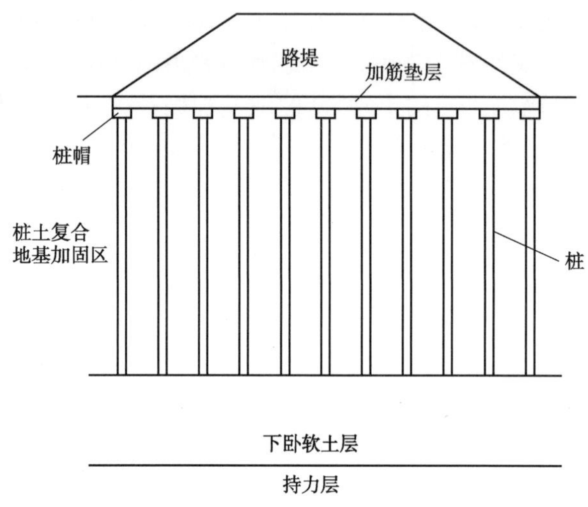

图 5-4 钢筋混凝土桩－网结构路基

工程实践表明，桩－网结构路基具有沉降变形小、沉降稳定快的特点，在我国高速铁路软弱地基路堤工程中得到广泛应用。

5.4.2 桩－网结构路基工作原理、破坏模式及设计对策[44,45]

1)桩－网结构路基工作原理

有关研究表明，钢筋混凝土桩－网结构的工作原理与柔性桩在复合地基上不同。由于桩－网结构刚性桩和桩间土的刚度差异较大，在填土柔性荷载作用下，桩与桩之间的加筋垫层将产生向下的变形，直至受到加筋筋材的约束以及桩间土的抵抗而趋于平衡、稳定，四根桩之间、加筋垫层上部的填土也因加筋垫层的下凹而产生变形，当上部填土较厚时最终形成土拱。此时，桩－网结构地基上部除土拱部分外的填土重量以及路基面上的荷载全部作用在刚性桩基上，土拱部分的填土重量则由桩间土和加筋筋材共同承担，其中部分通过加筋筋材传递至刚性桩上。

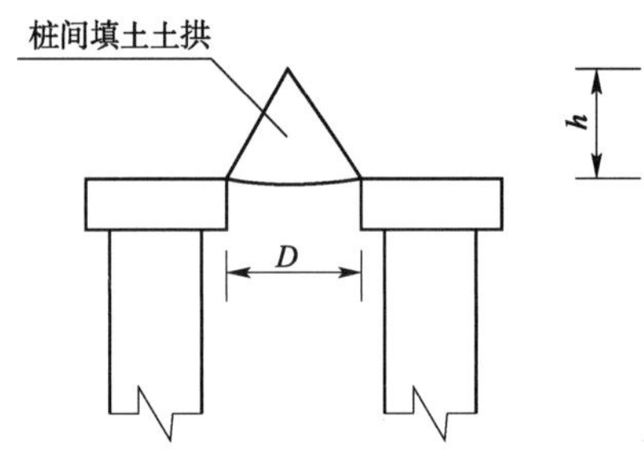

图 5-5 桩－网结构路基工作原理示意图

D-桩帽间净间距；h-桩间填土土拱高度

桩－网结构路基工作原理示意图如图 5-5 所示。

很明显，桩净间距 D 越小，填土柔性拱高度 h 越小。在桩顶设置扩大的桩帽，可保持桩净间距 D 不变而增大桩间距。对于填土高度大于填土柔性拱的路堤，只有四桩之间填土柔性拱部分土体重力通过加筋垫层分散均化后部分作用在桩间土上。西南交通大学完成的室内模型试验表明，桩－网结构路基桩帽面积与单桩加固地基面积的比例大于25%，桩所承受填土荷载作用力占全部填土荷载的比例在90%以上[46]。因此，工程实际应用中完全可以忽略填土荷载对桩间土的影响，而认为桩－网结构路基的刚性桩基承担全部路堤及荷载。

2）桩－网结构路基破坏模式

桩－网结构路基可能出现以下四种破坏形式。

（1）破坏模式1：由于单桩承载不满足要求而出现下沉

当单桩承载力不满足要求时，在设计荷载作用下，必然发生桩下沉变形。

（2）破坏模式2：桩－网地基发生整体下沉，超出设计控制值

桩－网结构基础下卧层在附加应力作用下发生压缩沉降，引起桩－网结构发生整体下沉，沉降值超出设计控制值。

（3）破坏模式3：桩－网结构因加筋垫层缺陷不能形成稳定的土拱而丧失结构承载功能

桩－网结构的加筋垫层存在缺陷，如发生断裂或产生过大变形，可能导致桩间土拱部分土体过量下沉，引起路堤变形或导致桩歪斜。

（4）破坏模式4：桩－网结构不能抵抗路堤荷载侧向滑移作用，出现横向失稳

当地基土层较差，可能出现桩－网结构不能抵抗路堤荷载侧向滑移作用，出现横向失稳的现象。特别是单一无过渡层的极软地基，容易出现这种情况。

3）桩－网结构路基设计对策

针对桩－网结构可能出现的几种破坏形式，工程设计应采取相应对策，进行相应的控制。

（1）桩承载力设计：为防止出现破坏模式1，桩－网结构的桩必须具有承受荷载的承载能力，即桩－网结构的桩应进行单桩承载力设计。

（2）地基沉降验算：在满足单桩承载力的情况下出现破坏模式2，则主要是桩基础下卧层在荷载作用下出现超出设计预期的沉降所致，因此，对于以控制沉降为主要目的桩－网结构，必须验算地基沉降。

（3）桩顶构造设计：为避免桩－网结构出现结构失稳破坏（破坏模式3），应根据保持桩顶柔性土拱稳定的要求，对加筋垫层筋材的性能做出相应要求。桩－网结构在桩顶设置扩大的桩帽，可避免桩顶的刺入破坏，有利于充分发挥桩的承载作用，同时也可以改善桩顶部加筋垫层受力。

（4）横向整体稳定验算：当地基土层较差，特别是单一无过渡层的极软地基，应进行桩－网结构抵抗路堤荷载侧向滑移作用的横向整体稳定的验算，并针对不同情况采取加强桩－网（桩－筏）结构横向稳定性的措施，如增长桩嵌固段、增强桩顶联系构造，或与其他地基加固措施联合使用等。

5.4.3　桩－网结构路基设计方法[47]

如上分析，桩－网结构应进行单桩承载力验算、地基沉降验算、桩顶构造设计；当地基土层较差，特别是单一无过渡层的极软地基，还应进行桩－网结构抵抗路堤荷载侧向滑移作用的横向整体稳定验算。

1）单桩承载力验算

如前分析，由于桩－网结构桩顶柔性加筋垫层，桩间土实际受到有限荷载的作用（小于10%）。对于地基沉降控制标准十分严格的客运专线铁路路基，应充分发挥桩的承载作用，因此，建议在桩－网结构单桩承载力验算公式中引入单桩承载力发挥系数。

引入了单桩承载力发挥系数后的单桩承载力验算公式如下

$$P_0 \leqslant \frac{1}{\psi} R_a \tag{5-1}$$

式中：P_0——单桩加固范围内的路堤以及轨道结构、列车荷载（kN）；

R_a——单桩竖向容许承载力（kN）；

ψ——单桩承载能力发挥系数，取0.9。

单桩竖向容许承载力 R_a 的取值，可采用单桩荷载试验资料，取单桩竖向极限承载力除以安全系数2的值；无单桩荷载试验资料时，可按式（5-2）和式（5-3）估算并取小值。

$$R_a = \eta P_f A_p \tag{5-2}$$

$$R_a = \pi d \sum_{i=1}^{n} q_i l_i + q_p A_p \tag{5-3}$$

式中：P_f——桩体抗压强度平均值（kPa）；

η——桩身强度折减系数，可取0.35～0.5；

d——桩的平均直径（m）；

A_p——桩身截面积（m^2）；

n——桩长范围内所划分的土层数；

l_i——桩周第 i 层土的厚度（m）；

q_i——桩周第 i 层土的容许摩阻力（kPa）；

q_p——桩端地基土容许承载力（kPa）。

2）地基沉降验算

（1）桩－网结构地基沉降构成

桩－网结构地基沉降包括桩加固区沉降和下卧层压缩量两部分。

$$S = S_{p1} + S_{p2} \tag{5-4}$$

式中：S——桩－网结构地基总沉降；

S_{p2}——桩－网结构加固区以下下卧层压缩量；

S_{p1}——桩－网结构加固区沉降，包括桩身压缩量 S_{sp1} 及桩端刺入变形 S_{sp2}，即

$$S_{p1} = S_{sp1} + S_{sp2} \tag{5-5}$$

（2）桩加固区沉降计算

桩－网结构加固区沉降包括桩身压缩量 S_{sp1} 及桩端刺入变形 S_{sp2}，其中桩身压缩量 S_{sp1} 可按式（5-6）计算。

$$S_{sp1} = \frac{P_0 L}{A_p E_p} \tag{5-6}$$

式中：L、A_p、E_p——桩长、桩截面积、桩体材料弹性模量。

桩端刺入变形 S_{sp2}，目前尚难以准确计算，但可以根据单桩荷载试验 P-S 曲线得到，或根据地区经验取值。从理论上讲，按承载力设计的桩基础，其桩底刺入变形是很小的，工程上

可以忽略不计。

(3)下卧层的附加应力计算

下卧层压缩量 S_{p2} 通常采用分层总和法计算,即

$$S_{p2}=\sum_{i=1}^{n}\frac{e_{1i}-e_{2i}}{1+e_{1i}}H_i=\sum_{i=1}^{n}\frac{a_i(p_{2i}-p_{1i})}{1+e_{1i}}H_i=\sum_{i=1}^{n}\frac{\Delta p_i}{E_{si}}H_i \tag{5-7}$$

下卧层分层的附加应力计算方法主要有压力扩散法、等效实体法、改进的 Geddes 法、Boussinesq 法以及 $L/3$ 法等。值得注意的是:应力扩散法在实际应用中,扩散角等参数难以确定;等效实体法、改进的 Geddes 法,其侧摩阻力的分布大小不易确定;$L/3$ 法计算沉降时,由于将下卧层提升至距桩端 $L/3$ 处,其中包含了部分加固区,因此计算出的下卧层的沉降误差可能较大。

3)桩顶构造设计

对于桩-网结构,桩顶构造设计十分重要。桩顶构造设计包括:桩帽和加筋垫层。

桩-网结构应在桩顶设置扩大的桩帽。桩顶设置扩大的桩帽,可避免桩顶的刺入破坏,有利于荷载向桩集中,以便更充分发挥桩的承载作用,同时也可以改善桩顶部加筋垫层受力。如图 5-5 所示,在桩顶设置扩大的桩帽,可保持桩净间距 D 不变而增大桩间距,实际工程应用中可以通过调整桩帽面积,使桩净间距 D 控制在一个较小数值,显著改桩顶部加筋垫层受力。

桩顶部加筋垫层承受土拱范围的土体的作用力,应保持长期的结构稳定,因此对于加筋垫层的筋材、垫层材料应做设计。关于桩顶部加筋垫层的受力,国内外学者进行了相关研究,国内中国铁道科学研究院对桩-网结构路基柔性拱问题进行了系统的理论和试验研究[48]。有关研究及现场测试表明,桩-网结构路基加筋垫层筋材在桩净间距 D 较小的情况下,筋材受力和变形均较小。实际工程应用中,桩净间距 D 小于 1.0m 时较小,可按构造设计——桩帽顶加筋垫层一般采用碎石垫层,厚度0.4~0.6m,夹铺一层双向高强度低应变土工格栅;土工格栅破断延伸率不大于 10%,极限抗拉强度应满足验算要求并不小于 80kN/m。

4)横向整体稳定验算

特殊地形,如斜坡软弱地基或岸坡,以及地基较差或地基为单一无过渡层的流塑状淤泥或淤泥质土地层时,应根据具体情况对桩-网结构横向整体稳定进行验算,如图 5-6 所示。根据路堤侧向滑动作用力,可以验算单桩横向承载力是否满足要求。对不满足要求者,根据验算采取加强桩顶横向联结或加强地基处理等措施。

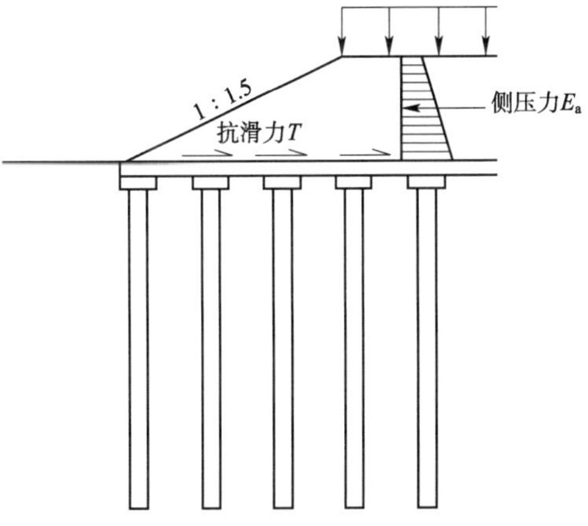

图 5-6 桩-网结构地基路堤侧向滑动稳定验算

5)算例分析

某高速铁路软弱地基路堤,位于河流二级阶地,地形平坦开阔,均辟为田地。路堤填土高4.2~4.8m,地表上覆深厚第四系全新统冲积层,主要的物理力学性质指标见表 5-2。地基采用 CFG 桩桩-网结构处理,桩径 0.5m,桩间距 1.8m,三角形布置,桩长 16m。路堤高度

4.7m，填土重度 $\gamma=20\text{kN/m}^3$，边坡坡率为1:1.5，双线路基顶面宽13.6m，底面宽度49.17m，垫层结构形式为0.6m碎石垫层＋一层土工格栅，预压荷载高3.0m。

某高速铁路软弱地基路堤地层主要物理力学指标　表5-2

地层代号	地层岩性	岩性状态	基本承载力 σ_0（kPa）	天然密度 ρ（g/cm³）	黏聚力 c（kPa）	内摩擦角 φ（°）	压缩模量（MPa）
(1)$_{-1}$	黏土	软～硬塑	160	1.93	37.3	20.44	6.36
(1)$_{-2}$	黏土	硬塑	200	2.01	75.6	27.3	9.24
(2)$_{-1}$	全风化角闪岩		200				
(2)$_{-2}$	强风化角闪岩		500				
(2)$_{-3}$	强风化角闪岩						

(1)单桩承载力验算

无砟轨道及列车荷载，可取 55kN/m^2，路基面作用宽度可取3.4m，则轨道和列车荷载换算土桩高度为

$$55\div(3.4\times19)\approx0.85\text{m}$$

路基基底最大应力为

$$(4.7+0.85)\times19=105.45\text{kN/m}^2$$

桩－网结构单桩加固范围内的荷载 P_0 为

$$P_0=A\cdot\sigma_p=0.866\times1.8^2\times107.45=301.48\text{kN}$$

单桩竖向容许承载力 R_a 计算如下

$$\begin{aligned}R_a&=\pi d\sum_{i=1}^{n}q_il_i+q_pA_p\\&=3.14\times0.5\times(30\times7.6+30\times8.4)+1500\times3.14\times0.25^2\\&=1047.98\text{kPa}\end{aligned}$$

$R_a/\psi=1047.98/0.9=1164.42\text{kPa}\geqslant P_0=301.48\text{kN}$，由此可见，承载力满足要求。

(2)桩网地基沉降验算

①加固区沉降。

桩身压缩量 S_{sp1} 为

$$S_{sp1}=\frac{P_0L}{A_pE_p}=\frac{302.61\times16}{0.25\times3.14\times0.5^2\times20000\times10^3}=0.001\text{m}=1.0\text{mm}$$

桩端刺入变形 S_{sp2}，目前尚难以准确计算，但可以根据单桩荷载试验 P-S 曲线得到，参照京沪高速铁路李窑与凤阳段的CFG桩静载试验 Q-S 曲线[10]，对应单桩容许承载力的桩顶沉降约为1.2mm，可以视为桩端刺入变形量。

因此，加固区的沉降为

$$S_{p1}=S_{sp1}+S_{sp2}=1.0+1.2=2.2\text{mm}$$

②下卧层沉降。

利用分层总和法求下卧层的沉降，其中附加应力采用应力扩散法，扩散角取为23°，可得

$$S_{p2}=\sum_{i=1}^{n}\frac{\Delta p_i}{E_{si}}H_i=17.2\text{mm}$$

因此,断面 DK854 +800 总的沉降为

$$S = S_{p1} + S_{p2} = 2.2 + 17.2 = 19.4\text{mm}$$

该断面实测总沉降为 19.4mm。可见,计算总沉降与实测沉降非常接近。

5.5 桩-板结构路基设计

5.5.1 桩-板结构路基概念

针对遂渝无砟轨道试验铁路两段软弱地基及已填路堤实际情况(DK132 +486 ~ +611 和 DK137 +688 ~ +783 段,路堤最大填高为 14m,已按有砟轨道铁路技术标准采用川东红层泥岩填筑,路基工后沉降难以满足铺设无砟轨道的要求),为满足无砟轨道铺设条件要求,需要对已填路堤进行补强加固,国内首次研究并应用了桩-板结构路基技术。图 5-7 是 DK132 + 486 ~ DK132 +611 段桩-板结构路基的横断面图,图 5-8 是桩-板结构路基的纵向布置图。

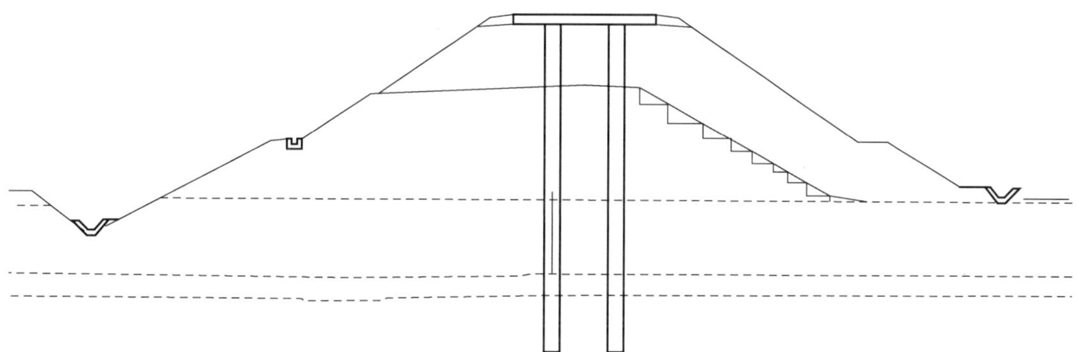

图 5-7 桩-板结构横断面图

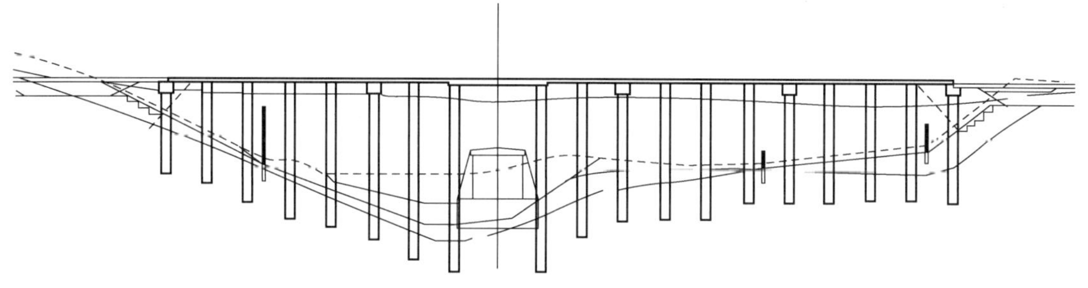

图 5-8 桩-板结构纵向布置图

桩-板结构路基(Pile-plank Embankment)是为适应高速铁路无砟轨道严格沉降控制要求而提出的一种新的路基结构形式,它由下部钢筋混凝土桩基、路基本体与上部钢筋混凝土承载板组成,承载板直接与轨道结构连接[49]。

5.5.2 桩-板结构路基结构受力分析及试验研究

1)桩-板结构路基结构受力分析

桩-板结构路基作为一种新的无砟轨道铁路路基形式,如前所述,由下部钢筋混凝土桩

基、路基本体与上部钢筋混凝土承载板组成,承载板直接与轨道结构连接。后来,工程中使用了埋入式桩－板结构,其承载板埋入路基中,承载板不与轨道结构相连接。

桩－板结构路基,其承载板承担轨道结构及列车荷载,并通过与承载板刚性连接的桩基础传递到路堤及地基;路堤及地基,对桩基础提供了竖向承载及纵横向的约束和支撑。

(1)桩－板结构路基设计荷载

桩－板结构路基设计荷载包括恒荷载、列车荷载、冲击荷载、列车横向摇摆力、列车制动力或牵引力、降雪荷载、混凝土承载板的收缩荷载、温度荷载、离心力、风力等。设计一般考虑下列荷载:固定恒载、轨道竖向列车荷载、轨道横向荷载、轨道纵向荷载、冲击力、风荷载、雪荷载、地震影响等,并根据设计状态采用相应的荷载组合。表5-3为桩－板结构路基设计荷载组合。表5-4为荷载组合系数。

设计荷载组合 表5-3

临界状态类别	设计荷载组合
极限状态	永久荷载＋主变化荷载＋附加变化荷载
	永久荷载＋偶然荷载＋附加变化荷载
使用临界状态	永久荷载＋变化荷载
疲劳临界状态	永久荷载＋变化荷载

荷载组合系数 表5-4

临界状态类别	荷载种类	荷载组合系数
极限状态	永久荷载	1.2
	主变化荷载	1.4
	附加变化荷载	1.0
	偶然荷载	1.0
使用临界状态	各种荷载	1.0
疲劳临界状态	各种荷载	1.0

(2)桩－板结构路基设计思路

拟定沿线路的纵向桩间距,按结构力学理论,将钢筋混凝土承载板当作刚构连续板,根据列车活载图示按影响线法找出最不利位置进行荷载布置。拟定钢筋混凝土承载板的结构尺寸,计算得到板的内力与挠度,验算承载板翘曲变形是否满足土质路基上铺设无砟轨道的容许挠度及折角的要求。拟定桩截面形式、桩径与桩长,上部结构的荷载以支座反力的形式传递到桩顶,按照桩基础理论进行承载力、侧向及纵向抗力计算,验算是否满足铺设无砟轨道的设计要求。通过调整纵向桩间距,得到一系列的不同组合的桩－板组合方案,最后根据性价比及实际工程的要求,统筹规划,选定最佳桩－板组合方案。

(3)桩－板结构路基承载板受力分析

对于承载板,桩－板结构路基列车活载,一般采用列车中—活载或ZK标准活载,按影响线法布置列车荷载。双向结构列车荷载,必须双线同时加载,对同方向或不同方向加载的选择,按影响最大的方向加载。列车活载图示如图5-9所示。

根据线路纵向影响线,按最不利位置布置,而且必须考虑在施工和设计使用期限内永久荷载、变化荷载和偶然荷载的作用,进行适当的荷载组合,从而验算轨道板、钢筋混凝土承载板的设计承载能力是否满足高速铁路无砟轨道结构的强度设计要求。

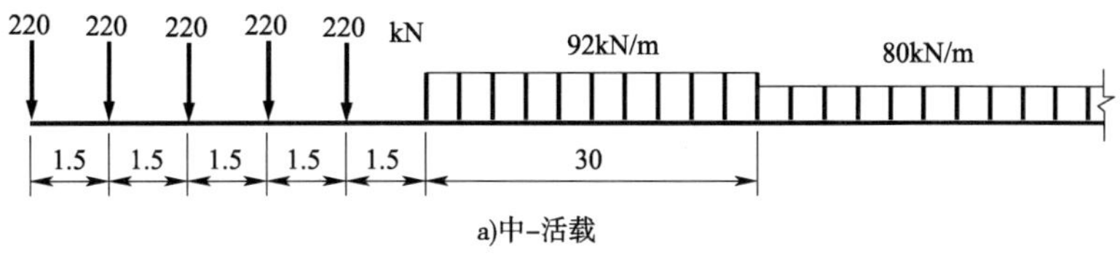

a)中-活载

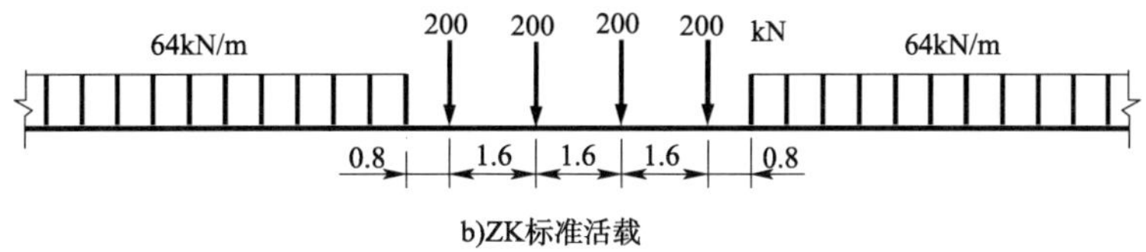

b)ZK标准活载

图5-9 列车活载图示(尺寸单位:m)

在一般情况下,其荷载组合可设为$(m_1 \times G + m_2 \times P + m_3 \times P) \times n$

式中:G——上部结构自重荷载;

P——活载图示静轮重;

m_1、m_2——分别为恒载与活载的荷载组合系数;

m_3——列车活载的冲击系数;

n——结构的重要性系数。

桩-板结构路基的各项荷载系数,其中,荷载分项系数1.2,动载分项系数1.4,冲击动力附加系数为0.5,结构重要性系数为1.1。

(4)桩-板结构路基桩基础沉降分析

桩-板结构路基沉降主要包括:桩-板结构在列车长期反复荷载作用下发生的累积变形及地基的压密沉降。

桩-板结构路基承受着列车荷载的重复作用,每一次荷载作用之后,回弹变形即时消失而塑性变形逐渐累积,由于桩基础的存在,动力作用会对桩侧土和桩底土均产生影响,在列车长期反复荷载作用下,产生累积沉降和不均匀沉降。路堤填土压密沉降,在桩-板结构施工完成时,一般已经完成。而且桩-板结构路基本体沉降主要由桩基沉降控制,路基本体的压密沉降可不计入工后沉降,因此控制路堤工后沉降主要是控制地基工后沉降。

由于桩-板结构路基的桩为刚性桩,所以其加固区的压缩量可忽略不计。其下卧层压缩量计算可采用分层总和法。目前在工程应用上,常采用下述几种计算方法:

①压力扩散法;

②等效实体法;

③等代墩基法;

④改进的Geddes法。

在工程实际应用中,通常采用是等代墩基法。

2)桩-板结构路基离心模型试验研究

为考察桩-板结构路基整体性能,进行桩-板结构路基离心模型试验研究。

综合考虑试验精度、模型箱几何尺寸及原型几何尺寸,设定模型率为80。

模型地基和模型路堤均采用现场取土制作，以含水量和重度为控制因素，在模型箱内分层压实填筑，预先计算每一层的重量，并压实到计划的高度，再按照路堤实际形状切削成型。试验前后应测量各种土的含水量和重度以及淤泥质黏土的黏聚力 c 和内摩擦角 φ。

模型桩由 C25 混凝土制作，直径为 15mm，桩长为 25cm，采用先预制、后安装的方法。地基模型填筑完成后，在桩位安放外径 15mm 的钢管，插入地基模型 3.5cm。路堤模型填筑完成后，拔出钢管插入预制好的水泥混凝土桩，插入前通涂抹界面剂，以模拟混凝土桩和土之间的摩擦。

模型承载板采用钢板模拟，抗弯刚度为相似模拟的控制因素。承载板模型尺寸为 $L \times b \times h = 600\text{mm} \times 55\text{mm} \times 3.8\text{mm}$，用界面剂与桩头连接。

试验路堤上部荷载采用钢板模拟，其重量由单线轨道静荷载和列车中活载按照模型相似率换算得到，宽度由轨道板按模型几何尺寸换算得到。钢板尺寸为 $L \times b \times h = 600\text{mm} \times 45\text{mm} \times 7.1\text{mm}$。模型尺寸及测点布置如图 5-10、图 5-11 所示。采用电涡流位移计测量模型路基面累积沉降；采用应变片测量桩身应变。

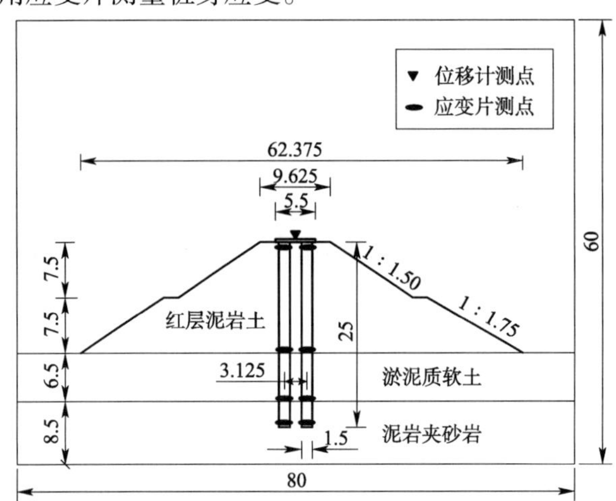

图 5-10　模型尺寸及测点布置横断面图(尺寸单位:cm)

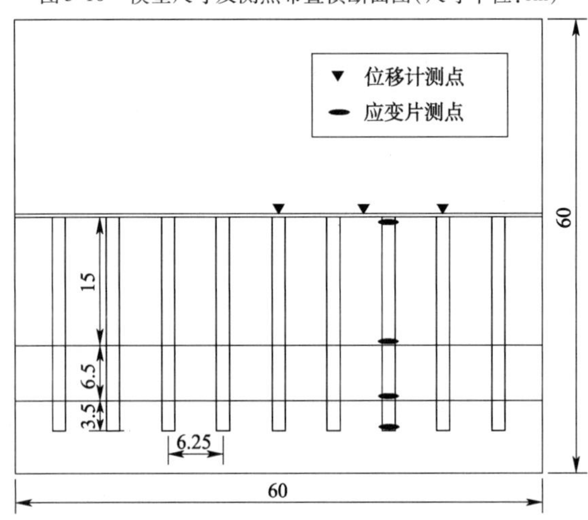

图 5-11　模型尺寸及测点布置纵断面图(尺寸单位:cm)

主要试验步骤如下：

(1)试验模型的制作。

(2)数据采集系统运行，位移传感器最佳位置的调整，记录各通道传感器的初始读数。

(3)离心机开机运行至设计加速度 80g，并在 80g 离心场中运行 34min，以模拟路基原型施工完成后放置 5 个月的过程。

(4)停机并安放模拟路堤上部荷载的钢板，再开机运行至设计加速度 80g，并在 80g 离心场中运行 243min，以模拟路基原型通车后运营 3 年的过程。

(5)停机结束试验运行，数据采集系统一直工作到离心机停稳为止。

路基放置以及通车运营期间路基面累积沉降时程曲线如图 5-12 所示。试验模拟路基放置时间为 5 个月，前 4 个月沉降持续发生，路基面累积沉降为 1.04mm；第 5 个月已经没有沉降发生。桩 - 板结构路基放置 5 个月后路基面累积沉降达到稳定，在此期间，平均沉降速率为 0.21mm/月。试验模拟路基通车运营时间为 3 年，从第 6 个月开始，第 6 个月、7 个月路基面沉降急剧增加，路基面累积沉降为 6.62mm，平均沉降速率为 2.79mm/月；此后，路基面累积沉降继续增加，但沉降速率逐渐减小，到第 16 个月路基面累积沉降达到最大的 10.96mm；第 17 个月以后已经没有沉降发生。桩 - 板结构路基通车运营 3 年路基面累积沉降为 10.96mm，通车运营 12 个月后沉降达到稳定。

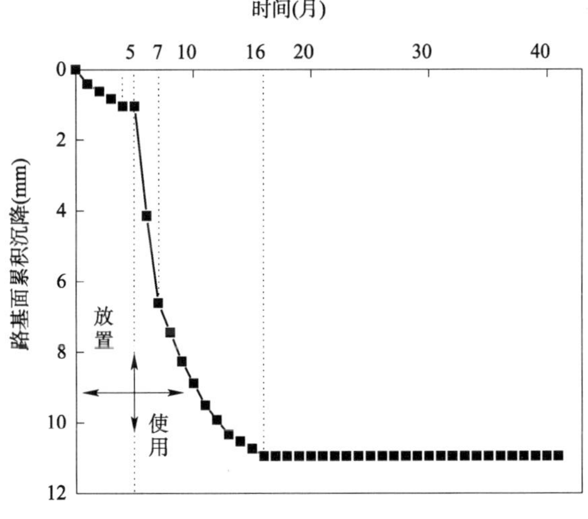

图 5-12　路基面累积沉降时程曲线

3)桩 - 板结构路基大比例模型试验研究

试验采用了缩尺模型，试验中考虑了模型相似和土层边界条件模拟，对试验模型进行包括几何形状、材料特性、边界条件、外部荷载和初始动力条件等在内的相似设计。由于室内模型空间的限制，在尽量保证结构的受力机理一致性的情况下，取两跨桩 - 板结构路基为研究对象，如图 5-13 所示。

(1)模型的设计与制作

①地基、路基。

将地基土按 10cm 分层填土，软塑状粉质黏土为 8.3cm，软土(粉质黏土)约为 14.2cm，硬塑状粉质黏土约为 19.2cm，泥岩夹砂岩取 75.0cm，并逐层夯实，使其密度达到天然地基土状态；路基填土为川东红层，厚 116.7cm，按 5cm 分层填筑夯实，使其密度达到要求。

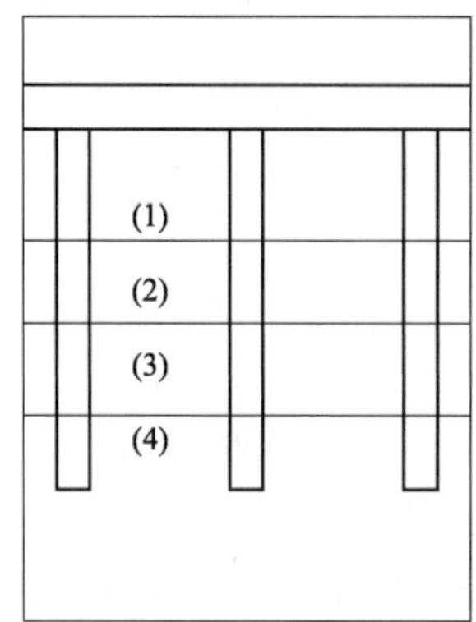

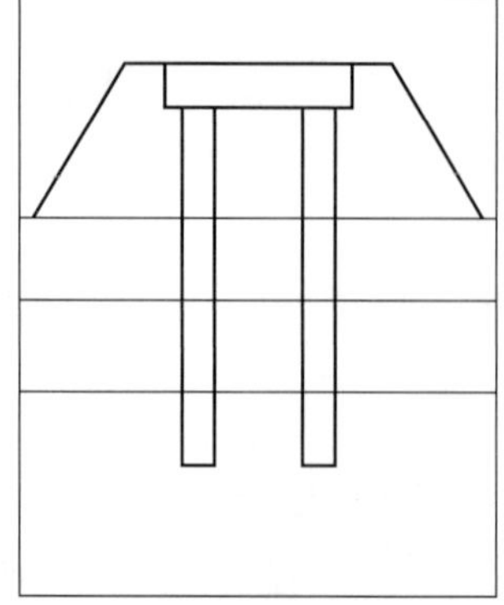

图 5-13 遂渝线无砟轨道综合试验段桩－板结构路基模型示意图

(1)-红层泥岩填筑土；(2)-软塑状粉质黏土；(3)-软土(粉质黏土)；(4)-泥岩夹砂岩

②桩、承载板。

模型桩采用 C25(与原型桩相同)的微粒混凝土制作，桩径 10.0cm，桩长 175.0cm，共 6 根；桩横向间距为 20.8cm，纵向间距为 41.7cm，入持力层为 16.7cm，预制过程中在桩端头设置预埋钢筋，以便与现浇承载板相连，在中间两根桩的底部预留埋设土压力盒的空间。桩身进行打磨刮毛处理，模拟现场钻孔灌注桩的侧摩阻力，在地基土填筑 58.3cm 高度时要确立桩位，并保证桩的垂直度，然后利用固定架将其固定，再按填土要求分层填土并夯实。

模型承载板采用 C40(与原型承载板相同)的微粒混凝土制作，长 94.4cm，宽 36.7cm，高 5.0cm，将承载板的钢筋骨架布置好并与桩端预留钢筋焊接后，再安装模板，灌注混凝土。

③轨道结构。

根据几何相似比，模型轨道板采用 C40(与原型轨道结构相同)的微粒混凝土制作，长 94.4cm，宽 23.3cm，高 2.9cm，与其下承载板整体浇筑，在浇筑时预埋固定螺栓以固定钢轨。轨道采用两根长 110.0cm 的 8 型小钢轨，间距 12.0cm，轨下垫橡胶垫，并用预先埋设在混凝土板中的螺栓和扣件连接固定钢轨，以确保满足钢轨的约束条件。

④边界条件。

将桩－板结构按平面应变问题考虑，在线路纵向设置钢板挡墙，在线路横向，地基土边界处设置钢板挡墙来模拟边界条件。

(2)模型加载

试验模拟列车长期荷载作用下对路基动态特性的影响，模型试验的激振荷载为正弦波，列车荷载的大小和运行速度通过伺服激振器的荷载输出和频率来反映。根据模型相似关系，按照铁路中—荷载活载图示，将前 5 个集中荷载换算为线荷载，换算到模型上，伺服激振器的动荷载峰值大小为

$$
\begin{aligned}
P_{\mathrm{d}} &= \frac{P_j}{d \times C_{\mathrm{L}}} \times l \times (1.4 + i) \\
&= \frac{220}{1.5 \times 12} \times 0.944 \times (1.4 + 0.5) = 21.9\mathrm{kN}
\end{aligned}
$$

式中：P_{d}——施加在模型上的荷载幅值；

P_j——中—活载静轮重；

d——活载图示轮重间距；

C_L——模型几何相似比；

l——模型线路纵向长度；

1.4——活载组合系数；

i——设计冲击系数，取为0.5。

(3)桩－板结构路基土沉降及分层沉降分析

模拟桩－板结构路基运营后，路基不同地点工后沉降时程曲线如图5-14和图5-15所示。D_1代表桩基处横断面路肩沉降，D_2、D_3、D_4分别代表桩基处断面各层沉降，D_5为跨中断面路肩沉降。在加载1万次后，沉降时程曲线趋于稳定，工后沉降不再发生，桩－板结构路基的整体已趋于稳定。

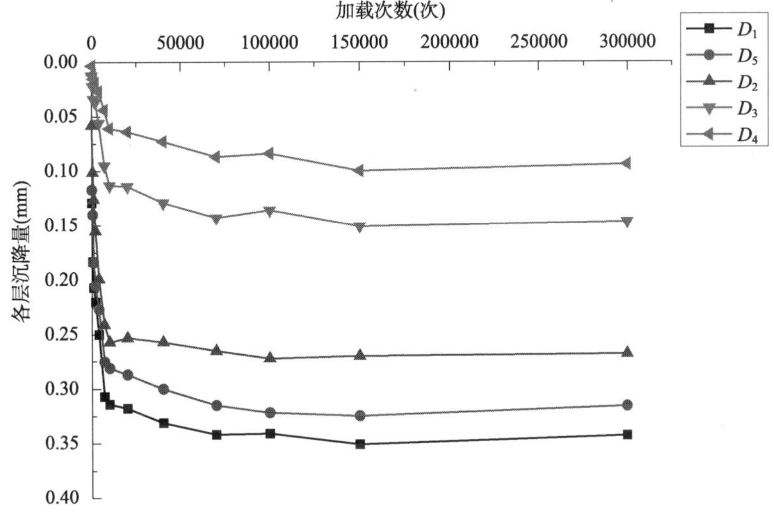

图5-14　跨中部位沉降

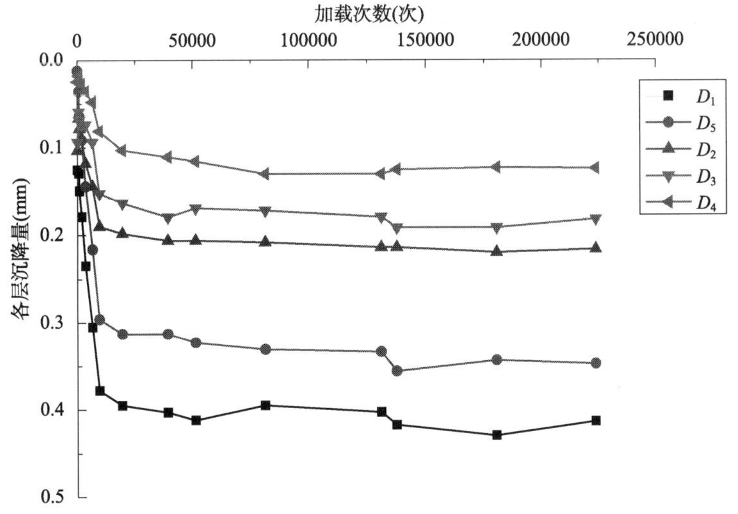

图5-15　桩顶部位沉降

4)桩－板结构路基沉降监测

在基床表层施工完后即设置观测点进行沉降监测。图 5-16 是遂渝线无砟轨道综合试验段桩－板结构路基(DK132＋531)断面沉降板沉降曲线。

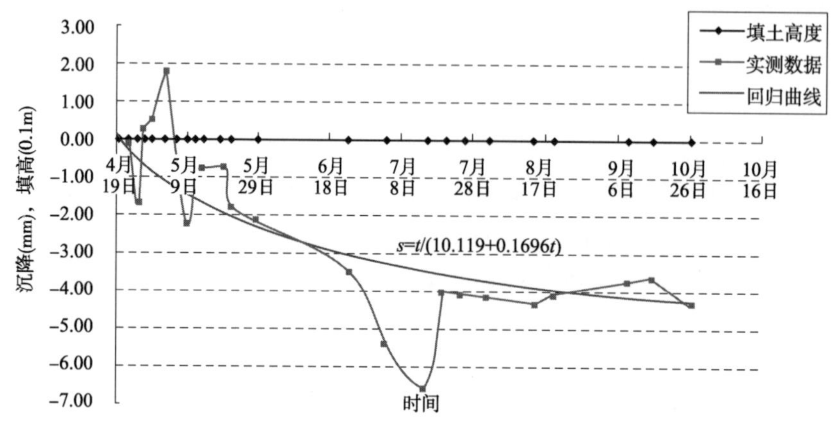

图 5-16　桩－板结构路基工后沉降示意图

沉降监测表明,桩－板结构路基现场测试最终沉降量为 5.90mm,与室内模型试验相比,介于离心模型试验与大比例模型试验沉降值之间,路基面沉降满足铺设无砟轨道的沉降控制要求。

5.5.3　桩－板结构路基简化设计方法[51]

结合相关试验研究成果,提出一种简化的桩－板结构路基设计解析计算方法,将空间超静定的桩－板结构简化为纵断面和横断面两个结构计算模型,分别进行计算分析。纵断面结构计算中,承载板及桩基简化为“多支撑连续弹性地基梁”;横断面结构计算中,承载板及桩基简化为“高桩承台梁”。

本节所介绍的解析计算方法遵循以下几点假设:

(1)忽略承载板的水平承载能力,水平荷载全部由桩基和路基土承担。

(2)取桩－板结构标准跨度的中间跨进行计算,不考虑过渡段或不等桩长的影响。

(3)承载板设计计算时,忽略桩基的沉降及水平位移。

(4)桩基水平荷载计算时,承载板假定为刚体。

(5)各桩的刚度相同。

1)“多支撑连续弹性地基梁”法

在纵断面上,承载板及桩基简化为“多支撑连续弹性地基梁”进行计算,考虑最不利设计,不考虑承载板下路基土体的反力作用,如图 5-17 所示。

图 5-17 所示简化计算模型的中间跨,桩基与承载板刚接,可在一定程度上减小承载板的挠度和转角,分担荷载产生的弯矩。由于桩基承受的弯矩相对承载板而言较小,因此在承载板设计计算时暂不考虑桩基承受弯矩的能力;而进行桩基设计计算时,桩基承受的弯矩可由桩顶处承载板的转角根据“m”法反算得出。

(1)承载板设计计算

由于不考虑桩基的弯矩承载能力,图 5-18 所示模型可简化为如下基本结构,将多余约束力作为基本未知量,将超静定结构的受力分析转化为相应的基本结构受力分析。外部荷载不考虑纵向水平荷载的作用,仅考虑竖向荷载的最不利组合。

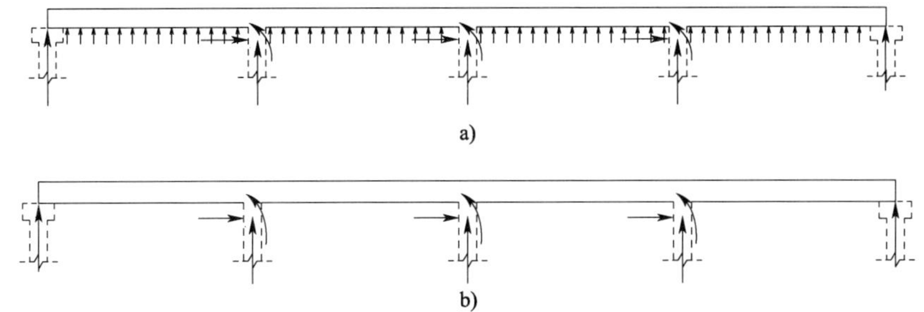

图 5-17　承载板纵向简化计算模型

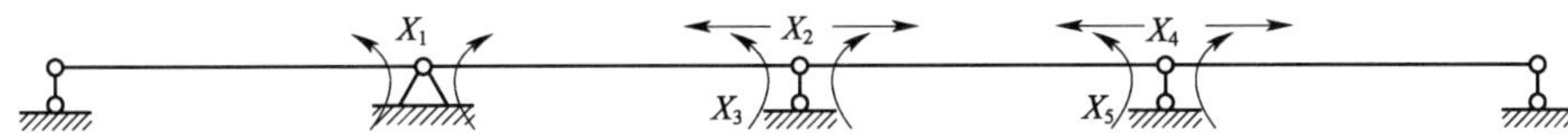

图 5-18　承载板计算基本结构

基本结构应满足的多余约束力作用点处的变形协调条件如下

$$\begin{cases}\Delta_1 = \delta_{11}X_1 + \delta_{12}X_2 + \delta_{13}X_3 + \delta_{14}X_4 + \delta_{15}X_5 + \Delta_{1P} = 0 \\ \Delta_2 = \delta_{21}X_1 + \delta_{22}X_2 + \delta_{23}X_3 + \delta_{24}X_4 + \delta_{25}X_5 + \Delta_{2P} = 0 \\ \Delta_3 = \delta_{31}X_1 + \delta_{32}X_2 + \delta_{33}X_3 + \delta_{34}X_4 + \delta_{35}X_5 + \Delta_{3P} = 0 \\ \Delta_4 = \delta_{41}X_1 + \delta_{42}X_2 + \delta_{43}X_3 + \delta_{44}X_4 + \delta_{45}X_5 + \Delta_{4P} = 0 \\ \Delta_5 = \delta_{51}X_1 + \delta_{52}X_2 + \delta_{53}X_3 + \delta_{54}X_4 + \delta_{55}X_5 + \Delta_{5P} = 0 \end{cases} \tag{5-8}$$

式中:Δ_i——原结构的相对位移;

δ_{ij}——柔度系数,即为单位力 $X_i = 1$ 引起的 X_j 方向的位移;

Δ_{ip}——荷载引起的沿 X_i 方向的位移。

根据变形协调条件可求得多余约束力 X_i,进而可求得承载板的内力、挠度以及桩基反力。为求得承载板的最大内力、最大挠度以及最大的桩基反力,可按影响线法得出列车竖向静活载对应的最不利荷载位置。

(2)桩基设计计算

①桩基水平位移及位移计算。

由于承载板不承受水平荷载,因此在进行纵向水平荷载分析时,承载板可看做刚体(图 5-19),则中间跨桩基的纵向水平位移应相同,又因各桩刚度相同,因此桩基承受的纵向水平荷载相同,即 $H_1 = H_2 = H_3$。

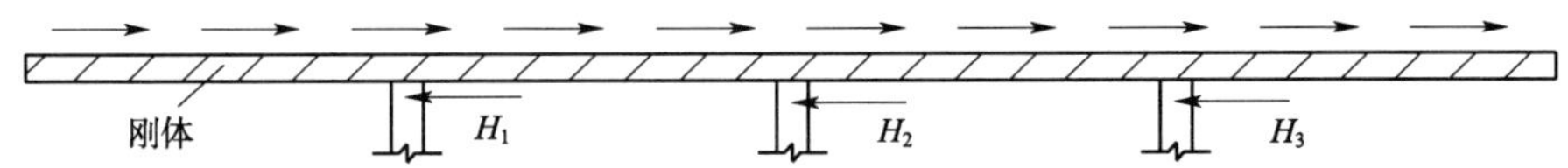

图 5-19　纵向桩基水平荷载计算

桩基的受力如图 5-20 所示。地基水平抗力系数采用"m"法计算。桩基桩顶纵向水平位移 x_0 可按下式计算

$$x_0 = H\delta_{HH} + M\delta_{HM} \tag{5-9}$$

式中：δ_{HH}——桩顶作用单位纵向水平力引起的水平位移；

δ_{HM}——桩顶作用单位弯矩引起的水平位移。

桩顶的纵向水平位移应小于6~10mm。

②桩基竖向承载力验算。

因桩顶有弯矩存在，桩基受偏心竖向力作用，桩基反力应满足下式

$$N_{max} \leqslant 1.2R \tag{5-10}$$

$$N \leqslant R \tag{5-11}$$

式中：N_{max}——最大的桩基反力；

R——桩基竖向承载力特征值，为桩基竖向承载力标准值的一半，桩基极限承载力可由原位测试法、经验参数法等确定。

③桩基沉降计算。

桩－板结构一般为桩间距不大于6倍桩径的桩基，其沉降可采用等效作用分层总和法计算[12]。

桩基的工后均匀沉降量应不大于20mm，沉降量之差应不大于5mm[13]。

2）"高桩承台梁"法

（1）承载板及桩基设计计算

在横断面上，承载板及桩基可简化为"高桩承台梁"进行设计计算，其简化计算图式如图5-21所示。考虑到路堤横断面是局部结构体，并不是半无限体地基，为近似采用"m"法计算桩基水平抗力，对路堤高度应进行折减，但折减方法还需做进一步研究。

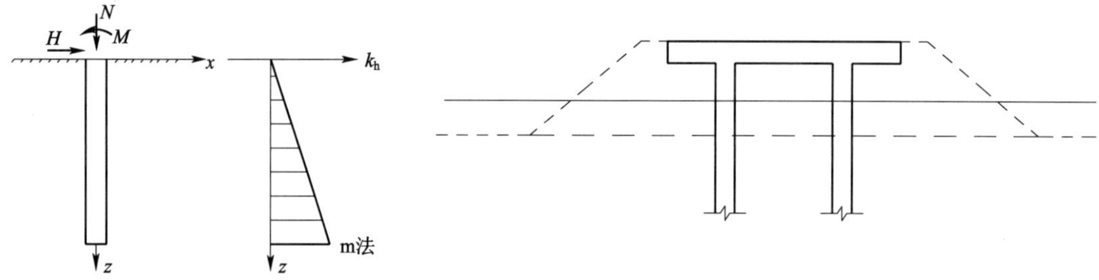

图5-20　桩基受力分析示意图

图5-21　桩－板结构承载板及桩基简化计算模型

（2）路堤边坡稳定性检算

为保证路基土体对桩基的有效水平约束，路基边坡应在忽略桩体存在时保持稳定。路基边坡稳定性采用圆弧滑动法进行计算，稳定系数应不小于文献[11]中规定值。

（3）路基沉降计算

虽然设计计算中按最不利工况考虑，忽略路基土体对承载板的支承作用，列车荷载全部经由承载板传递至桩基。但实际工程中，若承载板与路基土体长期脱离，会导致雨水下渗，使路基土的性能下降，使桩－板结构受力状况恶化，不利于桩－板结构路基的安全。同时，为减少土体对桩基的负摩阻力，保证路基土与承载板之间的接触关系，必须严格控制路基土体沉降。

工程设计中，应对路基顶面沉降作检算，路基本体自重作用下的路基顶面沉降应不大于桩基沉降。在工程施工中，应对土路基顶面沉降作监测，应待路基沉降稳定后方可施作承载板。

3)算例

(1)计算数据

计算图 5-22 所示位于直线路基地段(路基高度 1m)非埋式无砟轨道桩－板结构,该桩－板结构采用一联三跨,等跨布置。

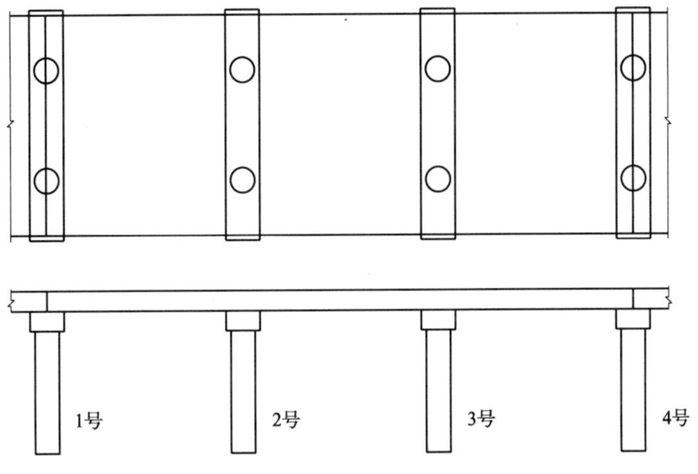

图 5-22　桩－板结构示意图

①结构尺寸。

承台板:长×宽×高 =24m×8.8m×0.8m。

托梁:长×宽×高 =9.2m×1.3m×0.8m。

桩:钻孔灌注桩,直径 $d=1\text{m}$,桩长 $h=9.75\text{m}$,桩间距横向 4.4m,纵向 8m。

②连接方式。

桩与托梁固接。

边跨托梁与承台板搭接,中间跨托梁与承台板固接。

③工程地质。

地基,自上而下依次为 <2-1> 粉质黏土、<3-W_2> 砂岩。

<2-1>:粉质黏土,厚 9.25m,$\gamma=18.5\text{kN/m}^3$,水平地基系数 $m_0=1200\text{kPa/m}^2$,桩周土极限摩阻力 $f=20\text{kPa}$,地基承载力 $\sigma=110\text{kPa}$。

<3-W_2>:砂岩,$\gamma=21\text{kN/m}^3$,桩周土极限承载力 $f=90\text{kPa}$,地基承载力 $\sigma=700\text{kPa}$,单轴抗压强度 $R=30\text{MPa}$。

④设计要求。

承载板在竖向静活载下的竖向挠度应小于《铁路工程地基处理技术规程》(TB 10106—2010)第 16.2.3 条的规定。

在列车静活载作用下,承台板板体转角不大于 1/1000。

桩顶纵向水平位移应不大于 $5\sqrt{L}$(mm),桩顶横向水平位移应不大于 8mm。

工后沉降不大于 15mm。

⑤材料。

承台板:C40 混凝土,$E=34\times10^6\text{kPa}$。

托梁:C40 混凝土,$E=34\times10^6\text{kPa}$。

桩:C35 混凝土,$E=31.5\times10^{6}$kPa。

(2)荷载

①恒载。

恒载包括自重和混凝土收缩引起的应力。

a. 轨道结构:32kN/m,单线。

b. 承台板:$25\times10\times0.8=200$kN/m。

c. 托梁:$25\times1.3\times0.8=26$kN/m。

混凝土收缩:按降低温度 15℃的温度应力考虑。

②活载。

a. 列车竖向静活载:ZK 标准活载。

b. 列车竖向动力作用:

根据《铁路桥涵设计基本规范》(TB 10002.1—2005)第 4.3.5 条第 3 款规定,列车动力系数为

$$1+\mu=1+\alpha\left(\frac{6}{30+L}\right)=1+2\left(\frac{6}{30+8}\right)=1.316$$

c. 离心力:线路位于直线段,离心力为 0。

d. 横向摇摆力,$F_{摇}=100$kN,作用在支座处。

③附加力。

a. 制动力或牵引力按均布、单线加载考虑:

$$[200\times4+(24-6.4)\times64]\times10\%/24=8.03\text{kN/m}$$

b. 温度变化影响:按均布,年均温差 ±15℃;日照温差应力:按 14 时取为 20℃,负温差取为 -10℃。

(3)承载板结构计算

①纵断面受力分析。

a. 承台板。

由于假定承台板不承受纵向水平力,因此承台板计算仅考虑恒载、列车竖向活载及温度变化附加力。

为准确设计连续梁,需要计算出各截面上的最大和最小内力,绘制内力包络图,超静定结构的影响线不易求得,因此可将荷载分为作用于不同跨的均布荷载或集中力荷载,然后叠加。

下面以自重荷载为例,采用力法基本结构进行求解,承载板结构受力计算分析图如图 5-23所示。

$$\begin{cases}\Delta_1=\delta_{11}X_1+\delta_{12}X_2+\delta_{13}X_3+\Delta_{1P}=0\\ \Delta_2=\delta_{21}X_1+\delta_{22}X_2+\delta_{23}X_3+\Delta_{2P}=0\\ \Delta_3=\delta_{31}X_1+\delta_{32}X_2+\delta_{33}X_3+\Delta_{3P}=0\end{cases}$$

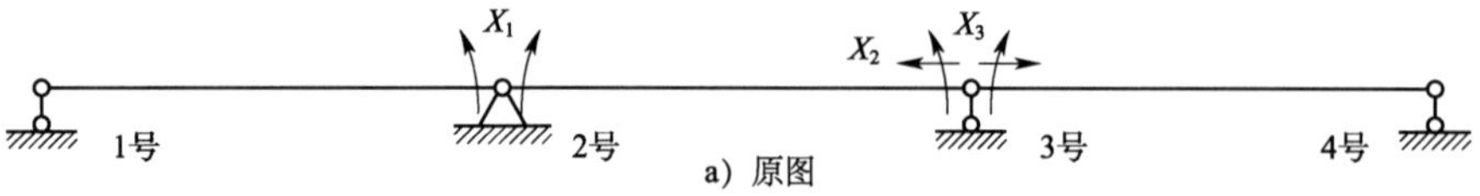

X_1　X_2　X_3

1号　2号　3号　4号

a) 原图

图 5-23

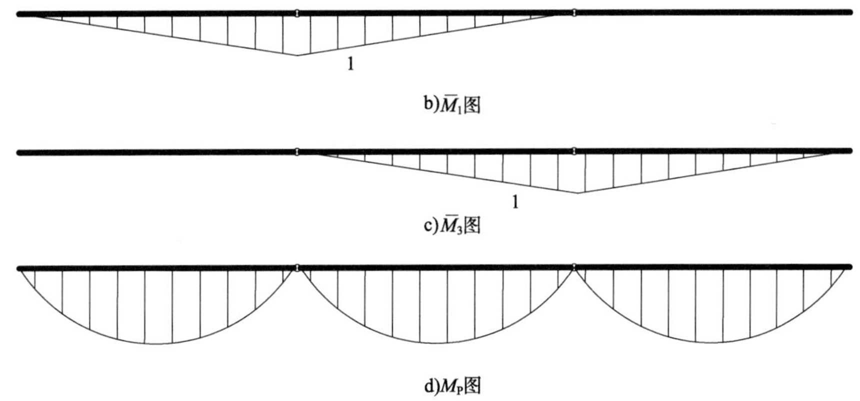

图 5-23　承载板结构受力计算分析图

由于承载板不考虑水平承载能力，因此 $X_2=0$；采用图乘法求解上式中其余系数：

$$\delta_{11}=\delta_{33}=\frac{1}{EI}\times 2\times(\frac{1}{2}\times l\times 1\times\frac{2}{3})=\frac{2l}{3EI}$$

$$\delta_{21}=\delta_{12}=\delta_{23}=\delta_{32}=0$$

$$\delta_{31}=\delta_{13}=\frac{1}{EI}\times(\frac{1}{2}\times l\times 1\times\frac{1}{3})=\frac{l}{6EI}$$

$$\Delta_{1P}=\frac{1}{EI}\times(\frac{2}{3}\times\frac{1}{8}ql^2\times l\times\frac{1}{2}\times 2)=\frac{ql^3}{12EI}$$

$$\Delta_{2P}=0$$

$$\Delta_{3P}=\frac{1}{EI}\times(\frac{2}{3}\times\frac{1}{8}ql^2\times l\times\frac{1}{2}\times 2)=\frac{ql^3}{12EI}$$

求得：$X_1=-\frac{ql^2}{10}$，$X_3=-\frac{ql^2}{10}$

任意界面的弯矩可按下式求解

$$M=\overline{M_1}X_1+\overline{M_3}X_3+M_P$$

求得恒载作用下的弯矩图如图 5-24 所示。

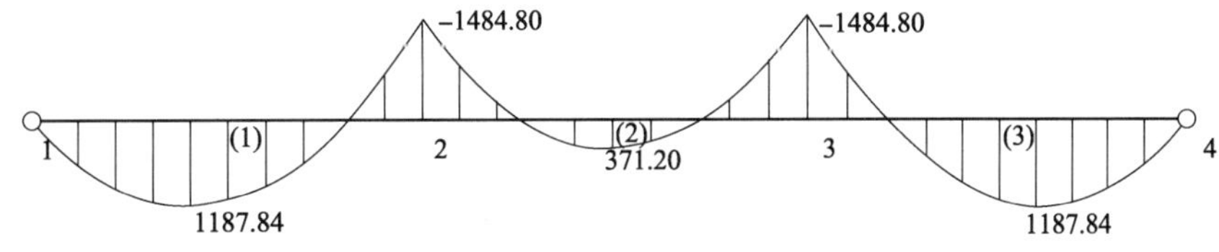

图 5-24　承载板恒载作用弯矩图

《铁路桥涵设计基本规范》(TB 10002.1—2005)规定：列车活荷载的标准计算图式可任意截取。因此可先计算出连续梁在每一跨上单独有活载作用时的内力，然后再进行同符号内力的叠加，最后再叠加恒载和温度变化附加力引起的内力。计算时需要将连续梁的各跨等分，并计算每一分点处截面的内力。根据恒载、活载、温度变化附加力弯矩图，可得出承台板弯矩的包络图，如图 5-25 所示。

同样根据图乘法也可求得承载板挠度，如图 5-26 所示，最大挠度为 3.6mm。列车静活载作用下的承载板挠度为 0.9mm < 1.1L/1400 = 1.1 × 8000/1400 = 6.28mm。

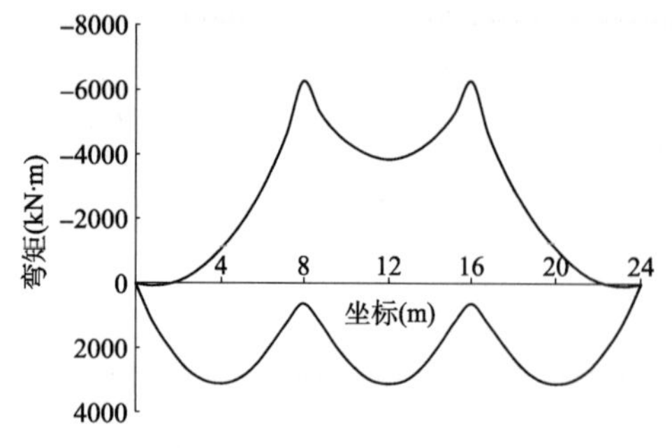

图 5-25　承载板弯矩的包络图

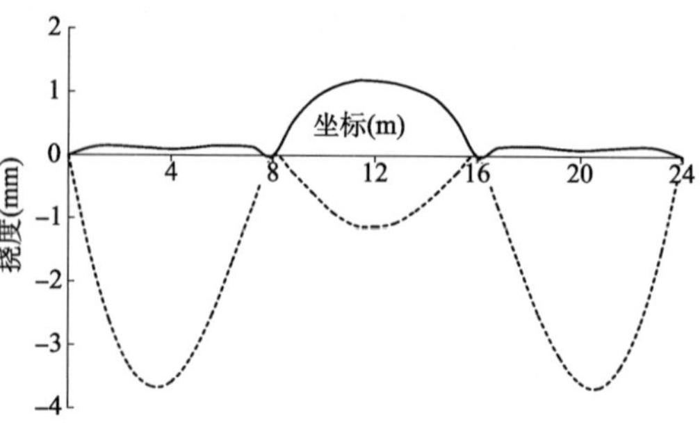

图 5-26　承载板挠度图

中间跨处承载板的最大转角为 0.0008411rad，小于 0.001rad。桩基反力见表 5-5。

桩基反力计算　　表 5-5

桩号	N(kN)	M^+(kN·m)	M^-(kN·m)	V^+(kN)	V^-(kN)	水平位移(mm)
1	1545.392	0	0	0	0	0
2	3781.264	507.79	-733.072	96.32	-96.32	1.5
3	3781.264	733.072	-507.79	96.32	-96.32	1.5
4	1545.392	0	0	0	0	0

b. 桩基。

桩基承受纵向水平力，因此桩基设计计算中应考虑制动力或牵引力。中间跨桩基承受的纵向水平力为：$H = 8.03 \times 24/2 = 96.32\text{kN}$。

根据“m”法，求解中间跨桩基承受的弯矩（表 5-5），进而得出桩顶水平位移 1.5mm，满足要求。

根据《铁路桥涵地基与基础设计规范》（TB 10002.5—2005）第 6.2.2 条规定，求得桩基容许承载力为

$$[P] = R(C_1A + C_2Uh)$$
$$= 30000 \times (0.5 \times 3.14/4 \times 1^2 + 0.04 \times 3.14 \times 1 \times 0.5) = 13659\text{kN}$$

桩基竖向力除上述支座力外，还应加上托梁的自重应力，桩基竖向力为

$P = 3781.264 + 26 \times 4.6 = 3900.864\text{kN} < 1.2[P]$，满足要求。

桩底为基岩，最大沉降量即为桩身压缩量，即

$$S = \frac{Ph}{EA} = \frac{3895.664 \times 9.25}{31.5 \times 10^6 \times 3.14 \times 0.5^2} = 1.46\text{mm}$$，满足要求。

②横断面受力分析。

高桩承台梁，重点是求解桩基横向水平位移，考虑横向荷载，即横向摇摆力。由于路基高度的折减高度需进一步研究，此处暂不考虑路基的横向抵抗作用，求解出的横向水平位移相对较大。

中间跨桩基承受的横向水平力为：$H = F_{摇} = 100/4 = 25\text{kN}$。

根据“m”法求解横向水平位移为

$$u_h = x_0 + \varphi_0 l = 0.25 + 2.56 \times 10 - 4 \times 1000 = 0.506\text{mm}$$，满足要求。

路基边坡稳定性及路基沉降可通过路基本体设计满足，此算例不再赘述。

第6章　路基与其他构筑物纵向刚度匹配

路基与其他构筑物在刚度方面存在差异,而无砟轨道铁路取消了轨道结构与线下基础之间的具有缓冲消能作用的道砟,使得线下基础刚度对轨道刚度的影响突显,路基与其他构筑物之间如何实现刚度过渡,成为无砟轨道铁路一个重大技术问题。本章结合遂渝线无砟轨道综合试验段路基过渡段相关试验研究,探讨路基与其他构筑物纵向刚度匹配技术。

6.1　路基与其他构筑物过渡段问题及研究思路

遂渝线无砟轨道综合试验段路基与其他构筑物过渡段有5种类型,即桥路过渡段、涵路过渡段、路堤与路堑过渡段、隧路过渡段、两桥隧之间短路基。结合遂渝线无砟轨道综合试验段,针对无砟轨道条件下路基与桥、隧、涵构筑物过渡段的动力特性、沉降变形、合理结构形式及设计参数等,采用动力仿真分析、数值计算分析、室内材料性能试验、现场路基刚度模拟测试、现场路基过渡段实车动力学测试等方法,进行了系统的研究。研究思路及主要研究内容如下:

1)无砟轨道路基过渡段动力学特性仿真分析

建立了五种过渡段列车—轨道—线下基础耦合动力学分析模型,开展了无砟轨道路基过渡段动力学特性的仿真分析,对行车速度、过渡段不均匀沉降控制标准、过渡段刚度标准、过渡段设置长度等影响进行了分析,以轨道及路基动力学评价指标为基础,分析了影响列车安全舒适运行的无砟轨道路基过渡段主要因素及结构设计控制条件,提出了无砟轨道路基过渡段控制标准的建议意见。

2)无砟轨道路基过渡段结构变形数值计算分析

建立了五种过渡段基于轨道与路基共同作用的路基过渡段空间结构数值分析模型,开展了路基过渡段空间结构在列车轮载作用下的力学响应数值计算,分析了路基过渡段空间结构的材料性质及几何尺寸等设计参数指标对路基过渡段性能指标的影响规律,对路基过渡段典型结构的刚度及其变化特点进行了初步评价,并提出了修改建议。

3)无砟轨道路基过渡段典型结构材料试验及刚度模拟测试分析

针对遂渝铁路无砟轨道路基过渡段典型结构形式,选定了在结构类型、填料性质、碾压标准等方面均具有代表性的工点,进行了室内材料试验和现场原位加载试验,测试了在模拟荷载作用下路基过渡段结构刚度及沿线路纵向的变化,分析了路基过渡段结构的刚度与路基基床各结构层填料性质的关系。

4)无砟轨道路基过渡段实车动力学测试及纵向刚度匹配效果验证

结合遂渝线无砟轨道综合试验段实车综合试验,对典型路基过渡段结构进行了实车动力学测试分析，分析了路基结构及刚度匹配与过渡段结构动力响应的关系，验证了几种典型路基过渡段的结构形式、设置长度、刚度匹配的工程有效性，提出了修改和完善无砟轨道路基过渡段结构设计的建议。

6.2 路基过渡段动力仿真分析[52]

6.2.1 研究方法及分析模型与条件

1）研究方法及分析模型

列车通过无砟轨道过渡段，在理论上是一个车辆轮轨与线下基础动态相互作用过程。图6-1～图6-5为列车－无砟轨道过渡段的五类动力学模型。

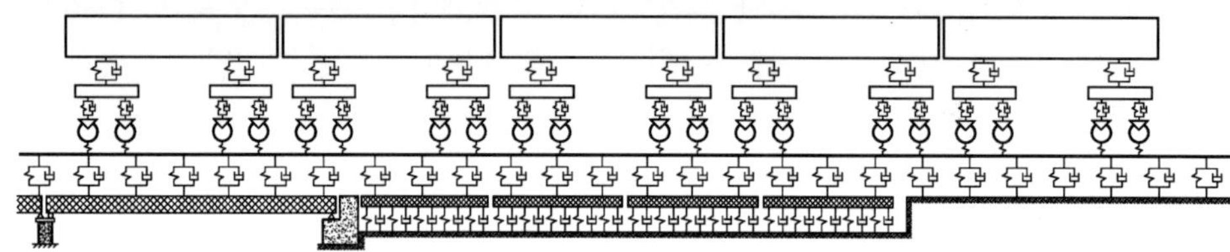

图6-1 列车－无砟轨道桥隧间短路基过渡段动力学模型

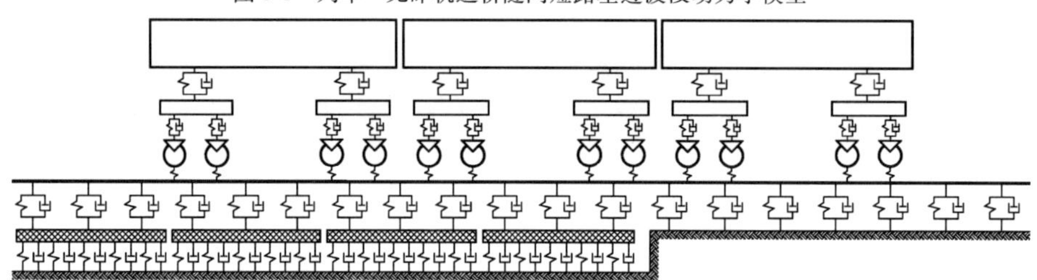

图6-2 列车－无砟轨道路隧过渡段动力学模型

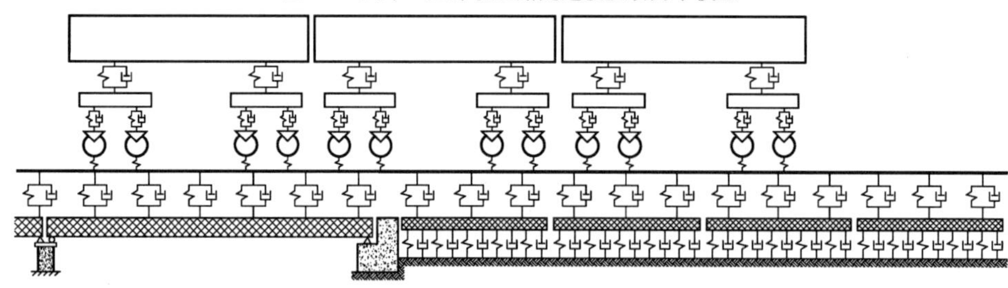

图6-3 列车－无砟轨道路桥过渡段动力学模型

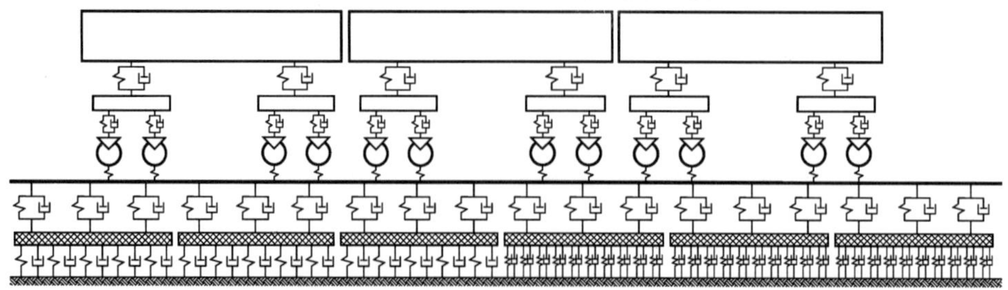

图6-4 列车－无砟轨道路堤与路堑过渡段动力学模型

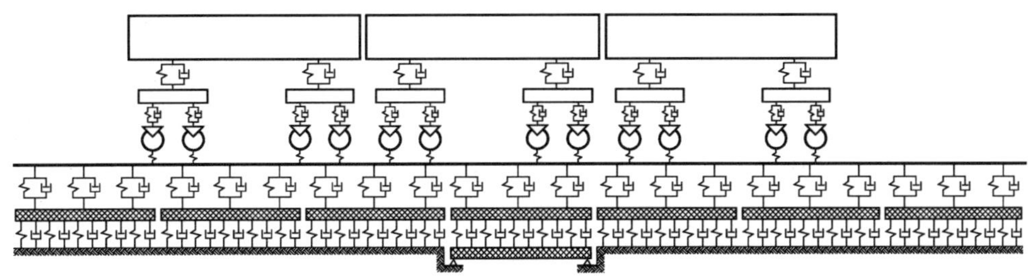

图6-5　列车－无砟轨道路涵过渡段动力学模型

2)线路条件及基本参数

钢轨采用100m长60kg/m U75V无孔热轧新轨。路基及隧道内无砟轨道采用WJ－7型弹性分开式扣件,扣件间距0.60～0.625m,扣件刚度35～55kN/mm,桥上采用WJ－7型小阻力弹性分开式扣件。无砟轨道结构形式主要有双块式无砟轨道、板式轨道(含平板型、框架型和减振型板式轨道、纵连板式轨道)、轨枕埋入式轨道等,各种轨道结构的基本参数见表6-1。

遂渝线无砟轨道基本参数　　表6-1

轨道类型	平板型轨道板	框架型轨道板	CA砂浆弹性模量及厚度	底座宽度及厚度	道床板弹性模量及尺寸	支承层宽度及厚度	仰拱回填混凝土
隧道内平板型板式轨道	C60 36000MPa P4930		100～300MPa 50mm	C40 32500MPa 2.8×0.16m			C25 28000MPa
隧道内框架型板式轨道		C60 34500MPa KJ4930	100～300MPa 50mm	C40 32500MPa 2.8×0.16m			C25 28000MPa
路基上平板型板式轨道	C60 36000MPa P4930		100～300MPa 50mm	C40 32500MPa 3.2×0.30m			
路基上框架型板式轨道		C50 34500MPa KJ4930	100～300MPa 50mm	C40 32500MPa 3.2×0.30m			
路基上减振型板式轨道	C60 36000MPa P4930		100～300MPa 40mm	C40 32500MPa 3.2×0.30m			
桥上框架型板式轨道		C50 34500MPa KJ4856	100～300MPa 50mm	C40 32500MPa 2.8×0.16m			
路基上双块式无砟轨道					C40、32500MPa 4.98×2.8×0.25、0.30m	C20 3.6×0.30m	
隧道内双块式无砟轨道					C40、32500MPa 4.98×2.8×0.25、0.3m		C25 28000MPa
桥上双块式无砟轨道				C40 32500MPa 2.8×0.17m	C40、32500MPa 4.856×2.8×0.30m		
车站内轨枕埋入式轨道					C40、32500MPa 6×3×0.35m 宽度渐变		

板式轨道路基基床表层级配碎石一般厚0.4m,个别地段厚0.7m;底层A、B组填料路堤地段厚2.3m,路堑地段厚1.0m~2.3m。双块式无砟轨道路基基床表层级配碎石厚0.4m;底层A、B组填料路堤一般地段厚2.3m,路堑地段厚1.0~2.3m。路基基床表层压实标准、基床底层压实标准、基床以下部分填土压实标准见表6-2~表6-4。

路基基床表层级配碎石压实标准表 表6-2

填料	厚度(m)	压实标准			备注
		地基系数 K_{30}(MPa/m)	动态变形模量 E_{vd}(MPa)	孔隙率 n(%)	
级配碎石	0.70	≥190	≥55	<18	路堤
级配碎石	0.55	≥190	≥55	<18	易风化软质岩、风化严重硬质岩及土质路堑
中粗砂	0.15	≥130	≥45		

路基基床底层压实标准表 表6-3

填料	厚度(m)	压实标准	粗粒土	碎石类
A、B组填料	1.0~2.3	地基系数 K_{30}(MPa/m)	≥130	≥150
		二次变形模量 E_{v2}(MPa)	≥80	≥60
		孔隙率 n(%)	<28	<28

路基基床以下部分填土压实标准表 表6-4

填料	压实标准	细粒土
红层泥岩填料	地基系数 K_{30}(MPa/m)	≥100
	压实系数 K	≥0.95

3)无砟轨道路基面支承刚度模拟

路基面支承刚度是评价无砟轨道路基性能的一项重要综合指标。路基面支承刚度的定义:使路基顶面产生单位下沉时所必须施加于路基顶面单位面积上的压力,单位为MPa/m。它表示路基和地基的弹性特征,其数值受到路基和地基的材质、状态的影响。

以双块式无砟轨道为例,土质路基上双块式无砟轨道的结构及上部荷载扩散传递如图6-6、图6-7所示。

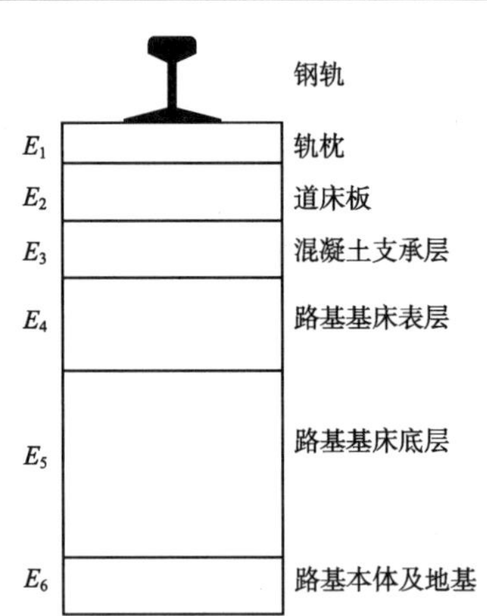

图6-6 双块式无砟轨道铁路路基结构示意图

为了分析路基面支承刚度对轮轨系统的动力影响,可将轨下基础及路基简化成图6-8所示的三层结构。

无砟轨道结构路基面的支承刚度可采用如下公式进行换算:

$$k = E_3/h^* \tag{6-1}$$

$$h^* = 0.83 \times h_1 \times \sqrt[3]{E_1/E_3} + c \times h_2 \times \sqrt[3]{E_2/E_3} \tag{6-2}$$

对于水泥稳定级配碎石,可取$C=0.83$。

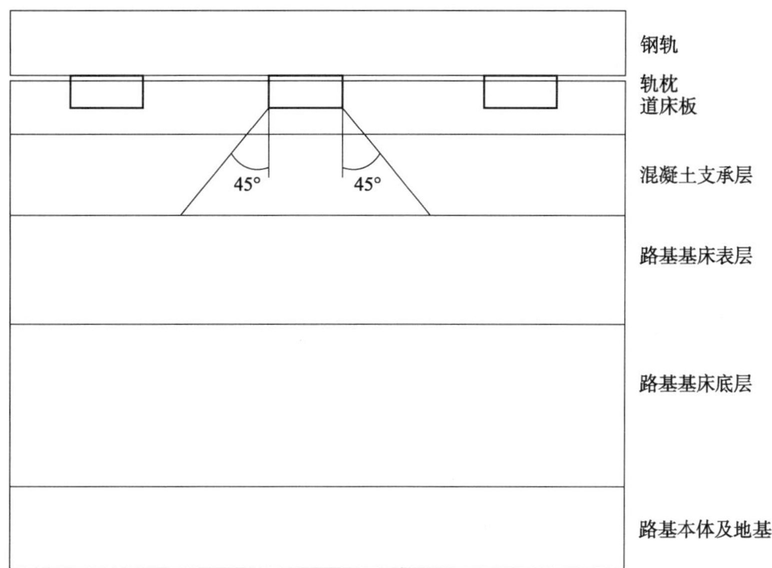

图6-7 双块式无砟轨道铁路路基荷载扩散示意图

图6-8 双块式无砟轨道铁路轨下基础及路基结构简化示意图

E_3 为路基的弹性模量,工程设计计算中近似取为变形模量 E_{v2}。

对于遂渝线上路基上双块式无砟轨道,$E_1 = 32500$MPa,$h_1 = 0.35$m,$E_2 = 5000$MPa,$h_2 = 0.3$m。由式(6-1)、式(6-2)可计算出不同 E_3 所对应的路基面支承刚度 k,如表6-5所示。

路基面支承刚度与路基弹性模量的关系 表6-5

路基弹性模量 E_3(MPa)	路基支承面刚度 k(MPa/m)	路基弹性模量 E_3(MPa)	路基支承面刚度 k(MPa/m)
10	1.59×10^1	90	2.98×10^1
20	4.01×10^1	100	3.43×10^1
30	6.89×10^1	110	3.90×10^1
40	1.01×10^1	120	4.38×10^1
50	1.36×10^1	130	4.87×10^1
60	1.74×10^1	140	5.37×10^1
70	2.13×10^1	150	5.89×10^1
80	2.55×10^1	160	6.42×10^1

续上表

路基弹性模量 E_3(MPa)	路基支承面刚度 k (MPa/m)	路基弹性模量 E_3(MPa)	路基支承面刚度 k (MPa/m)
170	6.96×10^1	1000	7.39×10^2
180	7.51×10^1	2000	1.86×10^3
190	8.07×10^1	5000	6.32×10^3
200	8.65×10^1	20000	4.01×10^4
500	2.93×10^2		

对于不同的路基结构,弹性模量各不相同。我国在客运专线无砟轨道设计指南中规定,级配碎石的变形模量 $E_{v2}\geqslant$120MPa,A、B 组填料及改良土的变形模量 $E_{v2}\geqslant$60MPa;对于 A、B 组填料中掺入 5% ~8% 水泥的强化路基,其弹性模量为 800 ~2000MPa;对于混凝土构筑的刚性基础,其弹性模量可取为 20000MPa。

路基刚度分析范围为 10 ~40000MPa/m。具体包括 10MPa/m、50MPa/m、100MPa/m、500MPa/m、1500MPa/m、5000MPa/m、10000MPa/m、40000MPa/m。

4)无砟轨道路基不均匀沉降模拟

无砟轨道结构沿线路纵向在上部结构或线下基础中的不连续性是很不利的,在轨道结构不连续点将会出现应力峰值,如图 6-9 所示。无砟轨道的地基结构还应尽量避免线路运营后的维护工作。大范围的长波形状的基础沉降,随时间的推移趋于稳定,在不超过允许的下凹变形情况下,不会对上部结构造成不利的影响。但为了保证车辆行驶时的舒适度要求,基础下凹变形应满足线路竖曲线圆顺的要求。基础沉降后的线路竖曲线应与行车速度协调一致,有关研究表明,基础沉降后的线路竖曲线应满足:竖曲线半径 $r_a\geqslant0.4v_E^2$,基础允许沉降变形为 $\Delta h=\Delta l^2/4r_a$。

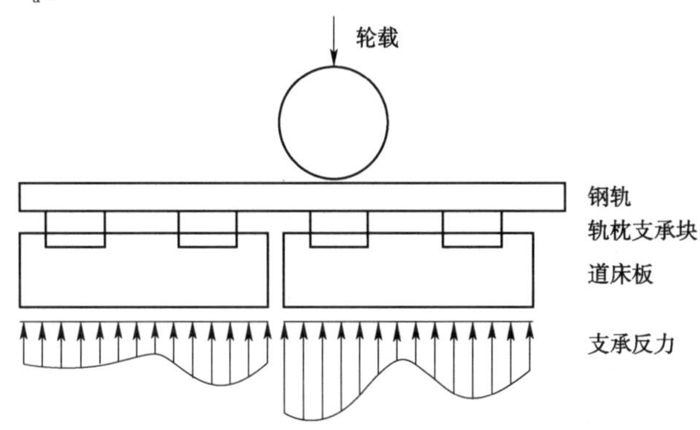

图 6-9　轨道结构不连续点出现应力峰值

对上部结构不利的是线下基础出现短波形状的沉降差,因为这会影响行车的舒适度和安全度。因此在过渡段设计中应尽量维持结构的连续性,尤其应注意路桥、路隧、路涵、路堤与路堑之间的过渡段结构或者是地质结构的突变点。在设计之初,应不考虑较大的沉降允许值和钢轨扣件所具有较大的调节量,尽量降低沉降差对钢轨扣件调节量的要求,对影响钢轨扣件的线下基础沉降差必须严格规定限值。

对于调高量为 30mm 的扣件,如果允许在施工中调高 +6mm 和 -4mm,那么只剩 20mm 可以调整,再考虑轨道结构变形要留有 5mm 的余量,实际留给运营部门的可用于路基沉降调整的仅为15mm,此为局部调整的极限。对于20m范围内的情况,德国规范规定可以到20mm。对于更大范围的沉降,德国的经验是扣件运营可调整范围的3倍,但德国规范规定为扣件可调整范围的2倍,也就是30mm。

下面将结合遂渝线无砟轨道试验铁路过渡段工程,对过渡段变形折角控制标准、基础不均匀沉降控制标准等进行动力学仿真分析。

6.2.2 过渡段动力学仿真分析

路基过渡段动力学分析,可以归结为线下基础刚度差、沉降差、不均匀沉降三类问题。通过研究不同车辆类型、不同行车速度、路基面支承刚度、过渡段基础沉降差、路基不均匀沉降等对轮轨动作用力及行车安全性和舒适性的影响,分析提出无砟轨道路基过渡段结构设计的主要因素和控制条件。

1)行车条件与动力性能评价指标

针对遂渝线无砟轨道,在过渡段动力学分析中选用以下两种列车:

“长白山”快速旅客列车,行车速度取120km/h、160km/h、200km/h。

25t轴重双层集装箱重载货车,行车速度取80km/h、100km/h、120km/h。

具体的轮轨动力学性能评价指标包括:

①轮轨垂向力。

②轮重减载率。

③车体垂向振动加速度和Sperling平稳性指标。

④路基面动应力。

车体振动加速度和Sperling平稳性指标是评定机车车辆通过过渡段时动力学性能的两个基本指标。我国关于200~350km/h的轨检车动态不平顺管理标准、机车车辆运行平稳性标准如表6-6、表6-7所示。

高速铁路轨道不平顺动态管理标准　　表6-6

管理标准	车体垂向振动加速度(g)	车体横向振动加速度(g)
日常保养	0.10	0.06
舒适度	0.15	0.10
紧急补修	0.20	0.15

我国机车车辆平稳性评定等级(sperding指标)　　表6-7

平稳性等级	评定	机车	客车	货车
1级	优	<2.75	<2.5	<3.5
2级	良好	2.75~3.10	2.5~2.75	3.5~4.0
3级	合格	3.10~3.45	2.75~3.0	4.0~4.25

车辆运行安全性的动力学指标主要是轮重减载率,我国车辆动力学性能评定和试验鉴定规范规定:第一限值为0.65,第二限值为0.6。

轮轨系统动力作用的评价标准:快速旅客列车的轮轨作用力为170kN;重载列车的轮轨作用力为250kN。

2)线下基础变形折角动力分析

以遂渝线无砟轨道综合试验段的轨道及路基的设计参数为基本条件,研究分析快速旅客列车和重载货物列车通过无砟轨道线下基础过渡段存在沉降变形时的动力性能。过渡段变形折角分析范围为0.5‰、1.0‰、1.5‰、2.0‰、2.5‰、3.0‰。

(1)快速客车作用下的仿真计算结果及分析

图6-10~图6-12给出了不同速度条件下轮轨动力学指标随线下基础变形折角的变化规律。

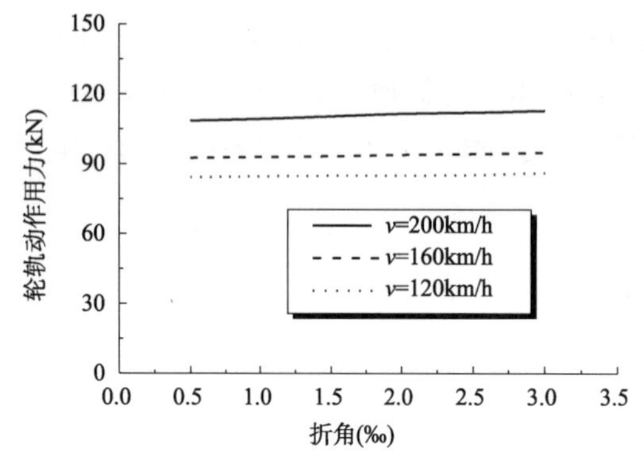

图6-10　线下基础变形折角对轮轨动作用力的影响

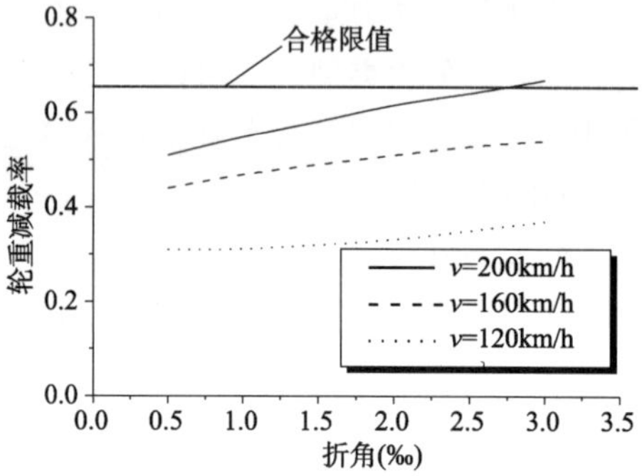

图6-11　线下基础变形折角对轮重减载率的影响

据动力仿真计算结果可知:

①快速客车通过基础过渡段时,在相同速度条件下,折角大小引起的轮轨动作用力变化不明显,但折角大小相同时,速度越大,轮轨垂向力越大。且在200km/h行车条件下,轮轨垂向力为110kN左右,约为静轮载(58kN)的2倍;而当速度为160km/h及其以下时,动荷载是静轮载的50%左右,轮轨动作用力变化不大。

②不同速度快速客车作用下的轮重减载率随折角的增加而增大。在120km/h及160km/h行车速度条件下,折角从0.5‰~3.0‰变化时,轮重减载率均小于安全标准限值0.6;当速度提高到200km/h时,若折角不超过1.5‰,则轮重减载率小于安全限值,但当过渡段折角为3.0‰时,轮重减载率将达到0.67,超出合格限值范围,属不合格。

③不同速度下快速客车车体垂向振动加速度随折角变化较明显,均随折角的增加而增大。在仿真计算范围内,速度为160km/h及120km/h下的所有加速度均小于舒适度限值0.13g;对于200km/h的行车速度,如果折角小于1.5‰,则加速度值均小于0.13g,满足快速行车的舒适性要求,如果折角为1.5‰及其以上时,加速度大于0.13g,不能满足快速行车的舒适性要求。

(2)25t轴重双层集装箱货物列车作用下的仿真计算结果及分析

25t轴重双层集装箱货物列车以不同速度通过线下基础过渡段不同大小折角时,变化规律如图6-13~图6-15所示。

据动力仿真计算结果可知:

①25t轴重双层集装箱货物列车通过基础过渡段时,在所有行车速度下,轮轨垂向动作用力随折角的增加而增大,且速度越高,轮轨力越大,最大值为175.81kN,小于安全允许限值250kN。另外,轮轨力的变化范围为140~176kN,为静轮载的1.12~1.41倍,动态变化较小。

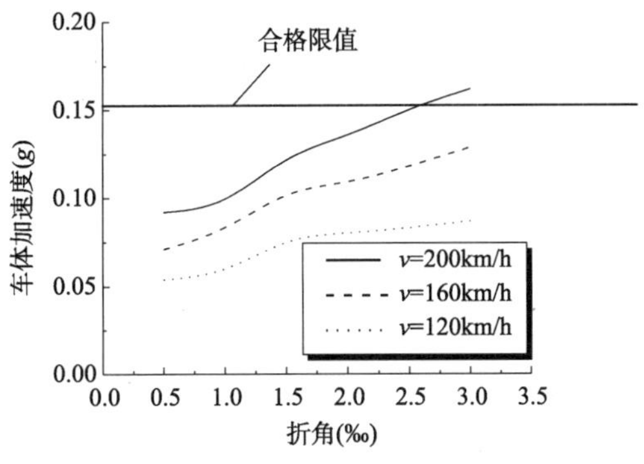

图6-12 线下基础变形折角对车体加速度的影响

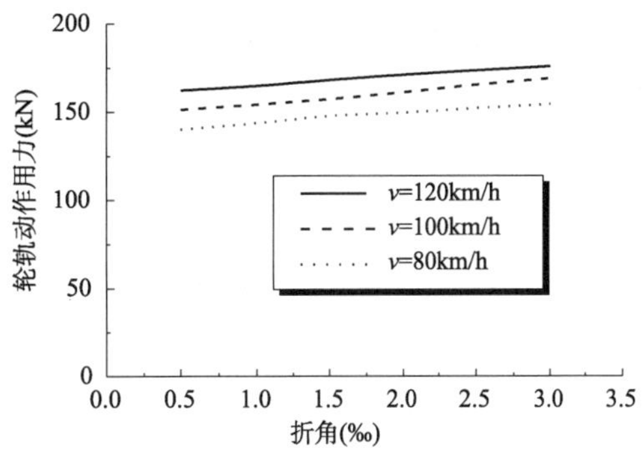

图6-13 线下基础变形折角对轮轨动作用力的影响

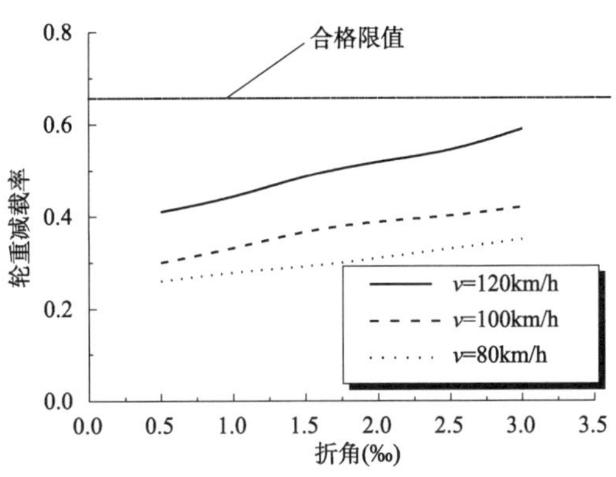

图6-14 线下基础变形折角对轮重减载率的影响

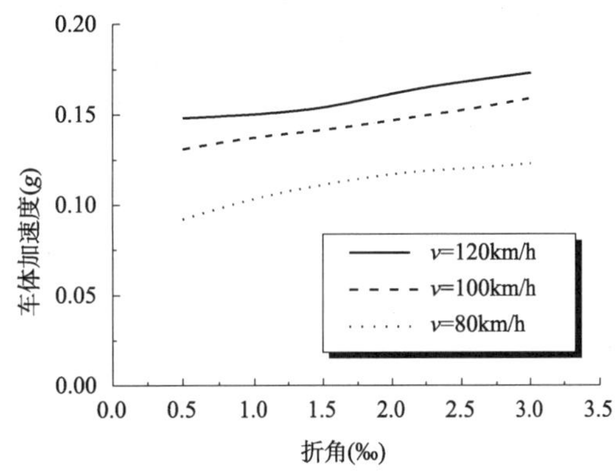

图6-15 线下基础变形折角对车体加速度的影响

②重载货车通过过渡段时，如果速度不高于120km/h且折角大小不超过3.0‰，则所有行车安全性指标及舒适性指标均合格。在相同速度下，减载率随折角的增大而增加，120km/h速度下的增加幅度较其余速度（100km/h、80km/h）下的幅度要大。在相同折角条件下，速度越大，减载率也越大。

③若速度相同，折角越大，车体加速度越大；若折角相同，速度越大，车体加速度也越大。另外，所有工况的车体加速度值均在0.2g以下，低于安全合格限值0.7g，属合格。

3）路基支承刚度动力分析

以路基基床表层地基系数190MPa/m、基床底层地基系数110MPa/m为标准路基刚度，通过改变路基刚度的方法（与标准路基刚度的比值）来近似模拟各种路基支承条件。图6-16～图6-20为快速旅客列车以200km/h速度通过不同路基支承条件下的板式轨道时轮轨系统动力响应。

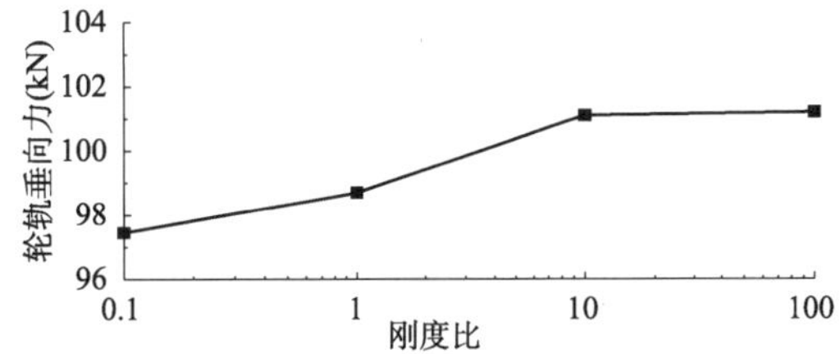

图6-16 快速旅客列车通过板式轨道不同路基支承条件时的轮轨垂向力

从计算结果可以看出，路基支承刚度对轮轨作用力以及钢轨支点压力大小的影响相对较小，影响较大的是钢轨位移、路基面位移和路基面动应力。路基支承刚度太小，钢轨和路基面的位移就很大，在长期列车荷载作用下塑性变形较大，难以保证线路的平顺性。路基支承刚度太大，路基面的动应力就大大增加，也容易使土质路基产生破坏。

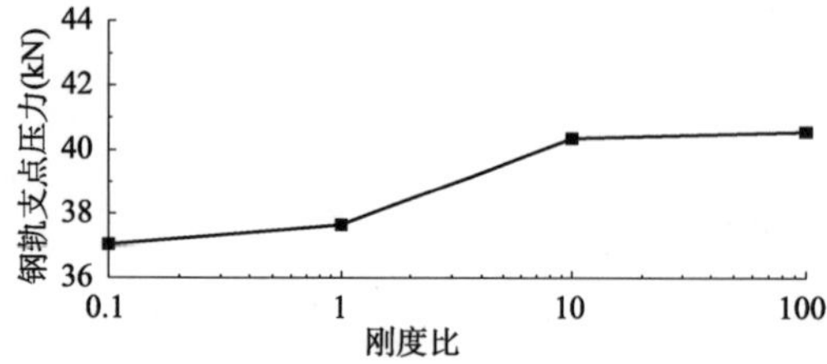

图 6-17　快速旅客列车通过板式轨道不同路基支承条件时的钢轨支点压力

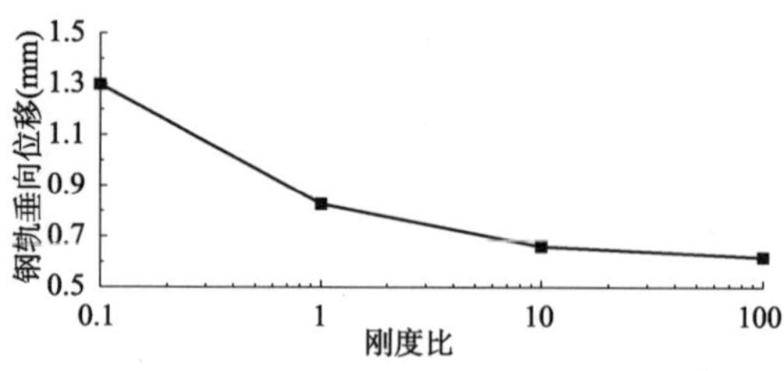

图 6-18　快速旅客列车通过板式轨道不同路基支承条件时的钢轨垂向位移

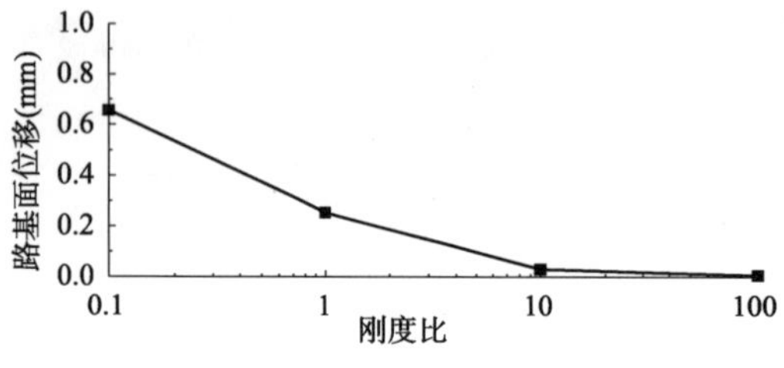

图 6-19　快速旅客列车通过板式轨道不同路基支承条件时的路基面位移

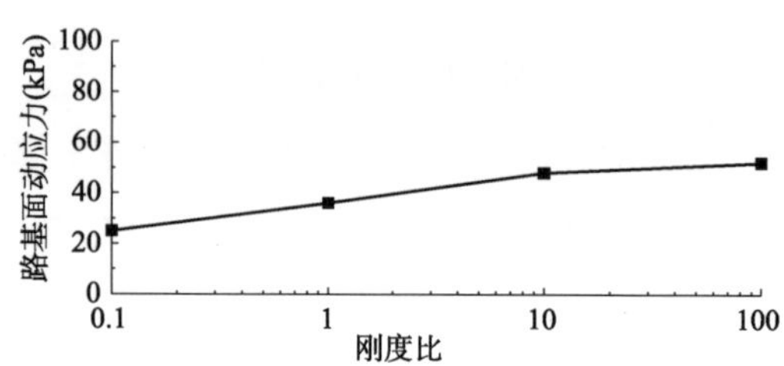

图 6-20　快速旅客列车通过板式轨道不同路基支承条件时的路基面动应力

4）无砟轨道路基不均匀沉降动力分析

德国铁路规范规定，20m 范围内的路基沉降控制标准为 20mm，在与桥隧等圬工结构相连的回填土地段，要求至少在 20m 长度的线路范围内，回填土与圬工结构的沉降差不大于 30mm。日本新干线规定半正弦波形的路基沉降限值为 $L/1600$（L 为波长）。

根据过渡段线下基础变形折角限值的分析结果，其限值标准为 1.5‰，这与德国的标准一致。下面将对路基不均匀沉降进行动力分析，波长分析范围为 20m、30m、40m，沉降幅值分析范围为 10mm、20mm、30mm、40mm。由于路基不均匀沉降属线路局部不平顺，因此分析中不考虑随机不平顺的影响。

图 6-21 ~ 图 6-23 为 20m 波长线下基础不均匀沉降幅值对轮轨系统的动力影响。

图 6-24 ~ 图 6-26 为 30m 波长线下基础不均匀沉降幅值对轮轨系统的动力影响。

图 6-27 ~ 图 6-29 为 40m 波长线下基础不均匀沉降幅值对轮轨系统的动力影响。

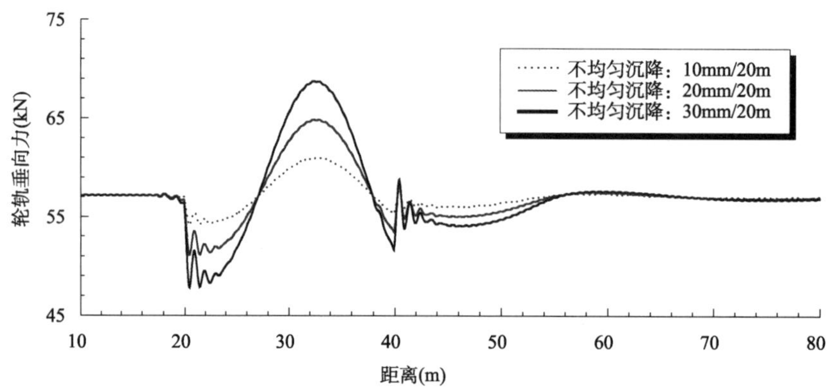

图 6-21　20m 波长线下基础不均匀沉降对轮轨垂向力的影响（快速旅客列车）

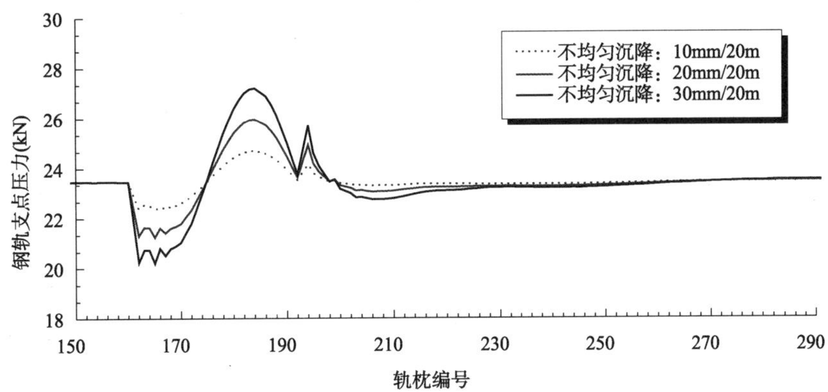

图 6-22　20m 波长线下基础不均匀沉降对钢轨支点压力的影响(快速旅客列车)

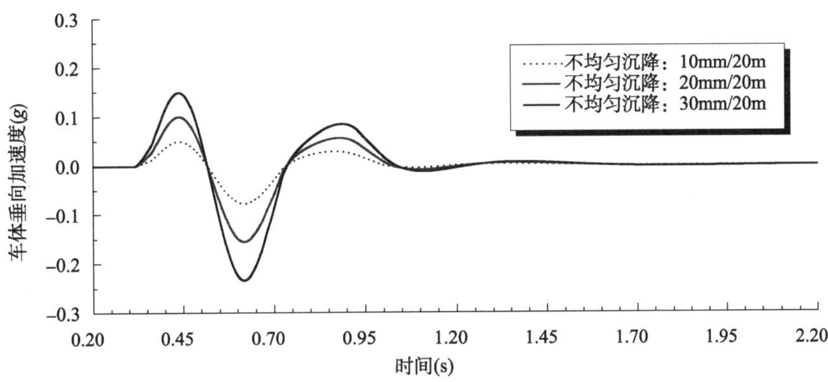

图 6-23　20m 波长线下基础不均匀沉降对车体垂向加速度的影响(快速旅客列车)

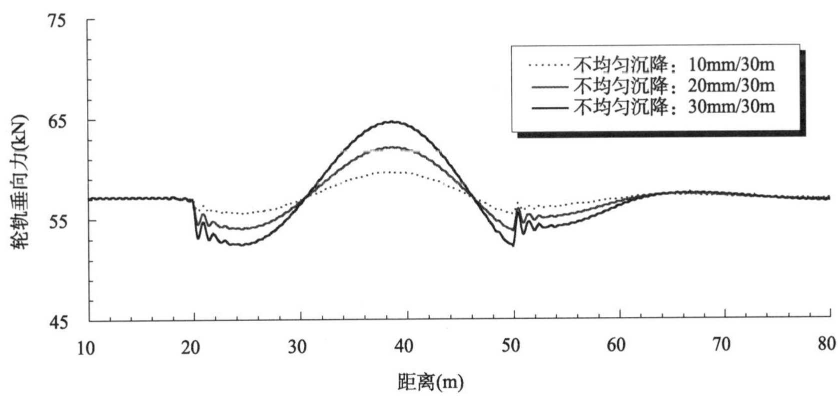

图 6-24　30m 波长线下基础不均匀沉降对轮轨垂向力的影响(快速旅客列车)

图 6-30 为路基不均匀沉降的波长及幅值对行车舒适性的影响。

从图 6-30 的动力仿真计算结果可以看出,对于 0.15g 的车体加速度舒适度标准,20m 波长的路基不均匀沉降限值为 19mm,30m 波长的路基不均匀沉降限值为 26mm,40m 波长的路基不均匀沉降限值为 38mm,分别相当于 L/1053、L/1154、L/1053。可见,从保证行车舒适性的角度出发,应该将路基的不均匀沉降限制在 L/1200 以下。

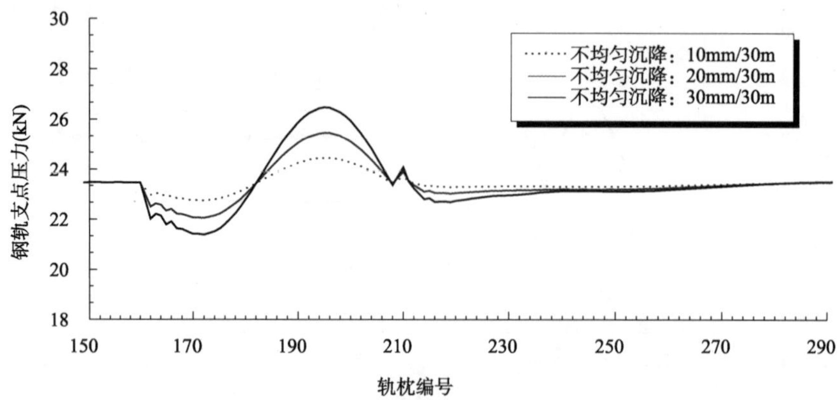

图 6-25　30m 波长线下基础不均匀沉降对钢轨支点压力的影响（快速旅客列车）

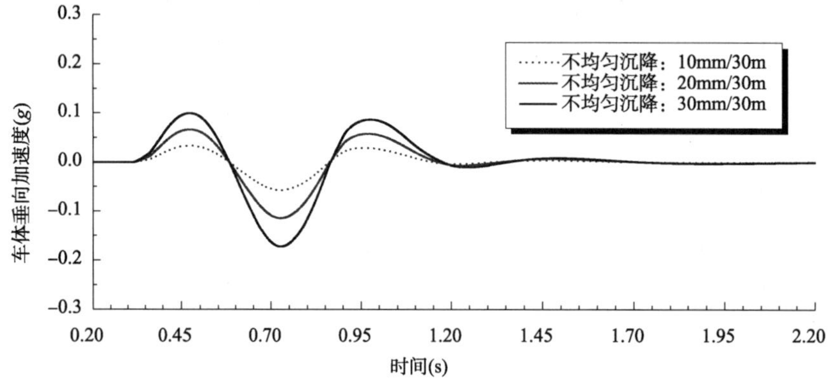

图 6-26　30m 波长线下基础不均匀沉降对车体垂向加速度的影响（快速旅客列车）

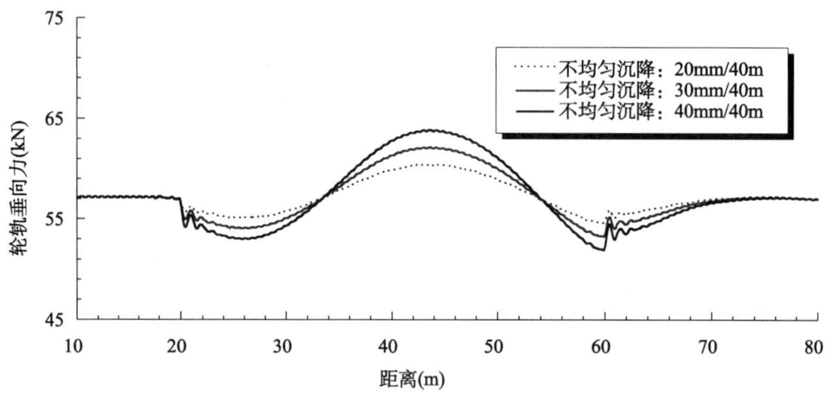

图 6-27　30m 波长线下基础不均匀沉降对轮轨垂向力的影响（快速旅客列车）

5）线下基础纵向刚度匹配动力分析

（1）轨下基础刚度差的动力特性

当无砟轨道线下基础的刚度差较大时，轮轨动力作用将非常明显。假设线路一侧的轨下基础线刚度为 15MN/m，另一侧轨下基础线刚度为 60MN/m。图 6-31、图 6-32 为轴重 19.5t的高速机车以 300km/h 速度通过轨下基础线刚度突变处时，轮轨垂向力、枕上压力、钢轨垂向位移、车体垂向振动加速度的动力响应。

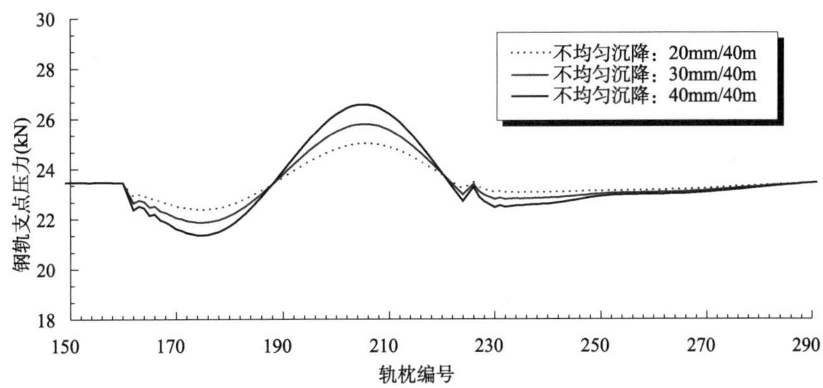

图 6-28　30m 波长线下基础不均匀沉降对钢轨支点压力的影响(快速旅客列车)

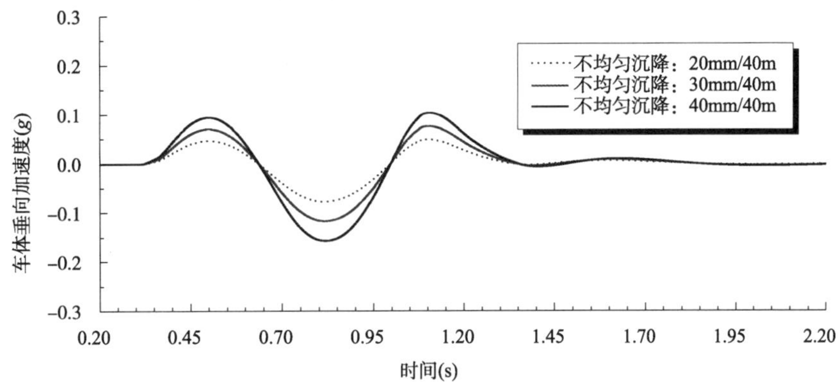

图 6-29　30m 波长线下基础不均匀沉降对车体垂向加速度的影响(快速旅客列车)

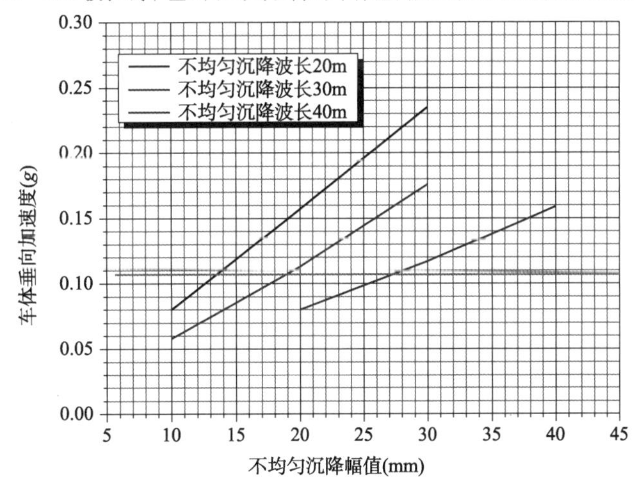

图 6-30　路基不均匀沉降对车体垂向加速度的影响(快速旅客列车)

从计算结果可见,由于轨下基础刚度差导致轮载作用下产生钢轨挠度差,进而引起轮轨动力冲击作用并激起车辆的振动。在轨下基础刚度突变处,枕上压力变化非常剧烈,在长期列车荷载作用下容易产生扣件失效、轨枕空吊或破损、道床下沉等线路病害,一旦线路出现病害,轮轨动力作用又将急剧恶化,严重影响行车的安全性和舒适性。因此,必须设置过渡段对轨道刚度进行过渡。

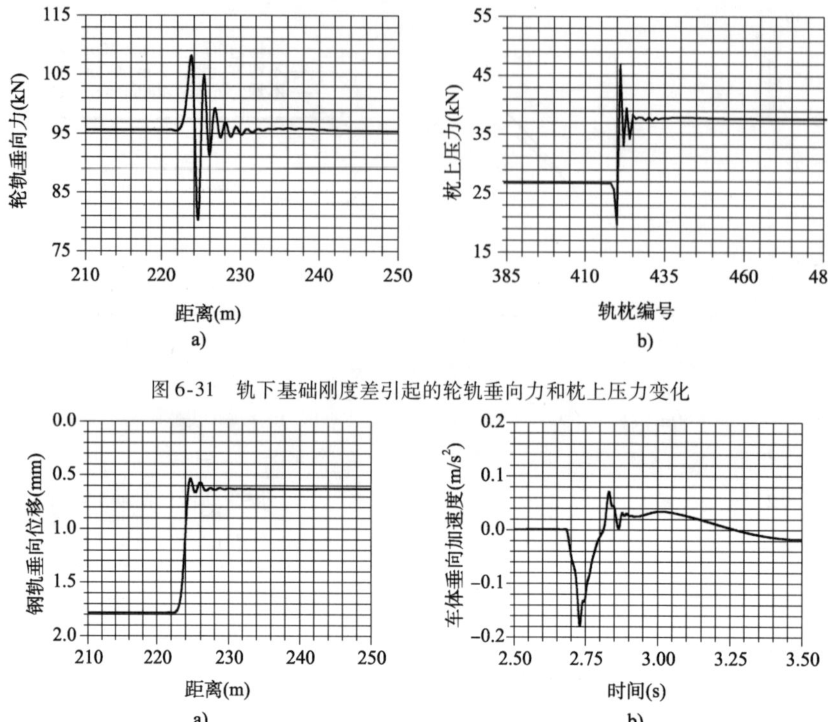

图6-31　轨下基础刚度差引起的轮轨垂向力和枕上压力变化

图6-32　轨下基础刚度差引起的钢轨垂向位移和车体垂向加速度变化

轨下基础的刚度差属于动力不平顺,必须用动力学的方法进行轨道刚度过渡段的设计和评估。当车辆通过轨道过渡段时,应满足行车安全性和舒适性的要求,同时应尽可能减轻轨道结构的动力作用水平。动力学分析表明"钢轨挠度变化率"(钢轨动挠度曲线的斜率)是有效评价轨下基础刚度差引起的轮轨动力作用以及过渡段长度影响的综合指标。

从图6-31、图6-32可以看出,在不设置过渡段的情况下,由轨下基础刚度差引起的轮轨力的有效衰减距离为5m左右,而车体加速度则达到15m左右。图6-33、图6-34为轨下基础刚度突变处设置不同过渡段长度条件下的钢轨挠度曲线及钢轨挠度变化率曲线。

图6-35给出了轨下基础刚度不同过渡段长度情况下,钢轨挠度变化率、车体振动加速度、轮轨动作用力、枕上压力的变化规律。

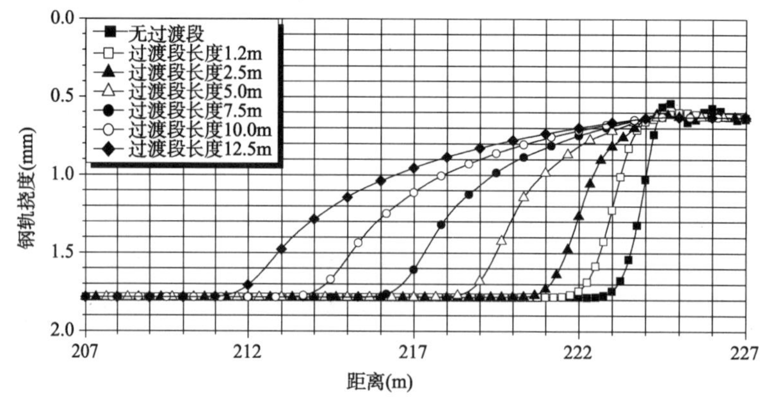

图6-33　不同过渡段长度下的钢轨挠度曲线

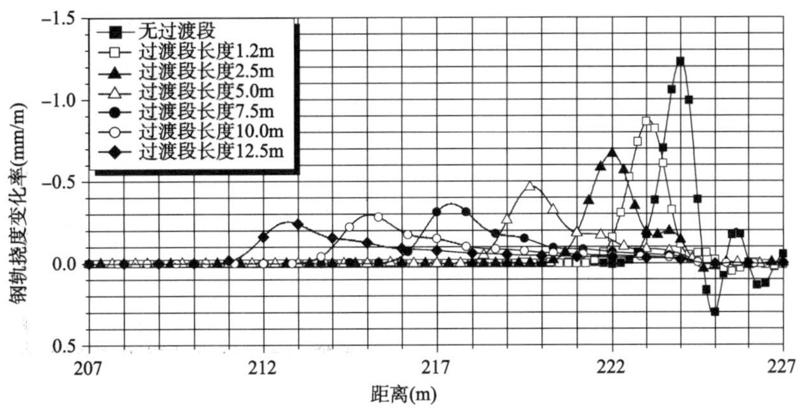

图6-34　不同过渡段长度下的钢轨挠度变化率曲线

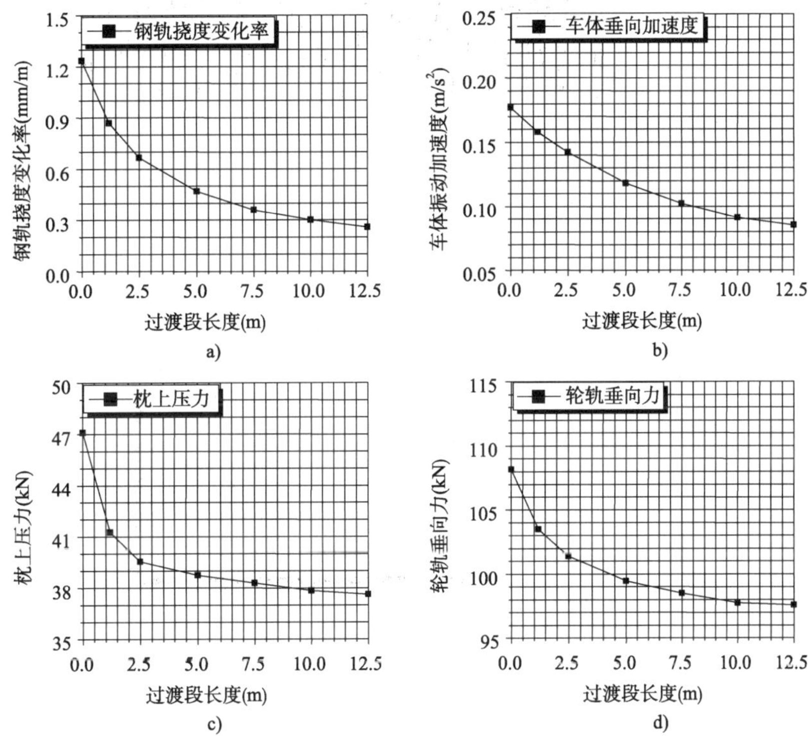

图6-35　不同过渡段长度时的动力特性

从动力仿真计算结果可见，为了保证高速铁路轨道结构的高平顺性，在轨下基础刚度突变处按较高的标准设置10m左右的刚度过渡段对于减轻轮轨动力作用和改善行车平稳性是非常有必要的，也就是说由于轨下基础刚度差引起的钢轨挠度变化率应控制在0.3mm/m以下。

(2)线下基础纵向刚度匹配的动力分析

针对无砟轨道桥隧构筑物与路基之间纵向刚度过渡问题，进行了动力学分析。研究中以最不利工况进行分析，桥隧构筑物上无砟轨道扣件刚度取为55kN/mm，路基上无砟轨道扣件刚度取为35kN/mm，扣件刚度的动静比取为1.5。

图 6-36 ~ 图 6-41 为快速客车以及重载货车通过桥隧构筑物上无砟轨道与路基上无砟轨道时，不同路基支承刚度条件下轮轨系统的动力响应。

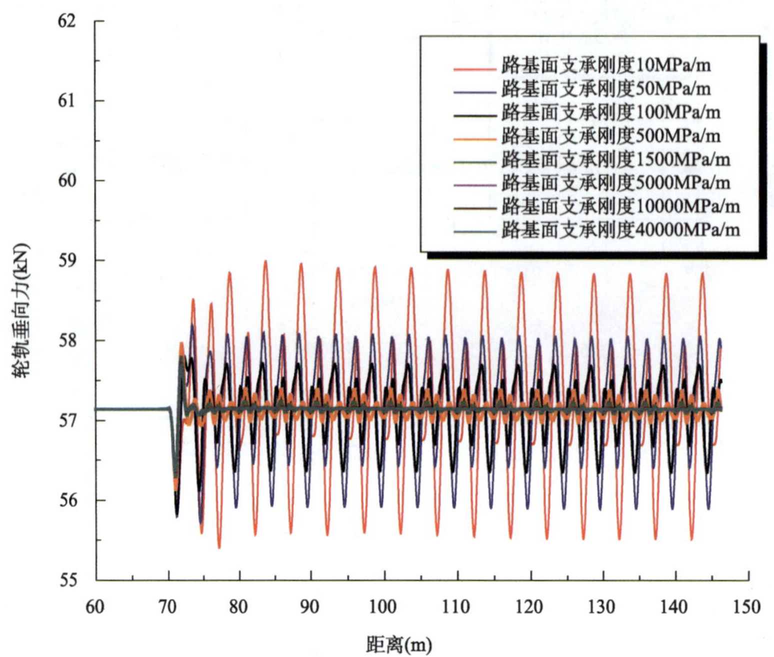

图 6-36　无砟轨道 - 无砟轨道过渡段轮轨垂向力(快速客车)

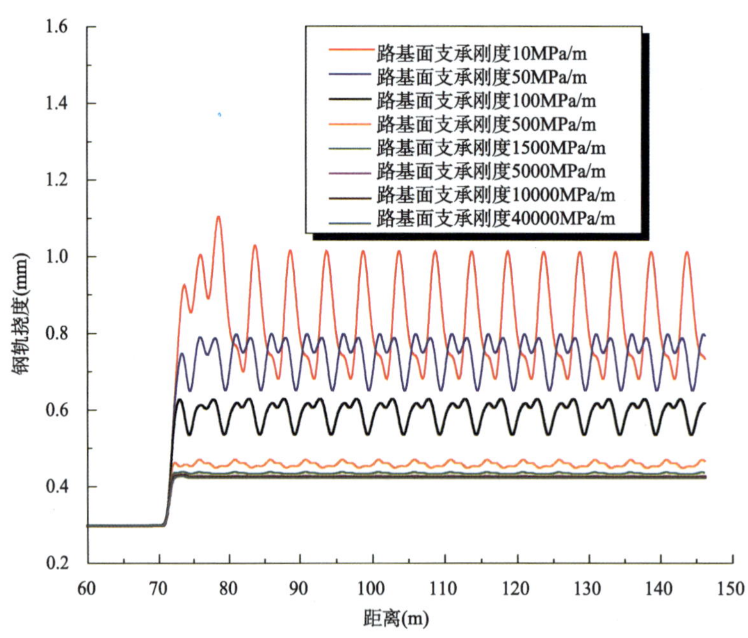

图 6-37　无砟轨道 - 无砟轨道过渡段钢轨挠度(快速客车)

从动力学仿真结果可以看出，路基上无砟轨道当路基支承刚度较小时，道床板在列车荷载作用下将发生“翘翘板”现象，路基支承刚度越小这种现象越严重，它对轨道结构及路基本身的受力和变形非常不利,同时还影响线路状态的稳定性。从轮轨力、钢轨挠度以及钢轨挠度变化率的动力仿真结果来看,路基上无砟轨道的路基面支承刚度合理范围大体应在 100 ~ 500MPa/m。路基面支承刚度超过 1000MPa/m 后对轮轨系统的动力影响已经非常有限了。

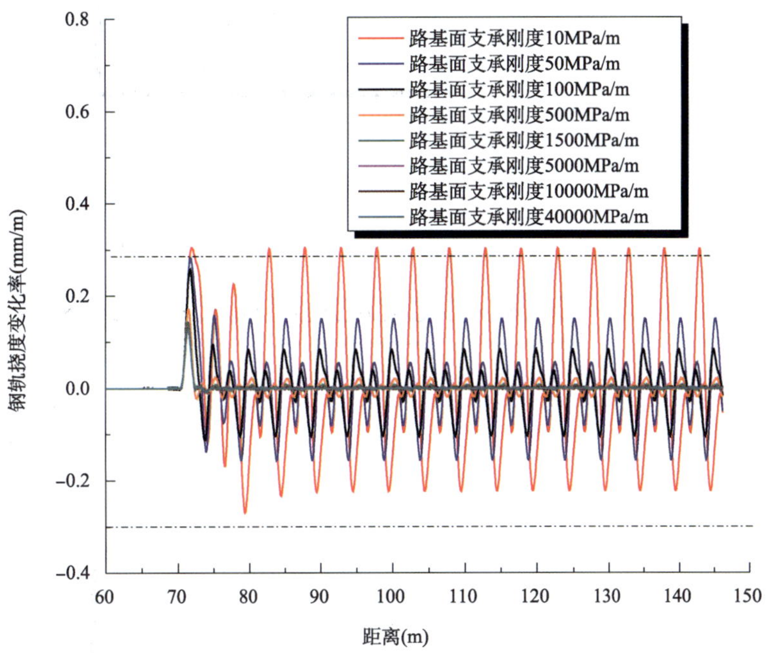

图 6-38　无砟轨道 - 无砟轨道过渡段钢轨挠度变化率(快速客车)

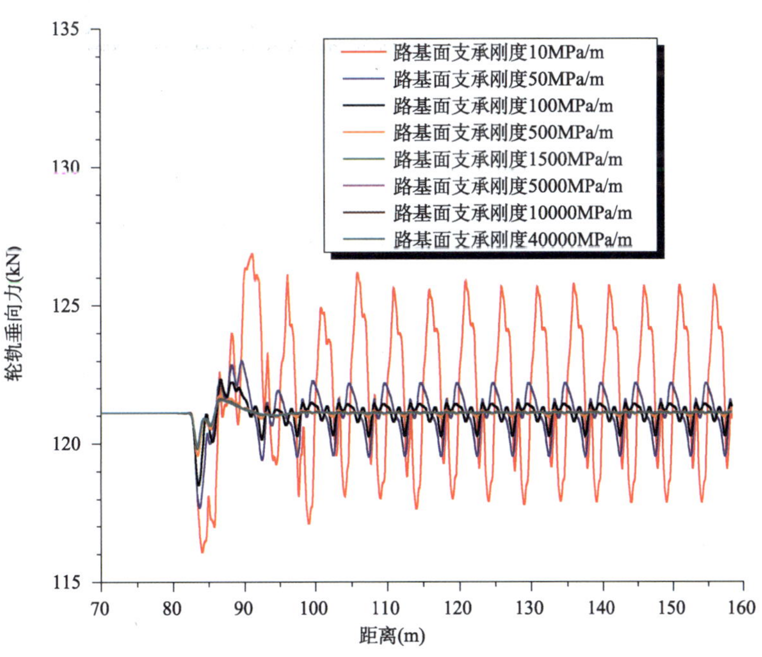

图 6-39　无砟轨道 - 无砟轨道过渡段轮轨垂向力(重载货车)

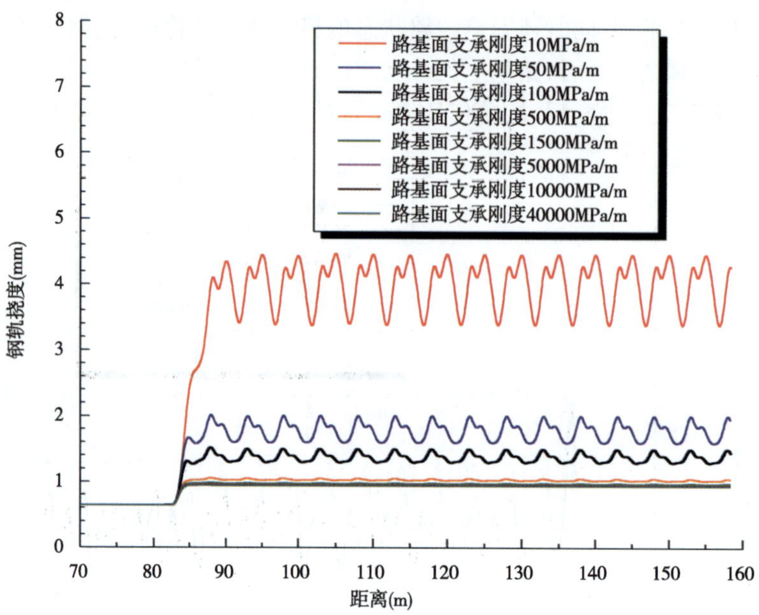

图 6-40　无砟轨道－无砟轨道过渡段钢轨挠度(重载货车)

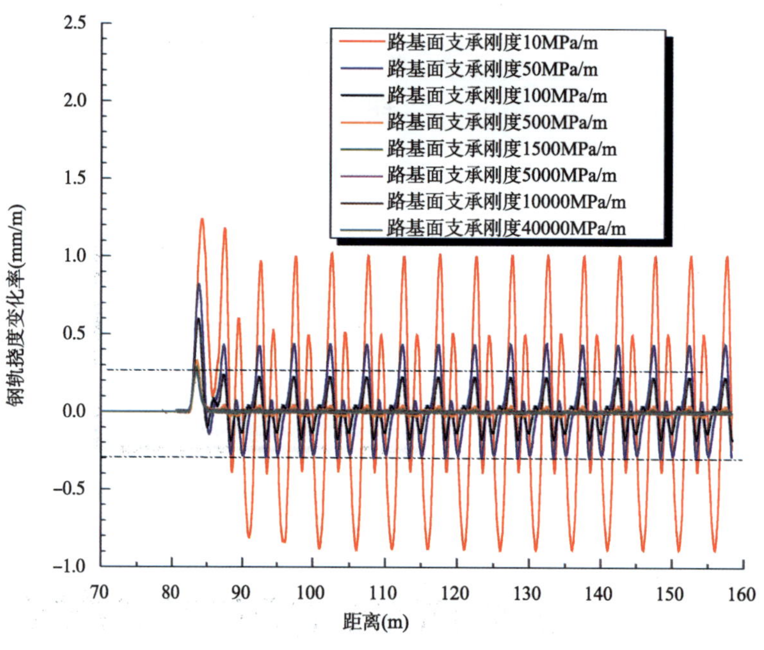

图 6-41　无砟轨道－无砟轨道过渡段钢轨挠度变化率(重载货车)

6.2.3　动力仿真分析结论及启示

应用列车－线路耦合动力学理论,针对遂渝线无砟轨道综合试验段路基与其他构筑物纵向刚度匹配和变形限值问题进行了研究分析,归纳出以下几点结论:

(1)快速旅客列车以 200km/h、重载货物列车以 120km/h 通过遂渝线过渡段时,过渡段折角限值主要受客车控制,从行车安全性和舒适性来考虑,折角限值为 1.5‰。

(2)通过不同波长的路基不均匀沉降限值分析,从保证行车舒适性的角度出发,应该将路基的不均匀沉降限制在 $L/1200$ 以下。

(3)钢轨挠度变化率(钢轨动挠度曲线的斜率)可以有效评价轨下基础刚度差引起的轮轨动作用力以及过渡段长度的综合影响。为了保证轨道结构的高平顺性,轨下基础刚度差引起的钢轨挠度变化率应控制在0.3mm/m以下。

(4)通过不同路基支承刚度条件下的轮轨动作用力、钢轨挠度、钢轨挠度变化率的动力学仿真分析,遂渝线无砟轨道路基面支承刚度最小值由重载货物列车控制,其合理值应为100~200MPa/m;在与桥台或隧道连接处,路基面支承刚度的经济合理值应为500~1000MPa/m。

6.3 路基过渡段结构数值分析

无砟轨道铁路对路基沉降变形限制严格,路基变形控制特别是路基沉降变形计算分析是无砟轨道铁路的关键技术之一。路基工作状态中,存在三种不同性质的沉降变形:

(1)列车荷载作用下的弹性变形;

(2)路基本体及地基的压密变形;

(3)路基在列车荷载作用下的累积塑性变形。

无砟轨道铁路建设中,十分重视列车路基本体及地基在自重作用下压密变形的控制,但对列车荷载作用下的弹性变形、路基在荷载作用下的累积塑性变形,还重视不够。路基过渡段,由于其纵向结构与材料的不均匀性,导致线路在重复荷载作用下累积变形的差异,成为影响、制约过渡段性能的重要因素。对路基累积变形进行分析,是预测无砟轨道路基设计年限内工后沉降及不均匀沉降的重要手段。

针对遂渝线无砟轨道综合试验段过渡段结构,应用ABAQUS软件,基于无砟轨道路基多层体系模型,建立五种典型过渡段空间结构数值分析模型,进行了路基及过渡段空间结构在列车轮载作用下的力学响应数值计算,分析路基及过渡段空间结构的材料性质及几何尺寸等设计参数对路基过渡段性能指标(结构性指标——应力、应变、变形等)影响规律,对路基及过渡段结构的刚度变化特点进行初步评价。

6.3.1 路基结构数值计算分析方法

ABAQUS是一套功能强大的基于有限元法的工程模拟软件,其解决问题的范围从相对简单的线性分析到最富有挑战性的非线性模拟问题。ABAQUS具备十分丰富的、可模拟任意实际形状的单元库,可以模拟大多数典型工程材料的性能,其中包括金属、橡胶、高分子材料、复合材料、钢筋混凝土、可压缩弹性的泡沫材料以及岩石和土等地质材料。作为通用的模拟分析工具,ABAQUS不仅能解决结构分析中的问题(应力/位移),还能模拟和研究如热传导、质量扩散、电子元器件热控制等多领域的问题。

图6-42为建立的以普通A型板式轨道为原型的数值计算模型,相关尺寸参数见表6-8。道床板和路基基床表层之间采用库仑摩擦接触形式,路基各结构层采用连续接触模型。边界条件:模型两横断面约束纵向位移,地基地面采用全约束形式。网格划分情况见图6-43,共划分了24064个单元。

模型尺寸参数　　表6-8

路基结构	模型1厚度 H_1(m)	模型2厚度 H_2(m)	模型3厚度 H_3(m)	m(边坡率)	路基结构	厚度 h(m)	宽度 b(m)	长度 L(m)
级配碎石	0.7	0.5	0.3	1:1.75	轨道板	0.19	2.4	9.91
A、B组填料	2.3	2.3	2.3		CA砂浆	0.05	2.4	
红层泥岩	3	3	3		道床板	0.3	3.2	
地基	3	3	3		级配碎石		3.9	

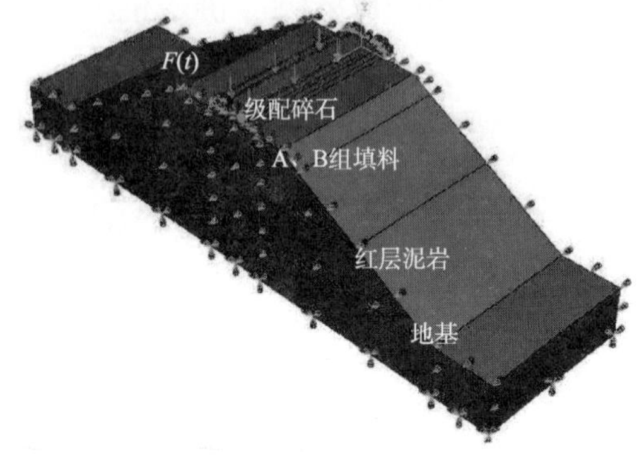

图6-42　计算模型

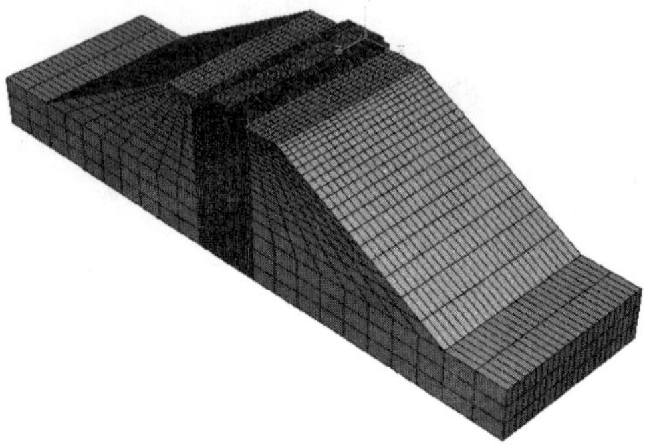

图6-43　网格划分示意图

1)路基结构响应计算结果分析

路基结构数值计算结果分析的结论如下：

(1)路基基床表层及底层在道床板边缘产生最大的动应力，且横向呈马鞍形分布特征。最大动应力从71.85kPa降为36.91kPa，衰减了约48.6%。路基及地基的动应力横向分布特征类似于正态分布形式。路基断面中应力等值线呈钟形曲线的分布形式。

(2)路基基床表层动应力的大小随基床表层刚度增大而略有提高。基床表层动应力的大小随基床底层刚度增大而呈减小趋势，下降速度大于基床表层刚度对其的影响。随基床底层刚度的降低，竖向应力的影响范围不断往下扩散，同时应力的影响范围也往两侧发展。因此基床底层在整个路基结构中也是很重要的一部分，提高其刚度有利于减小荷载应力的影响。

(3)随基床表层刚度的增加，最小主应变的绝对值呈减小趋势，且数值很小，随着基床表层刚度的减小，其对荷载的分散作用越弱，道床板边缘的应力集中现象越为明显。

(4)基床表层位移的大小随基床底层刚度的提高而减小，基床表层刚度每增加20MPa，其动位移减小约0.4mm。

(5)随基床表层刚度的增大，竖向加速度绝对值呈减小趋势，且当基床表层刚度大于160MPa时，其减小速度呈逐渐降低趋势。随基床底层刚度的增大，基床表层加速度呈下降趋势，基床底层刚度每增加20MPa，其加速度值减小约0.48～1.35m/s^2，因此加强基床底层刚度可以有效减小荷载产生的加速度，减小路基振动，提高其疲劳寿命，保证路基良好的路用性能。

(6)地基刚度存在一临界刚度为80MPa，当刚度值小于此值时，提高地基刚度可以有效降低基床表层的竖向动应力、最小主应变、动位移；当刚度值大于临界值时，可以有效降低振动加速度。

(7)随着基床表层厚度的减小,竖向应力影响范围不断扩大。同时,由钢轨两均布荷载传递下来产生的应力现象也越来越明显。说明随基床表层厚度的降低,动应力的作用更明显。随基床底层厚度的减小,道床板边缘应力作用传递至基床底层而产生的应变现象也开始明显,但相对基床表层厚度的减小而产生的现象要略为弱些。

(8)随列车荷载速度的提高,动应力的大小没有随速度的提高而增大,而是先呈现一上升趋势,并在约180km/h时出现了一次峰值现象;随着速度的继续提高,动应力表现出下降的趋势,并在约250km/h时,表现为极小值,继而随速度的提高呈现了增大的趋势,且上升速度较快。

(9)列车荷载速度对基床表层竖向位移的影响,其在180km/h和250km/h两种速度情况下所表现的两个峰值相对应力所表现的差值现象要略小一些。同时其上升及下降趋势都较为明显。

(10)随荷载速度的提高,加速度的增长开始变得缓慢,并在180km/h时表现为峰值现象。随荷载速度继续提高,加速度缓慢下降,在速度为250km/h时,达到最小值。继而随着荷载速度的提高,加速度迅速增大,因此在高速列车荷载作用下,加速度对路基的影响会较为显著,应加以重视。

(11)各力学响应绝对值均随列车轴重的增加而呈线性的增长方式。因此,随着铁路事业的迅速发展,列车轴重也在不断增加,对铁路路基的要求也就相应提高。

2)路基累积变形分析

现有各种预测土在重复荷载作用下的累积变形模型,其中最原始的模型是1975年Monismith提出的,如式(6-3)所示

$$\varepsilon_p = AN^b \tag{6-3}$$

式中:ε_p——累积变形(%);

N——荷载重复作用次数;

A、b——表征土的类型、性质、应力状态的参数。

$$\rho = \sum_{i}^{n} \varepsilon_p^i h_i \tag{6-4}$$

式中:ρ——累积变形(mm);

h_i——各划分层的高度。

采用上述预测累积变形的方法,将路堤和地基各划分为10层,通过ABAQUS计算荷载作用200万次情况下各划分层的累积变形,最终通过式(6-4)计算总的累积变形值。结果如表6-9所示。

一般路基累积变形预测 表6-9

路基结构	σ_s(kPa)	分层号	σ_d(kPa)	σ_d/σ_s	ε_p(%)	ρ'(mm)	ρ(mm)
路堤	90	1	22.680	0.252	0.787	4.653	11.503
		2	22.833	0.254	0.796		
		3	16.562	0.184	0.461		
		4	16.165	0.180	0.442		
		5	15.491	0.172	0.411		

续上表

路基结构	σ_s(kPa)	分层号	σ_d(kPa)	σ_d/σ_s	ε_p(%)	ρ'(mm)	ρ(mm)
路堤	90	6	15.065	0.167	0.392	4.653	11.503
		7	14.539	0.162	0.369		
		8	14.061	0.156	0.349		
		9	13.597	0.151	0.330		
		10	13.253	0.147	0.316		
地基	40	1	13.059	0.326	1.222	6.850	
		2	12.864	0.322	1.191		
		3	9.338	0.233	0.691		
		4	9.008	0.225	0.650		
		5	8.678	0.217	0.610		
		6	8.348	0.209	0.571		
		7	8.018	0.200	0.533		
		8	7.688	0.192	0.496		
		9	7.358	0.184	0.461		
		10	7.028	0.176	0.426		

计算结果表明:无砟轨道路基的荷载重复作用200万次情况下,总的累积变形为11.503mm,小于遂渝线15mm工后沉降的控制标准(表6-10)。

遂渝线工后沉降控制标准 表6-10

工后沉降(mm)	不均匀沉降(mm)	差异沉降(mm)	折　　角
≤15	≤20mm/20m	≤5	≤1/1000

6.3.2 无砟轨道路桥过渡段数值分析

1)结构形式和计算模型

遂渝线试验段中,路桥过渡段基本结构形式如图6-44所示。

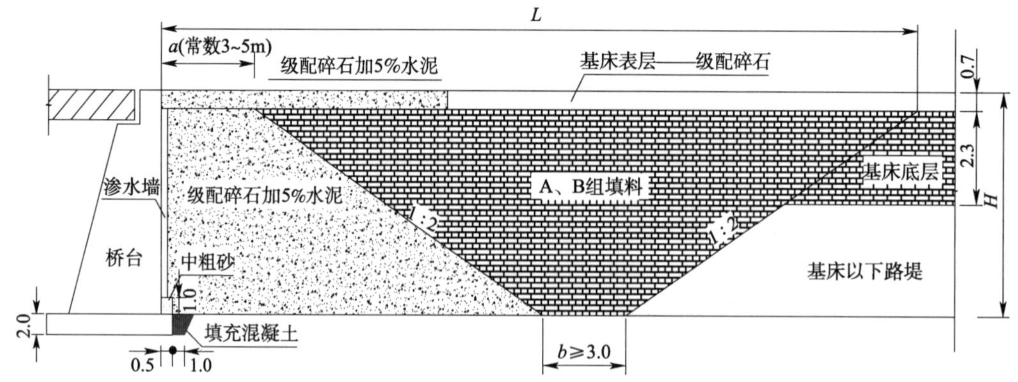

图6-44 路桥过渡段基本结构形式(尺寸单位:m)

路基与桥台连接处设置过渡段应符合下列规定：

过渡段长度按式(6-5)确定：

$$L = 4(H - h) + a + b \tag{6-5}$$

式中：L——过渡段长度(m)；

H——台后路堤厚度(m)；

h——路基基床表层厚度(m)；

a、b——常数(3～5m)。

过渡段计算模型如图6-45所示。

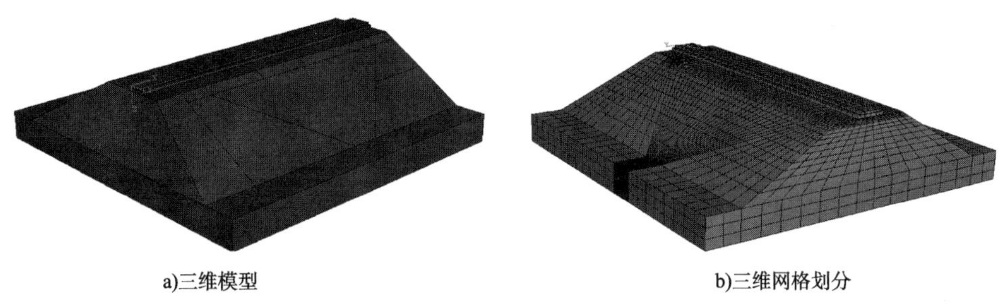

图6-45 有限元计算模型及网格划分

2)结构响应计算结果分析

结构响应计算结果分析得出结论如下：

(1)路基基床表层两种材料的交接处，容易产生应力波动；过渡段各结构层位移总体在纵向上表现为V字形。

(2)在距台背13.6～27.2m范围内，基床顶面动应力呈倒S的波动形式，且随级配碎石刚度的增加，其波动趋势呈减小状态；不同级配碎石刚度对竖向位移的影响较小；对基床顶面最小主应变的影响也很小；竖向加速度总体呈现以距台背14.0m为中心的对称分布形式，竖向加速度随级配碎石刚度的增加而减小。

(3)随A、B组填料刚度的增大，荷载作用下的竖向应力扩散较为明显，且过渡段结构下部的竖向应力也在不断地增加；竖向位移在倒梯形及正梯形结构上表现的规律较为明显，随刚度的增加而增大；随A、B组填料刚度的增加，纵断面较大位移集中区域不断向中间位移靠近，且同时向深度方向扩展。

(4)级配碎石+5%水泥不同刚度对路桥过渡段结构纵向基床顶面动应力的影响：动应力的最大值随刚度的增大而增加，而其波动趋势随刚度的增大而趋于平缓。随其刚度的增加，竖向应力扩散性增强；在距台背约7.9m范围内基床顶面的竖向位移随刚度的增大而呈减小的趋势；随刚度的增加竖向加速度增大的现象，在倒梯形部分表现相对明显。

(5)随基床表层厚度的减小，竖向位移的波动呈增大趋势，且基床表层厚度为0.7m时竖向位移数值上相对较小，因此足够的基床表层厚度能保证路基与桥梁较好的过渡。

(6)随基床表层厚度的减小，竖向加速度的波动趋势明显增强，因此确保基床表层足够的高度有利于保证行车的平稳性。

(7)随边坡率的减小，动应力的波动呈减小趋势，且产生的动应力的最大值也表现了下降的态势。因此,边坡率越小,对列车的平稳过渡的积极作用越大。

(8)随着边坡率的减小,过渡段结构顶面的竖向加速度波动呈减小趋势,同时其在数值上随边坡率的减小而减小。

3)累积变形分析

根据6.3.2节所提供的累积变形预测模型,对路桥过渡段三个断面上的累积变形进行分析。这三个断面分别为距桥台背2.0m、15.1m、35m处断面。本章材料参数 $a=0.64$,$b=0.1$,$m=1.7$;h_i 为0.3m,计算荷载作用200万次情况下各划分层的累积变形,其相关计算结果见表6-11和表6-12。

距桥台背2.0m处断面上累积变形预测 表6-11

路基结构	σ_s(kPa)	分层号	σ_d(kPa)	σ_d/σ_s	ε_p(%)	ρ(mm)
地基	40	1	5.465	0.137	0.278	2.148
		2	5.417	0.135	0.274	
		3	5.300	0.133	0.264	
		4	5.138	0.128	0.250	
		5	4.929	0.123	0.233	
		6	4.669	0.117	0.213	
		7	4.355	0.109	0.189	
		8	3.981	0.100	0.162	
		9	3.778	0.094	0.148	
		10	3.609	0.090	0.137	

距桥台背15.1m处断面上累积变形预测 表6-12

路基结构	σ_s(kPa)	分层号	σ_d(kPa)	σ_d/σ_s	ε_p(%)	ρ(mm)
地基	40	1	11.357	0.284	0.964	8.110
		2	11.203	0.280	0.941	
		3	10.903	0.273	0.899	
		4	10.622	0.266	0.860	
		5	10.354	0.259	0.823	
		6	10.092	0.252	0.788	
		7	9.830	0.246	0.754	
		8	9.558	0.239	0.719	
		9	9.419	0.235	0.701	
		10	9.105	0.228	0.662	

注:距桥台背35m处累积变形即为一般路基部分的累积变形值。

根据表6-11和表6-12的计算结果可知:距桥台背2.0m及15.1m处两断面的差异沉降为5.963mm;距桥台背15.1m及35m处两断面的差异沉降为3.393mm。可以看出,其均满足不均匀沉降20mm/20m的控制标准;同样也满足工后沉降小于15mm的要求。因此该种过渡段结构可以较好地满足设计年限内的累积变形及不均匀沉降控制的要求。

6.3.3　无砟轨道路涵过渡段数值分析

1)结构形式和计算模型

遂渝线试验段中,路涵过渡段基本结构形式如图6-46所示。

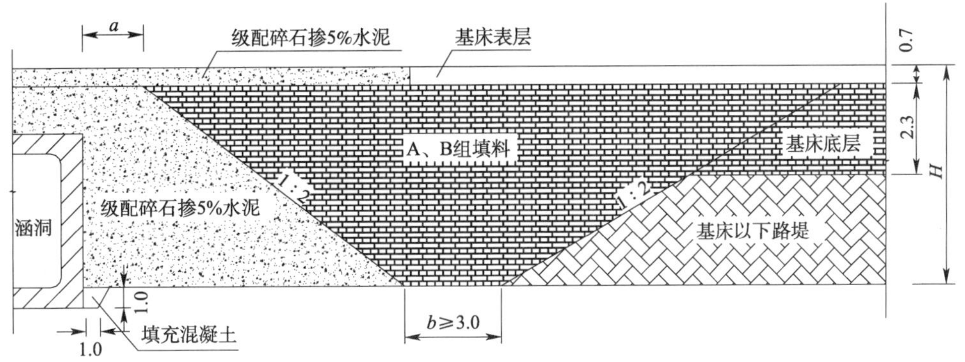

图6-46　路涵过渡段基本结构形式(尺寸单位:m)

过渡段计算模型如图6-47所示。

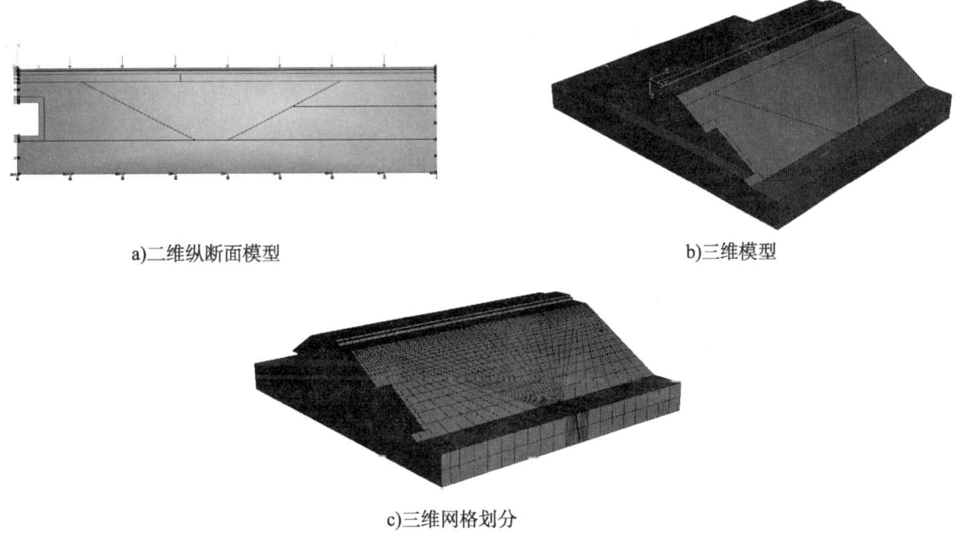

图6-47　有限元计算模型及网格划分

过渡段长度按式(6-6)确定:

$$L = 4(H - h) + a + b \tag{6-6}$$

式中:L——过渡段长度(m);

H——台后路堤高度(m);

h——路基基床表层厚度(m);

a、b——常数(3~5m)。

2)结构响应计算结果分析

结构响应计算结果分析得出的结论如下:

(1)在距台背约16.7~24.4m范围内,路基基床顶面动应力呈倒S的波动形式,且随级配碎石刚度的增加，其波动趋势呈减小状态。

(2)竖向位移总体呈现V字形的波动趋势，同时在涵洞顶及附近基本保持直线状态，且在距台背约20.3m处产生了极大值。另外不同级配碎石刚度对竖向位移的影响较小。

(3)在距台背23.2~33.2m的范围内，竖向加速度随级配碎石刚度的增加而减小。

(4)随A、B组填料刚度的提高，基床顶面的应力波动总体表现出上升的趋势且呈双峰现象；但当刚度为170MPa时，动应力略有下降，表现为单峰现象。

(5)在距台背约29.8~33.2m范围内的结构部分，也即一般路基部分，其竖向位移随填料刚度的增大而呈较小趋势，且减小趋势不断减小。竖向位移在倒梯形及正梯形结构上表现的规律较为明显，即随刚度的增加而增大，且在接近涵洞附近趋势较为平缓。

(6)应力波动总体呈现双峰型。在距台背约20.6~29.5m的结构范围内，动应力的波动随级配碎石+5%水泥刚度的增加而增大，同时其波动增大的趋势减小。

(7)在距台背约11.9m及31.4~33.2m范围内基床顶面的竖向位移随级配碎石+5%水泥刚度的增大而呈减小的趋势；刚度每提高200MPa，涵洞顶面基床顶面竖向位移减小0.09~0.34mm，其减小趋势渐缓；而在过渡段结构到梯形部位，竖向位移随刚度的增大而增加。

(8)在距涵洞中心17.9~31.3m的结构范围内基本呈现随级配碎石+5%水泥刚度的增加，竖向加速度增大的现象。

3)累积变形分析

本章材料参数$a=0.64$，$b=0.1$，$m=1.7$；h_i为0.3m，计算荷载作用200万次情况下各划分层的累积变形，通过计算其结果列于表6-13中，可以看出，距涵洞中心4.0m断面处和桥台背附近的累积变形值相差极小，同样在距涵洞中心18.1m及35.0m处累积变形值也和路桥过渡段结构几乎一致，主要是由于其结构材料都一样。因此该路涵过渡段结构可以较好地满足设计年限内的累积变形及不均匀沉降控制的要求。

距桥涵洞中心4.0m处断面上累积变形预测 表6-13

路基结构	σ_s(kPa)	分层号	σ_d(kPa)	σ_d/σ_s	ε_p(%)	ρ(mm)
地基	40	1	5.449	0.136	0.276	2.178
		2	5.399	0.135	0.272	
		3	5.358	0.134	0.269	
		4	5.138	0.128	0.250	
		5	5.011	0.125	0.240	
		6	4.783	0.120	0.222	
		7	4.355	0.109	0.189	
		8	4.034	0.101	0.166	
		9	3.817	0.095	0.151	
		10	3.711	0.093	0.144	

6.3.4 无砟轨道路隧过渡段数值分析

1)结构形式和计算模型

遂渝线试验段中，路隧过渡段基本结构形式如图6-48所示。

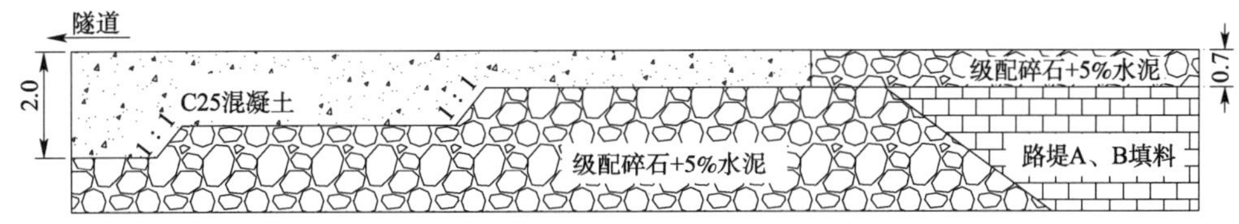

图6-48 路隧过渡段基本结构形式(尺寸单位:m)

隧道与土质路基应设置路基刚性过渡段,采用C25混凝土现浇,单侧设置长度为20m、厚度由2m阶梯式均匀渐变至0.7m来设置。靠近路基段基床表层采用级配碎石+5%水泥填筑,其余采用A、B组填料填筑。过渡段计算模型如图6-49所示。

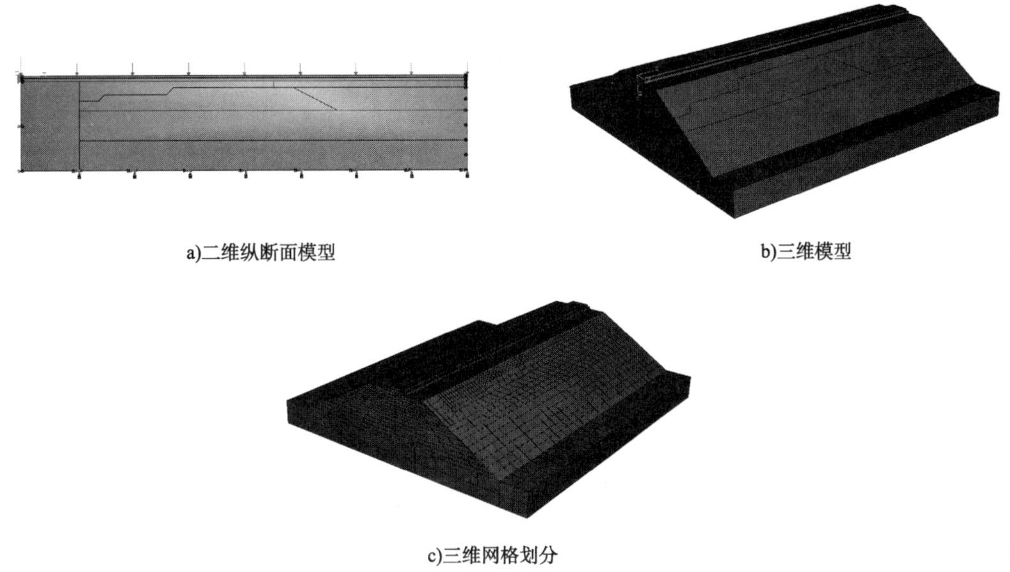

a)二维纵断面模型

b)三维模型

c)三维网格划分

图6-49 有限元计算模型及网格划分

2)结构响应计算结果分析

结构响应计算结果分析得出的结论如下:

(1)路基基床顶面应力从距隧道口由远及近呈曲线上升趋势,并在接近隧道口的过程中表现出较大的应力状态,界面交接点处及阶梯形变化点处有相对明显的波动趋势。

(2)距隧道口由远及近,竖向位移呈曲线波动变化,且数值上呈不断减小的趋势,C25混凝土的填筑对于近隧道口过渡段结构的竖向变形有较好的分担控制作用。

(3)在距隧道口20.0m结构范围内,应力随C25混凝土刚度的增大而增加;在距隧道口16.3m结构范围内,竖向位移随C25混凝土刚度的增加而减小,但其减小并不明显,同时随着刚度的增加,位移云图的等值线也渐趋平缓;距隧道口9.7m范围内,最小主应变值随刚度的增加而减小,但幅度不大;随刚度的增加加速度的波动增大。

(4)在结构范围内,竖向位移随A、B组填料刚度的增加而减小;距隧道口22.9~30m结构范围内,最小主应变值随刚度的增加而减小,但幅度不大。

(5)竖向位移由两处集中区域随级配碎石+5%水泥刚度的增加而渐渐合并为一体,因此刚度的增加可以使得过渡段结构内竖向位移趋于一致性,有利于过渡段的相对均匀变形。

(6)在距隧道口27.7~30.0m结构范围内,荷载作用下的竖向加速度随级配碎石+5%

水泥刚度的增加而增大；随刚度的增大，负向加速度云图区不断减小，而正向加速度云图区不断增加，说明级配碎石+5%水泥刚度的增加加剧了路基的振动。

(7)边坡率的减小对应力的影响并不明显；随着边坡率的减小，距隧道口距离15.3~30.0m结构范围内，竖向位移随边坡率的减小而增大，但所显示位移曲线相对平缓，有利于结构的过渡；随边坡率的减小，竖向加速度略有减小，说明边坡率对路基的振动影响并不明显。

3)累积变形分析

对于路隧过渡段，将离隧道口断面5.8m结构范围内的路堤划分为0.2m每层、地基0.3m每层，进行累积变形的预测。本章材料参数 $a=0.64$，$b=0.1$，$m=1.7$；计算荷载作用200万次情况下各划分层在设计年限内的累积变形，其预测结果见表6-14。

距隧道口5.8m处断面累积变形预测 表6-14

路基结构	σ_s(kPa)	分层号	σ_d(kPa)	σ_d/σ_s	ε_p(%)	ρ'(mm)	ρ(mm)
路堤	90	1	6.307	0.070	0.060	0.912	2.949
		2	6.349	0.071	0.060		
		3	6.383	0.071	0.061		
		4	6.411	0.071	0.061		
		5	6.431	0.071	0.062		
		6	6.445	0.072	0.062		
		7	6.451	0.072	0.062		
		8	6.451	0.072	0.062		
		9	6.444	0.072	0.062		
		10	6.429	0.071	0.062		
		11	6.407	0.071	0.061		
		12	6.378	0.071	0.061		
		13	6.341	0.070	0.060		
		14	6.296	0.070	0.059		
		15	6.272	0.070	0.059		
地基	40	1	5.570	0.139	0.287	2.037	
		2	5.374	0.134	0.270		
		3	5.140	0.129	0.250		
		4	4.866	0.122	0.228		
		5	4.835	0.121	0.226		
		6	4.547	0.114	0.203		
		7	4.185	0.105	0.177		
		8	3.777	0.094	0.148		
		9	3.562	0.089	0.134		
		10	3.225	0.081	0.113		

距隧道口50.0m断面处，即一般路基部分的累积变形值为11.503mm；而距隧道口5.8m断面处的累积变形值为2.949m，不均匀沉降值为8.554mm。两断面处的累积变形值均满足

相关控制标准，且其不均匀沉降值也小于 20mm/20m 的控制要求。因此该路隧过渡段结构可以较好地满足设计年限内的累积变形及不均匀沉降控制的要求。

6.3.5 无砟轨道两桥(隧)之间短路基数值分析

1)结构形式和计算模型

遂渝线试验段两桥(隧)之间短路基，其基本结构形式如图 6-50 所示。

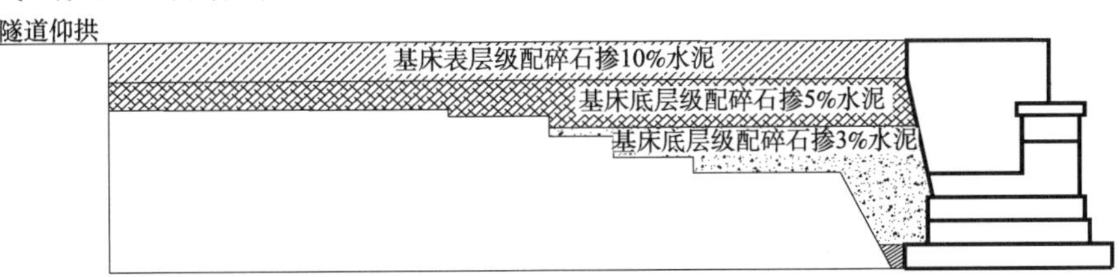

图 6-50 短路基过渡段结构形式

两桥(隧)之间短路基设置全长等刚度刚性路基，表层采用级配碎石 +10% 水泥填筑，下层用长度为 30m、厚度由 1.5m 阶梯式均匀渐变至 4.3m 来设置。靠近基床表层采用级配碎石 +5% 水泥填筑，其余采用级配碎石 +5% 水泥填筑，压实标准应符合相关规定。

过渡段计算模型如图 6-51 所示。

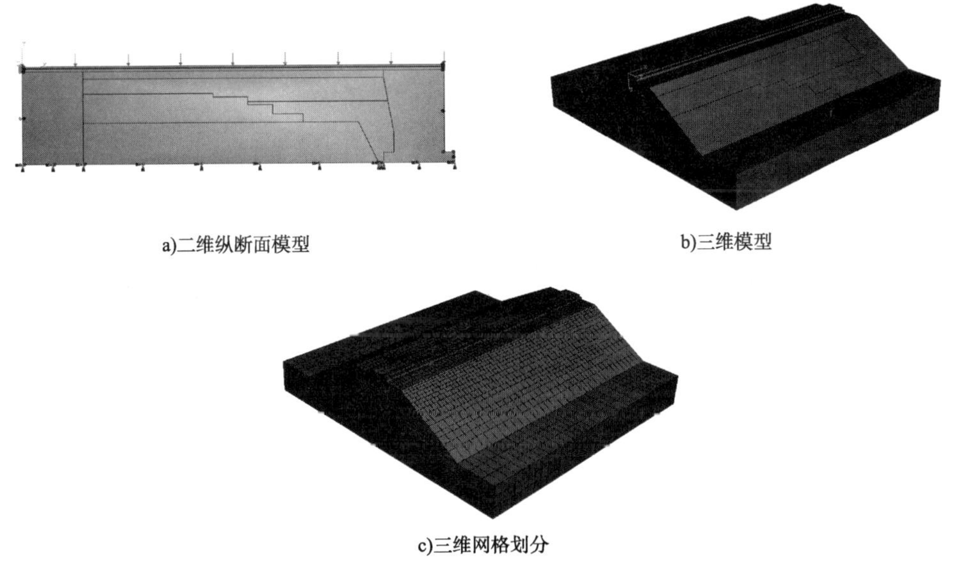

a)二维纵断面模型

b)三维模型

c)三维网格划分

图 6-51 有限元计算模型及网格划分

2)结构响应计算结果分析

结构响应计算结果分析得出的结论如下：

(1)路基基床顶面及以下 0.7m 深度范围应力总体呈现 U 形，即在距隧道口 6.5 ~ 20.4m结构范围内，应力变化较为平缓；而在靠近两侧的过渡段部分，应力呈明显的上升趋势，且靠隧道一端的应力上升速度明显大于靠桥一侧，且数值上大于靠桥一侧。

(2)竖向位移分布总体呈现 V 形；基床顶面及以下 2.2m 结构层面的竖向加速度波动曲线总体呈 M 形的波动。

(3)距隧道口17.2~27.3m结构范围内应力的变化相对要缓,但总体随级配碎石+10%水泥刚度的增加而呈减小的趋势,但幅度较小;随刚度的增加,竖向位移呈减小趋势,且减小幅度渐缓,刚度每增加200MPa,竖向位移减小约0.14~0.33mm。随刚度的增大,其竖向位移集中区域不断上移且不断减小,说明增加级配碎石+10%水泥刚度有利于控制过渡段结构产生的位移;结构范围内最小主应变的变化与应力的变化相对应;竖向加速度随刚度的增加,加速度值呈减小趋势。

(4)随级配碎石+5%水泥刚度的增加,竖向位移变化趋于平缓,这一现象较为明显;当刚度大于800MPa时,靠近隧道及桥梁的过渡段两侧表现出较明显的随刚度的增大应力减小的现象。

(5)随级配碎石+3%水泥刚度的增加,两侧应力呈减小趋势,刚度每增加100MPa,应力减小约17.1~30.3kPa;竖向位移在过渡段中间部分表现随刚度增加而减小的现象,即纵向位移变化趋于平缓;随刚度的减小,竖向加速度呈正向增大的趋势。

(6)随基床表层厚度的增加,过渡段靠近隧道及桥梁两侧竖向应力呈较为明显的增加趋势,但幅度减小;随基床表层厚度的减小,竖向位移不断减小,减小幅度约为0.91mm;随基床表层厚度的减小,竖向加速度呈明显的负向增大趋势,且增加幅度较大。

3)累积变形分析

根据6.3.2节所提供的累积变形预测模型,对短路基过渡段两个断面上的累积变形进行分析。这两个断面分别距隧道口6.0m、24.0m。本章材料参数$a=0.64$,$b=0.1$,$m=1.7$;h_i为0.3m,计算荷载作用200万次情况下各划分层的累积变形,其相关计算见表6-15及表6-16。可以看出,两断面的累积变形分别为5.661mm、3.564mm,不均匀沉降值为2.097mm,满足累积变形及不均匀沉降的控制标准。因此该过渡段结构形式可以较好地满足设计年限内的累积变形及不均匀沉降控制的要求。

距隧道口6.0m处断面上累积变形预测 表6-15

路基结构	σ_s(kPa)	分层号	σ_d(kPa)	σ_d/σ_s	ε_p(%)	ρ(mm)
地基	40	1	8.842	0.221	0.630	5.661
		2	8.686	0.217	0.611	
		3	8.521	0.213	0.591	
		4	8.348	0.209	0.571	
		5	7.987	0.200	0.530	
		6	7.796	0.195	0.508	
		7	7.394	0.185	0.465	
		8	6.951	0.174	0.418	
		9	6.459	0.161	0.369	
		10	5.911	0.148	0.318	
		11	5.297	0.132	0.264	
		12	4.606	0.115	0.208	
		13	4.237	0.106	0.180	

距隧道口 24.0m 处断面上累积变形预测　　表 6-16

路基结构	σ_s(kPa)	分层号	σ_d(kPa)	σ_d/σ_s	ε_p(%)	ρ(mm)
地基	40	1	6.223	0.156	0.347	3.564
		2	6.186	0.155	0.343	
		3	6.140	0.153	0.339	
		4	6.084	0.152	0.333	
		5	5.946	0.149	0.321	
		6	5.863	0.147	0.313	
		7	5.680	0.142	0.297	
		8	5.454	0.136	0.277	
		9	5.174	0.129	0.253	
		10	4.850	0.121	0.227	
		11	4.477	0.112	0.198	
		12	4.044	0.101	0.167	
		13	3.811	0.095	0.151	

6.3.6　无砟轨道路堤路堑过渡段数值分析

1)结构形式和计算模型

遂渝线试验段中,路堤路堑过渡段基本结构形式如图 6-52 所示。

路堤与路堑连接处为坚硬岩石路堑时,设置级配碎石过渡段,长度为 $L=2H+2$(H 为路堤高度)。并在堑堤过渡段分界处路堑侧基床表层以下设置横向排水盲沟,盲沟内设置钢筋混凝土管,排水管直径采用 200mm。压实标准:基床表层 $K_{30}\geqslant190\text{MPa/m}$、$E_{v2}\geqslant120\text{MPa}$、$E_{vd}\geqslant55\text{MPa}$、$n<18\%$;基床表层以下 $K_{30}\geqslant150\text{MPa/m}$、$E_{v2}\geqslant60\text{MPa}$、$n<28\%$。

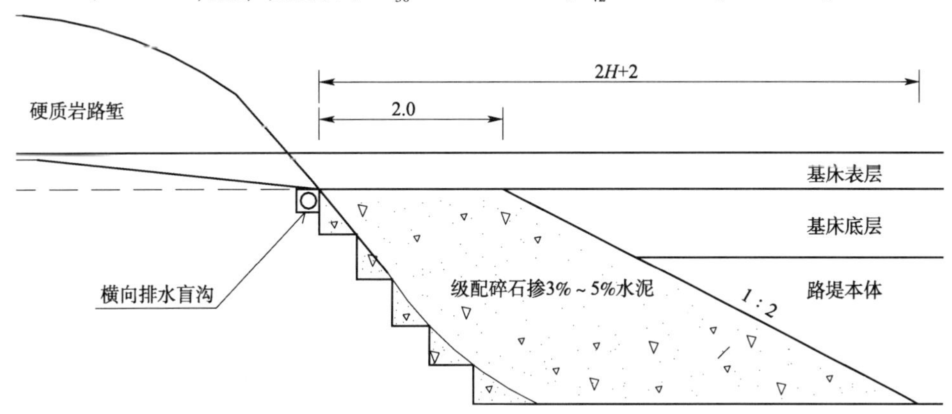

图 6-52　路堤路堑过渡段基本结构形式(尺寸单位:m)

过渡段计算模型如图 6-53 所示。

2)结构响应计算结果分析

结构响应计算结果分析得出的结论如下:

(1)路基基床表层及以下 0.7m 结构范围内,应力的波动较为平缓,以下各层在界面交接点处产生较大的应力波动。

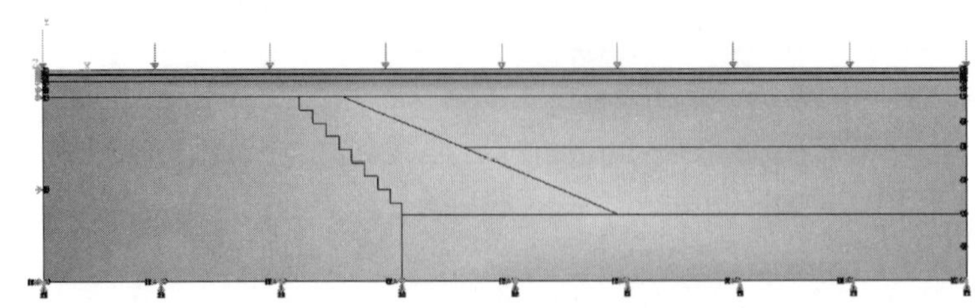

图 6-53　有限元计算二维纵断面模型

(2)在距路堑表层断面 13.8m 以右的结构范围内,竖向位移随级配碎石刚度的增加而呈减小的趋势。而在其他结构范围内,竖向位移随刚度的变化并不明显;最小主应变与应力的变化趋势相对应。同时随级配碎石刚度的增加,最小主应变呈相对明显的减小趋势;竖向加速度波动曲线总体呈 W 形的波动,随刚度的增加,加速度值呈减小趋势。

(3)在硬质岩段,当刚度为 4GPa 时应力较大,但波动较小,所以两侧刚度差异的增加容易导致应力的较大波动;在距路堑表层断面 3.6m 以左的结构范围内竖向位移随刚度的增大而减小,但数值很小;当刚度差异增大时,竖向加速度的波动也呈相应大的波动。

(4)随基床表层厚度的增加,应力的波动减小;同时高度的增加,可以减小各界面处的应力集中及波动,有助于提高过渡段结构的疲劳寿命,提高路用性能。

(5)随基床表层厚度的减小,在往一般路基过渡段的过程中,竖向位移增大趋势较为明显。因此足够的基床表层厚度有利于提高过渡段结构的差异变形。

(6)硬质岩结构对产生竖向加速度作用并不明显,因此表层高度的减小对其以右结构表层的竖向加速度有相对明显的影响。

3)累积变形分析

根据 6.3.2 节所提供的累积变形预测模型,对路堤路堑过渡段的累积变形进行分析。本章材料参数 $a=0.64$,$b=0.1$,$m=1.7$;h_i 为 0.3m,计算荷载作用 200 万次情况下各划分层的累积变形,其相关计算结果见表 6-17。

距表层断面 8.6m 处断面上累积变形预测　　表 6-17

路基结构	σ_s(kPa)	分层号	σ_d(kPa)	σ_d/σ_s	ε_p(%)	ρ(mm)
地基	40	1	7.903	0.198	0.347	2.682
		2	7.866	0.197	0.344	
		3	7.739	0.193	0.335	
		4	7.483	0.187	0.316	
		5	7.117	0.178	0.290	
		6	6.644	0.166	0.258	
		7	6.342	0.159	0.239	
		8	6.049	0.151	0.220	
		9	5.330	0.133	0.178	
		10	4.939	0.123	0.156	

由表 6-17 可以看出，距表层断面 8.6m 处累积变形值为 2.682mm，远小于控制标准 30mm。距表层断面 30.0m 处，即一般路基部分，累积变形为 11.503mm。两断面上的不均匀沉降值 8.821mm 小于不均匀沉降控制值，因此该过渡段结构可以较好地满足设计年限内的累积变形及不均匀沉降控制的要求。

6.3.7　结构数值分析结论及启示

应用 ABAQUS 软件，针对遂渝线 5 种过渡段结构进行了数值计算，获取了无砟轨道轨下基础主要的结构响应状态，计算了累积变形指标。研究结论如下：

(1)采用三维有限元方法，进行路基过渡段内部的结构分析，可以为路基结构设计提供各种所需的结构响应指标。

(2)通过结构数值计算，可获取过渡段内的结构响应状态，从而计算重复移动列车荷载作用下的累积变形，可以成为评价路基结构设计和过渡段设计的手段。

(3)经计算，5 种过渡段的设计均能满足累积变形的要求。

6.4　路基过渡段路基面支承刚度测试分析[53-55]

为了掌握路基过渡段的支承刚度及其变化规律和主要影响因素，奠定路基与桥、隧、涵等构筑物纵向刚度匹配技术研究的试验基础，针对遂渝铁路无砟轨道综合试验段路基与过渡段的典型结构形式——红层泥岩及其改良土路基、路桥隧过渡段、两桥隧之间短路基等，开展了如下内容的路基过渡段支承刚度测试研究工作。

1)路基过渡段用水泥稳定级配碎石粒料工程性质试验

运用室内常规土工试验的方法，进行了 2% ~10% 多种掺灰率的水泥稳定级配碎石粒料的重型击实、颗粒级配、密度及掺水量、无侧限抗压强度及模量等试验，分析了掺灰率对水泥稳定级配碎石粒料工程性质影响，尤其是对试样密度、无侧限抗压强度、抗压模量的影响，初步掌握了掺灰率对水泥稳定级配碎石粒料的抗压强度和模量的影响特点，为路基过渡段采用水泥稳定级配碎石粒料调整过渡段刚度，实现纵向刚度匹配奠定了材料试验基础。

2)典型路基结构的路基面支承刚度的现场加载试验

运用现场载荷试验的方法，进行了 4 种路基及过渡段典型基床结构(红层泥岩路基、红层泥岩改良土路基、过渡段级配碎石路基、桥隧间水泥稳定级配碎石路基)在多种加载板尺寸及荷载作用下的承载特性试验，分析了路基面支承刚度与路基各结构层的填料力学性质、碾压检测指标、结构几何尺寸等因素的关系，初步掌握了加载板面积及荷载幅值对有效影响深度的影响，为路基过渡段采用不同的填料及结构形式来调整过渡段刚度，实现纵向刚度匹配奠定了结构试验基础。

3)路基过渡段路基面支承刚度实车测试及分析

根据遂渝线无砟轨道综合试验段的实车试验数据，运用动力学测试分析的方法，分析了路基与桩 - 板结构过渡段、路基与隧道(刚性/一般)过渡段、桥隧间水泥稳定级配碎石短路基过渡段等在动车组及提速货车作用下的动力响应，基本掌握了无砟轨道典型路基过渡段路基面支承刚度及其沿纵向变化的规律，初步掌握了车辆轴重、行车速度、结构形式、填料性质等因素对路基面支承刚度的影响,验证并评价了遂渝线无砟轨道路基过渡段工程的适应性。

6.4.1 路基过渡段用水泥稳定级配碎石粒料工程性质试验

水泥稳定级配碎石粒料作为一种优质的化学改良填料,正在愈来愈广泛地应用于无砟轨道路基及过渡段的结构中,主要起到提高基床强度、增加基床刚度的作用。由于水泥稳定级配碎石粒料的强度和模量可通过增减水泥掺入量来实现大范围的变动,在高速铁路、客运专线的建设中,尤其是无砟轨道路基工程的填筑中,大量用于调整过渡段路基支承刚度沿纵向的逐渐变化,实现过渡段路基刚度平顺过渡的目的。

水泥的含量对水泥稳定级配碎石粒料的强度和模量影响巨大。大量的试验研究工作对水泥稳定级配碎石粒料的强度特性已有较深入的了解,但对其变形特性的分析,过去较少关注。本试验以遂渝铁路无砟轨道综合试验段的现场水泥稳定级配碎石粒料的设计和施工技术标准及条件为参照,采用击实和静压的水泥稳定级配碎石粒料制样方法,开展了不同掺灰率(2% ~10%)的水泥稳定级配碎石粒料试样在9 ~11d 养生龄期的无侧限加载试验及其他相关试验,初步掌握了掺灰率对水泥稳定级配碎石粒料的抗压强度和模量的影响规律,所得数据为水泥稳定级配碎石粒料在高速铁路路基工程及过渡段中的合理应用,优化无砟轨道路基及各种过渡段的结构设计,准确选取相应的设计参数奠定了基础。

1)级配碎石粒料基本性质

通过对以上两组人工合成粒料的颗粒级配试验结果的分析,有以下基本认识和结论:

(1)由粗粒料碎石(16 ~40mm)、细粒料碎石(5 ~16mm)、石屑(0 ~5mm)三组粒径集料按重量相等的比例配合而成的级配碎石具有较好的级配和适中的颗粒大小。测试数据表明,级配碎石的最大粒径 $D_{max} \leqslant 45$mm, $d_{60} = 11.05 \sim 9.94$mm, $d_{30} = 3.47 \sim 3.12$mm, $d_{10} = 0.88 \sim 0.70$mm,不均匀系数 $C_u = 12.49 \sim 14.12$,曲率系数 $C_C = 1.23 \sim 1.39$。属于级配良好的碎石粒料($C_u \geqslant 5, C_C = 1 \sim 3$)。

(2)由人工合成的级配碎石的颗粒大小和级配能满足基床表层用级配碎石和级配砂砾石的要求。主要表现为:级配曲线较圆滑,各种粒径颗粒含量适中,颗粒级配较好,有利于施工碾压过程中级配碎石孔隙率的降低和密实度的提高。

(3)由人工合成的级配碎石的颗粒大小和级配能基本满足过渡段用级配碎石的要求,但细颗粒偏少。

2)水泥稳定级配碎石粒料物理力学性质

本节根据遂渝铁路无砟轨道综合试验段的设计技术标准和施工技术条件,开展了掺灰率分别为2%、4%、6%、8%、10%的水泥稳定级配碎石粒料在约9 ~11d 养生期的无侧限抗压强度试验及应力—应变关系测试等相关试验。

不同掺灰率的级配碎石水泥稳定粒料试验测试值随掺灰率的变化曲线如图6-54 ~图6-55所示。由测试数据可知:

(1)掺灰率对水泥稳定级配碎石粒料的无侧限抗压强度和抗压模量等力学性质指标影响显著。主要表现为无侧限抗压强度和抗压模量随掺灰率的增加而大幅提高。测试数据表明:掺灰率由2%增加到10%,无侧限抗压强度由1.576MPa 提高到12.816MPa,增加约7.13倍;抗压模量由135MPa 提高到2485MPa,增加约17.4 倍。

(2)掺灰率对水泥稳定级配碎石粒料的密度影响不大。主要表现为密度随掺灰率的增加只有小幅提高。测试数据表明:掺灰率由2%增加到10%,密度由$2.350g/cm^3$提高到$2.604g/cm^3$,增加约10.8%。

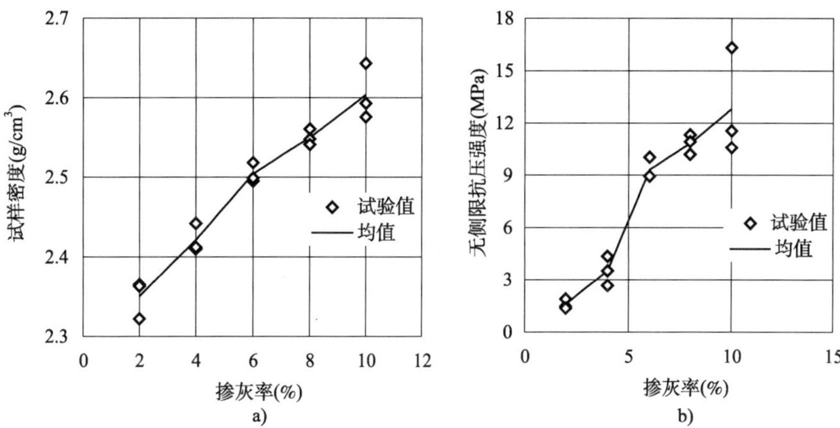

图6-54　不同掺灰率试样的密度和无侧限抗压强度变化曲线

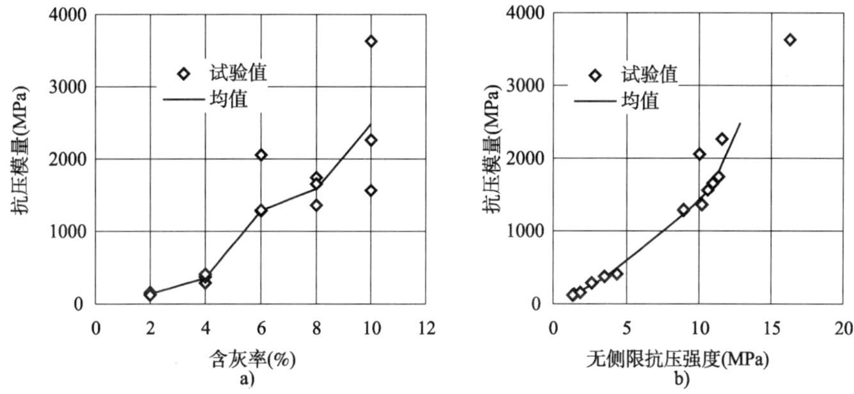

图6-55　不同掺灰率试样的抗压模量变化曲线

(3)水泥稳定级配碎石粒料的无侧限抗压强度与抗压模量之间具有较好的一致性相互对应关系。主要表现为抗压模量与无侧限抗压强度一起升降。掺灰率在2%~10%之间的水泥稳定级配碎石粒料的抗压模量与无侧限抗压强度之间可用幂函数近似表达。

(4)将水泥稳定级配碎石粒料的无侧限抗压强度、抗压模量、密度等试验值随掺灰率的变化关系假设为线性和幂函数曲线。

(5)随着掺灰率的增加,级配碎石水泥稳定粒料的密度、无侧限抗压强度、抗压模量等物理力学性质指标在增大的同时,材料的离散性(不均匀)也在增大,从而加大了施工控制的不确定性。测试数据表明:掺灰率由2%增加到10%,密度的试验值间差异由1.85%增大到2.60%,无侧限抗压强度的试验值间差异由40%增大到54%,抗压模量的试验值间差异由28%增大到1.32倍。

3)试验小结

利用水泥稳定级配碎石粒料的强度和模量可调性,将其用于路基结构垂向和纵向刚度的逐渐调整,是目前铁路客运专线路基及过渡段技术处理的最常用工程措施之一。本项目以遂渝铁路无砟轨道综合试验段水泥稳定级配碎石粒料的设计标准和施工技术条件为基础,开展了不同掺灰率(2% ~10%)的水泥稳定级配碎石粒料试样在 9 ~11d 养生龄期的无侧限加载试验及其他相关试验,初步掌握了级配碎石粒料的基本性质,以及掺灰率对水泥稳定级配碎石粒料的无侧限抗压强度和模量的影响规律,并有以下基本认识和结论:

(1)级配碎石粒料在风干状态下的含水量较低,难以击实。测试数据表明,风干状态下级配碎石粒料的含水量仅有 0.59%,击实密度只有 1.90g/cm³。

(2)水泥稳定级配碎石粒料在适宜含水量条件下能击实到较密实的状态。测试数据表明,掺灰率 4% 的水泥稳定级配碎石粒料在重型击实条件下的最佳含水量为 5.3%,最大干密度达 2.19g/cm³。

(3)水泥稳定级配碎石粒料的掺灰率由 2% 增加到 10%,无侧限抗压强度由 1.576MPa 提高到 12.816MPa,增加约 7.13 倍;抗压模量由 135MPa 提高到 2485MPa,增加约 17.4 倍。

6.4.2 路基过渡段路基面支承刚度现场模拟测试

针对试验段路基及过渡段的典型结构形式,选定在结构类型、填料性质、碾压标准等方面均具有代表性的工点,进行路基面支承刚度现场原位加载试验,测试路基面支承刚度,分析路基面支承刚度与路基各结构层的填料力学性质、碾压检测指标、结构几何尺寸等因素的关系,为修改和完善无砟轨道路基及过渡段的结构设计技术积累资料。

现场原位加载试验基本情况:

红层泥岩路堤　　DK132 +408 附近线路中心。

红层泥岩石灰改良土路堤　　DK132 +438 附近线路中心。

过渡段级配碎石路堤　　DK132 +468 附近线路中心。

桥隧间水泥稳定级配碎石路基　　DK133 +652 附近线路中心。

为了分析不同尺寸加载板在荷载作用下的有效影响深度,深入掌握路基面支承刚度的变化特点,在 DK132 +468 过渡段级配碎石路堤测点位置沿垂向埋设了 5 个土压力盒,土压力盒埋设深度距混凝土支承层顶面依次为 0.68m、0.92m、1.93m、2.52m、3.08m。埋设位置、时间、土压力盒编号等如图 6-56 所示。

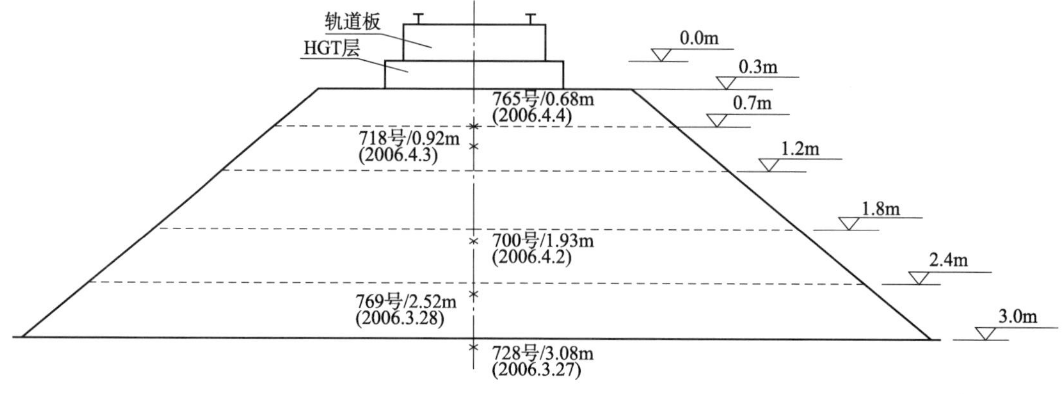

图 6-56　土压力盒埋设位置、时间、编号示意图

1)路基面支承刚度测试数据及分析

根据测试数据,红层泥岩路堤、红层泥岩改良土路堤、过渡段级配碎石路堤、桥隧间水泥稳定级配碎石路基面支承刚度试验的压力—位移加载曲线呈非线性分布,并可分为两个不同的变形阶段。在加载初期,由于加载板与路基面之间接触难以紧密,砂垫层不密实,路基面不平整,存在尖角凹坑等因素的影响,加载板的沉降变形较大,压力与位移关系呈现凹型特征的曲线;随着荷载的增加,加载板与路基面的接触紧密,压力—位移加载曲线逐渐转变为以线性特征为主的曲线,反映了红层泥岩路堤、红层泥岩改良土路堤、过渡段级配碎石路堤、桥隧间水泥稳定级配碎石路基结构在荷载作用下的变形特性。

对近似线性段的压力—变形加载曲线进行线性回归统计分析,可得 4 种路基结构在荷载作用下的沉降变形曲线斜率。若将路基结构假设为 Winkler 弹簧地基,可计算获得红层泥岩路堤、红层泥岩改良土路堤、过渡段级配碎石路堤、桥隧间水泥稳定级配碎石路基结构综合地基系数 K_s。若将路基结构假设为 Hookean 弹性地基,可计算获得红层泥岩路堤、红层泥岩改良土路堤、过渡段级配碎石路堤、桥隧间水泥稳定级配碎石路基结构综合变形模量 E_0。加载曲线斜率、地基系数、变形模量见表 6-18 ~ 表 6-21。

红层泥岩路堤加载曲线斜率、地基系数、变形模量 表 6-18

序号	加载面积(m^2)	加载类型	曲线斜率(mm/kPa)	地基系数(MPa/m)	变形模量(MPa)
1	0.61 ×0.61	一次加载	0.001356	737	378
2		二次加载	0.000338	2959	1518
3	1.0 ×1.0	一次加载	0.001833	546	459
4		二次加载	0.001229	814	684
5	1.5 ×1.5	一次加载	0.005291	189	238
6		二次加载	0.004355	230	290
7	2.0 ×2.0	一次加载	0.003347	299	503
8		二次加载	0.002269	441	741
路基结构:级配碎石(表层)+ A、B 组填料(底层)+ 红层泥岩(路堤)					

红层泥岩改良土路堤加载曲线斜率、地基系数、变形模量 表 6-19

序号	加载面积(m^2)	加载类型	曲线斜率(mm/kPa)	地基系数(MPa/m)	变形模量(MPa)
1	0.61 ×0.61	一次加载	0.000723	1383	710
2		二次加载	0.000200	5000	2566
3	1.0 ×1.0	一次加载	0.001375	727	612
4		二次加载	0.000671	1490	1254
5	1.5 ×1.5	一次加载	0.001530	654	825
6		二次加载	0.001155	866	1092
7	2.0 ×2.0	一次加载	0.003063	326	549
8		二次加载	0.002097	477	802
路基结构:级配碎石(基床表层)+ 红层泥岩改良土(基床底层及路堤下部)					

过渡段级配碎石路堤加载曲线斜率、地基系数、变形模量　　表 6-20

序号	加载面积(m^2)	加载类型	曲线斜率(mm/kPa)	地基系数(MPa/m)	变形模量(MPa)
1	0.61×0.61	一次加载	0.000578	1730	888
2		二次加载	0.000340	2941	1509
3	1.0×1.0	一次加载	0.003380	296	249
4		二次加载	0.002018	496	417
5	1.5×1.5	一次加载	0.004942	202	255
6		二次加载	0.002773	361	455
7	2.0×2.0	一次加载	0.015569	64	108
8		二次加载	0.006272	159	268
路基结构:级配碎石(基床表层、基床底层及路堤下部)					

桥隧间水泥稳定级配碎石路基加载曲线斜率、地基系数、变形模量　　表 6-21

序号	加载面积(m^2)	加载类型	曲线斜率(mm/kPa)	地基系数(MPa/m)	变形模量(MPa)
1	0.61×0.61	一次加载	0.000499	2004	1028
2		二次加载	0.000339	2950	1514
3	1.0×1.0	一次加载	0.000469	2132	1794
4		二次加载	0.000445	2247	1890
5	1.5×1.5	一次加载	0.001405	712	898
6		二次加载	0.001558	642	810
7	2.0×2.0	一次加载	0.001920	521	876
8		二次加载	0.001785	560	943
路基结构:水泥稳定级配碎石(基床表层、基床底层及路堤下部)					

2)路基面支承刚度影响因素分析

(1)加载板面积的影响

路基面的支承刚度有随加载面积增大而逐渐减小的特性。加载面积较小时,荷载的影响范围较浅,加载板与路基面的接触紧密,路基面支承刚度较大;随着加载面积的增大,一方面由于荷载影响增大,另一方面由于加载板与路基面之间接触难以紧密,砂垫层不密实,路基面不平整、存在尖角凹坑等因素的影响,路基面支承刚度较小。路基面支承刚度的减小量随加载面积的增大有逐渐减小的趋势,在加载面积增大到 $1.0\times1.0\text{m}^2$ 至 $1.5\times1.5\text{m}^2$ 以后就趋于稳定了。

(2)基床底层材料性质的影响

路基结构层填料分别为红层泥岩、红层泥岩改良土、级配碎石、水泥稳定级配碎石,结构层填料的强度是呈逐渐增加的,路基面的地基系数和变形模量也基本上呈增加趋势。以二次加载测试数据为例,加载板的面积较小时,荷载的影响范围较浅,路基面的地基系数和变形模量变化不大(红层泥岩改良土的数值偏大),其数值主要受基床表层材料性质的影响。随着加载板面积的增大,荷载的影响范围加深,路基面的地基系数和变形模量受基床底层材料的性质影响显现,其数值与基床底层填料的性质密切相关。具体表现为:水泥稳定级配碎石路基的支承刚度最大(除与该材料的强度自身就较高有关以外,与该段路基填筑完成较早、后期强度增加明显也有一定关系);红层泥岩改良土路基的支承刚度较大,与改良土的整体性较强、后期强度较高有一定关系。

(3)荷载幅值的影响

测试数据表明,路基各结构层填料力学性质对路基面支承刚度的影响与其承受的加载应力和加载面积等因素有关,加载应力越大,路基各结构层中的应力越大,路基各结构层(尤其是基床底层)填料的力学性质对路基面支承刚度的影响也越大。同样,加载面积越大,在相同的荷载作用下,路基各结构层承受的应力也越大,路基各结构层(尤其是基床底层)填料的力学性质对路基面支承刚度的影响也越大。

(4)有效影响深度

在本试验的加载条件下,基床以下土中的应力已基本衰减完成,基床以下路堤填料的性质对路基面支承刚度的影响不大。不同加载面积下的应力衰减速度不同,加载面积越大,应力衰减越慢。以应力衰减系数达到0.2为标准,可得不同加载面积荷载的有效影响深度约为板长的1.5倍。

3)试验小结

针对遂渝铁路无砟轨道综合试验段路基及过渡段结构的具体特点,完成了4种路基典型结构(桥隧间水泥稳定级配碎石路基、桩-板结构过渡段级配碎石路基、红层泥岩改良土路基、红层泥岩路基)、4种加载板尺寸的路基面支承刚度现场原位载荷试验。同时,在桩-板结构过渡段级配碎石路基测试工点位置沿垂向埋设了5个土压力盒,土压力盒埋设深度距混凝土支承层顶面依次为0.68m、0.92m、1.93m、2.52m、3.08m,测试了荷载大小及加载面积对土中应力的影响。

通过路基面支承刚度现场原位载荷试验,基本掌握了路基面支承刚度与路基各结构层填料力学性质、加载面积等因素的相互关系,并有以下主要试验结果:

(1)反映路基面支承刚度特性的压力—位移加载曲线呈非线性分布,加载初期较大的沉降变形完成后,压力-位移加载曲线逐渐转变为以线性特征为主的曲线,可采用Winkler弹簧地基或Hookean弹性地基的地基系数和变形模量来描述路基结构的支承刚度。

(2)通过路基结构在荷载作用下的沉降变形曲线获得的地基系数和变形模量,受加载面积和加载类型的影响明显。主要表现为:二次加载的地基系数和变形模量均大于一次加载的相应值;随着加载面积的增大,地基系数有减小的趋势,而对于变形模量,一方面随加载面积呈正比增加,另一方面地基系数随加载面积的增加呈减小趋势。综合影响结果表现出,加载面积对变形模量的影响低于对地基系数的影响。

(3)路基面的支承刚度有随加载面积增大(表现为荷载的影响范围加深,基床底层相对较弱的填料性质对路基面支承刚度的影响加强)而逐渐减小的特性,但其减小量随加载面积的增大有逐渐减小的趋势(表现为荷载的影响范围逐渐趋于稳定),当加载面积增大到$1.0\times1.0m^2$至$1.5\times1.5m^2$以后就基本趋于稳定了。

(4)路基各结构层的填料性质对路基面支承刚度有不同程度的影响。主要表现为:加载幅值和加载面积较小时,荷载的影响范围较浅,路基面的支承刚度主要受基床表层材料性质的影响。随着加载幅值和加载面积的增大,荷载的影响范围加深,路基面的地基系数和变形模量受基床底层材料的性质影响显现。针对具体的测试工点,水泥稳定级配碎石填料的力学强度高,路基的支承刚度最大;红层泥岩改良土填料的结构性强,路基的支承刚度较高;级配碎石填料为松散介质,必须经过充分碾压才能实现较高的路基支承刚度。

(5)路基各结构层填料力学性质对路基面支承刚度的影响与其承受的加载面积和应力有关,基床以下路堤填料的性质对路基面支承刚度影响不大。测试数据表明,在本试验的加载条件下,加载应力的影响深度有限,基本未超出基床范围。以应力衰减系数达到0.2为标准,可得不同加载面积荷载的有效影响深度约为板长的1.5倍,与理论计算结果吻合。

(6)路基基床结构层填料力学性质对路基面支承刚度影响显著,尤其是半刚性的水泥稳定级配碎石路基结构的支承刚度远大于一般路基结构的支承刚度,通过控制不同的掺灰率可有效调节路基的支承刚度,实现过渡段纵向刚度的匹配。

6.4.3 路基过渡段路基面支承刚度实车测试及分析

1)路基与桩-板结构过渡段测试数据

(1)过渡段结构及测点布置

路基与桩-板结构过渡段结构及测点布置示意图见图6-57。

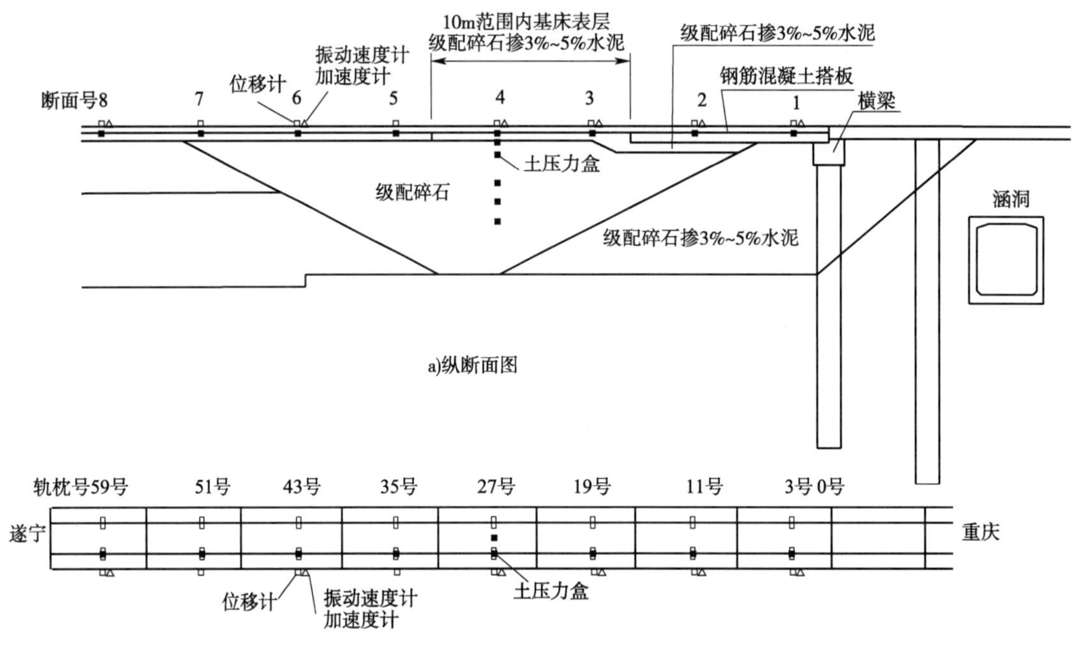

图6-57 路基与桩-板结构过渡段结构及测点布置示意图

(2)动应力结果与分布

在过渡段测试范围的支承层动应力沿线路纵向基本呈波浪形台阶变化,在桩-板结构近端附近数值较大,远端数值较小,如图6-58所示。过渡段测试范围动应力均值的平均变化坡度(斜率)为-0.3490kPa/m和-0.3325kPa/m。

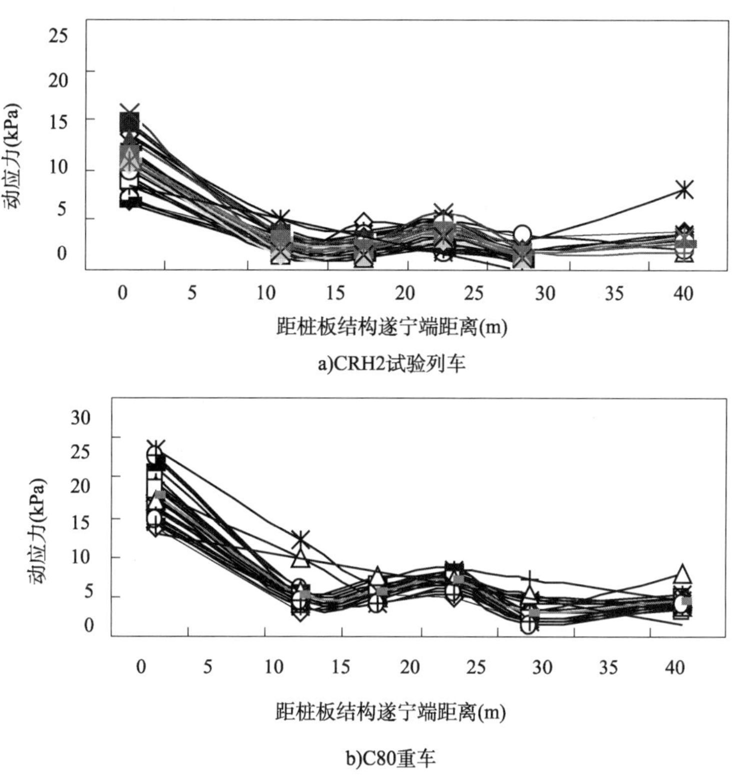

a)CRH2试验列车

b)C80重车

图6-58　支承层动应力均值沿线路纵向变化曲线

(3)振动变形结果与分布

在过渡段测试范围的道床板振动变形均值沿线路纵向呈波浪形平稳变化,如图6-59所示。近桩－板结构端位置的振动变形小于远桩－板结构端位置的振动变形,表明过渡段的加强措施产生了效果;过渡段测试范围振动变形均值的平均变化坡度(斜率)为0.00012mm/m和0.00072mm/m。

(4)振动速度结果与分布

在过渡段测试范围的支承层振动速度均值沿线路纵向呈平缓上升变化,如图6-60所示。近桩－板结构端的振动速度较小,最大均值发生在过渡段尾段。过渡段测试范围振动速度均值的平均变化坡度(斜率)为0.1342mm/(s·m)和0.0999mm/(s·m)。

(5)振动加速度结果与分布

在过渡段测试范围的支承层振动加速度均值沿线路纵向呈抛物线形平稳变化,近桩－板结构位置附近的振动加速度略大于(或小于)远桩－板结构位置的振动加速度,如图6-61所示。过渡段测试范围振动加速度均值的平均变化坡度(斜率)为－0.0384m/(s^2·m)和0.0141m/(s^2·m)。

2)路基与隧道(刚性/一般)过渡段测试数据

(1)过渡段结构及测点布置

路基与隧道(刚性路基、一般路基)过渡段结构及测点布置示意图见图6-62和图6-63。

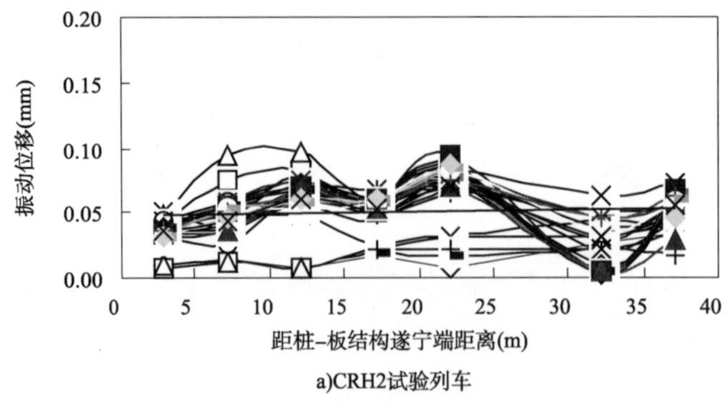

a)CRH2试验列车

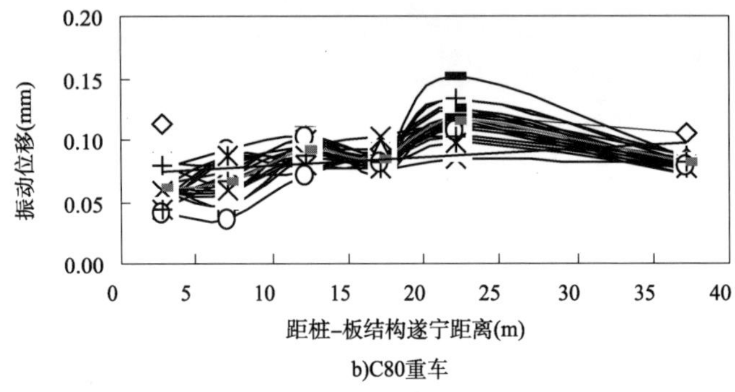

b)C80重车

图 6-59　道床板振动变形均值沿线路纵向变化曲线

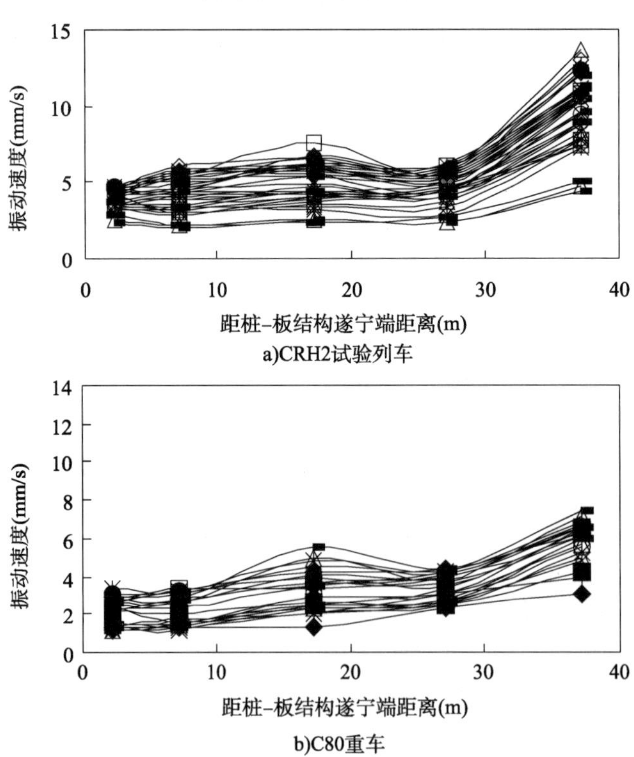

图 6-60　支承层振动速度均值沿线路纵向变化曲线

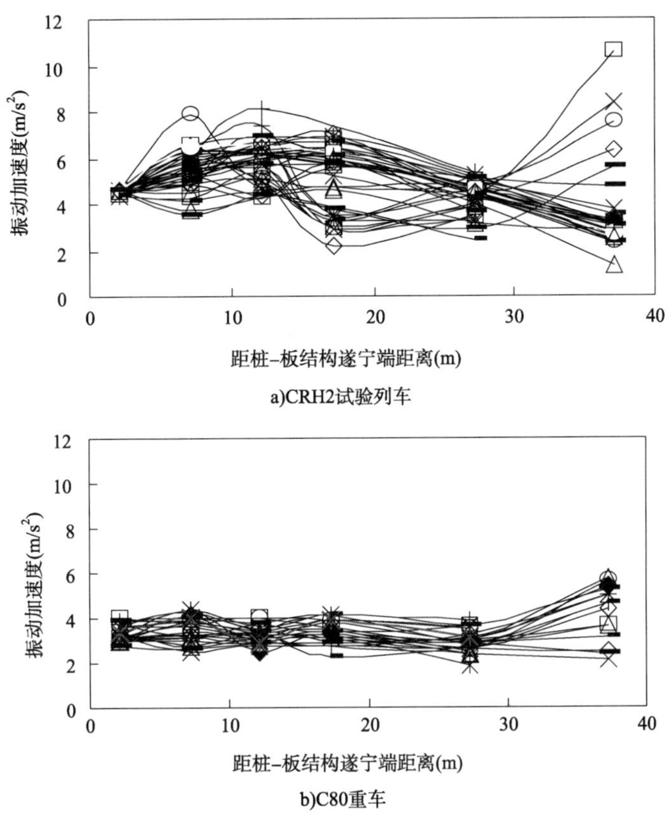

图 6-61　支承层振动加速度均值沿线路纵向变化曲线

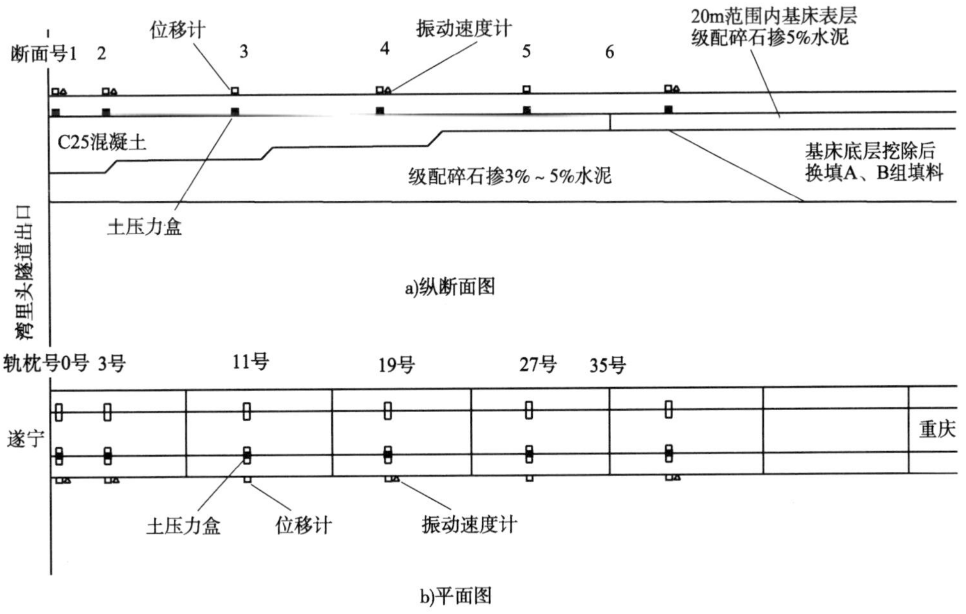

图 6-62　路隧（刚性路基）过渡段结构及测点布置示意图

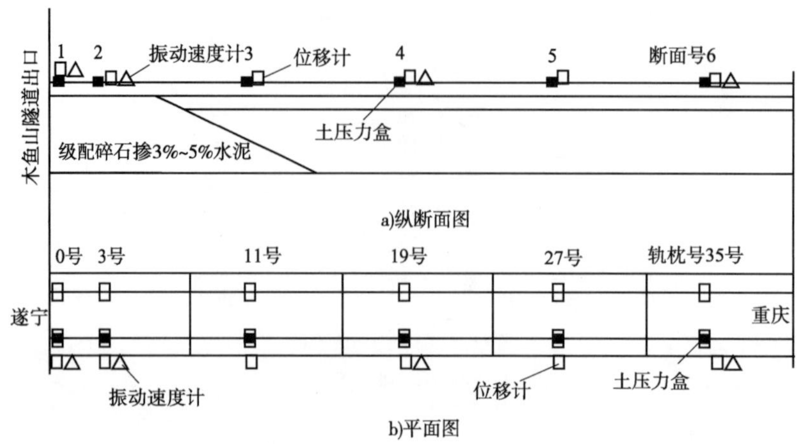

图 6-63　路隧(一般路基)过渡段结构及测点布置示意图

(2)动应力结果与分布

在过渡段测试范围的支承层动应力均值沿线路纵向呈波浪形变化,远隧道位置附近的动应力大于近隧道位置的动应力,如图 6-64 和图 6-65 所示。刚性过渡段测试范围支承层动应力均值增量的平均变化坡度(斜率)为 0.1344kPa/m 和 0.2027kPa/m。一般过渡段测试范围支承层动应力均值增量的平均变化坡度(斜率)为 0.0337kPa/m 和 0.0128kPa/m。

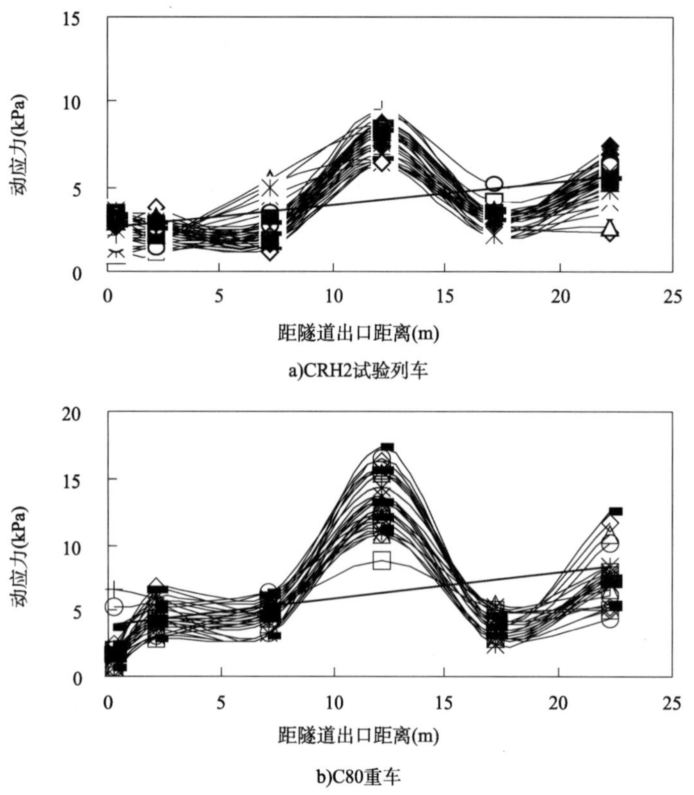

图 6-64　支承层动应力均值沿线路纵向变化曲线(刚性过渡段)

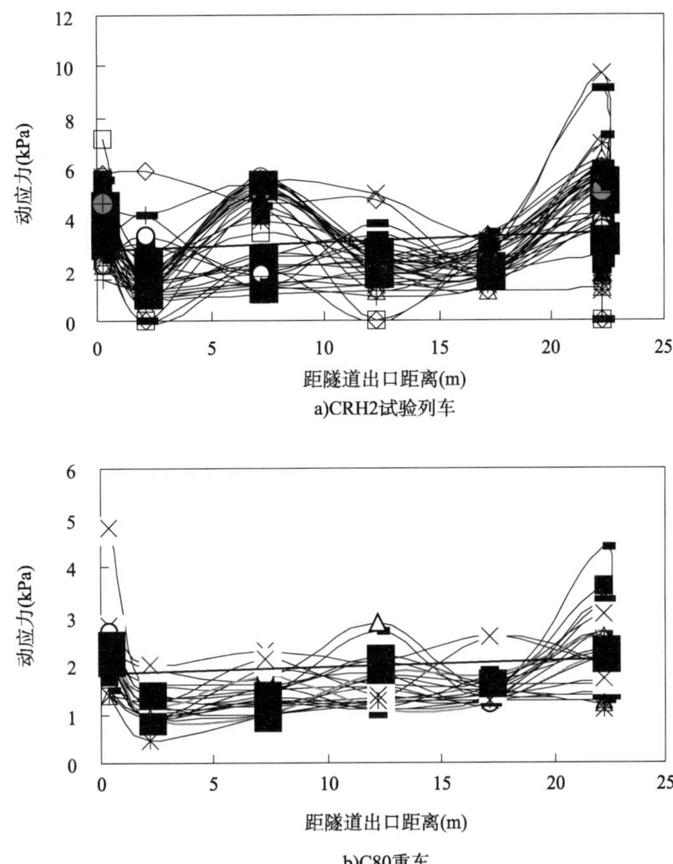

a)CRH2试验列车

b)C80重车

图6-65　支承层动应力均值沿线路纵向变化曲线(一般过渡段)

(3)振动变形结果与分布

在过渡段测试范围的支承层振动变形均值沿线路纵向呈平台形和波浪形平稳变化,远隧道位置的动变形明显大于近隧道位置的动变形,表明过渡段的加强措施产生了效果,动变形最大值发生在过渡段尾段,但在隧道洞口附近位置的动变形也相对较大(刚性过渡段),如图6-66和图6-67所示。刚性过渡段测试范围振动变形均值的平均变化坡度(斜率)为0.001mm/m和0.00028mm/m。一般过渡段测试范围振动变形均值的平均变化坡度(斜率)为0.0033mm/m和0.00514mm/m。

(4)振动速度结果与分布

在过渡段测试范围的支承层振动速度均值沿线路纵向呈波浪形平稳变化,但在隧道出口位置的支承层振动速度较大(刚性过渡段),在隧路交界位置附近的支承层振动速度变化也较剧烈,如图6-68和图6-69所示。刚性过渡段测试范围振动速度均值的平均变化坡度(斜率)为-0.1325mm/(s·m)和-0.0853mm/(s·m)。一般过渡段测试范围振动速度均值的平均变化坡度(斜率)为-0.0292mm/(s·m)和0.0758mm/(s·m)。

3)两桥(隧)之间短路基过渡段测试数据

(1)过渡段结构及测点布置

两桥(隧)之间短路基过渡段结构及测点布置示意图6-70。

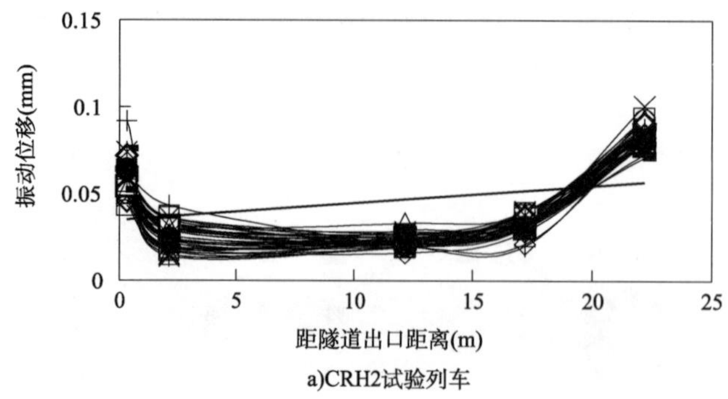

a)CRH2试验列车

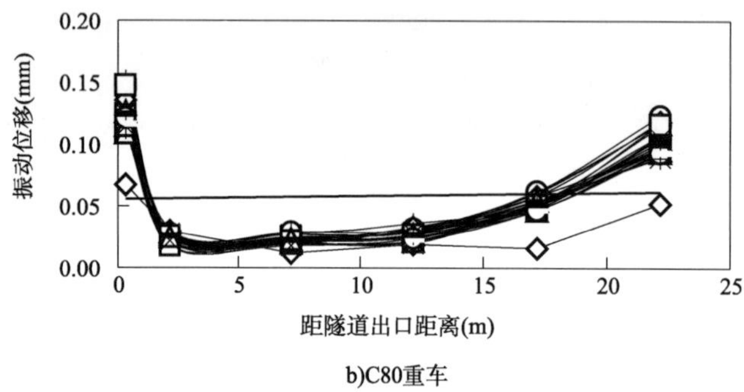

b)C80重车

图6-66　支承层振动变形均值沿线路纵向变化曲线(刚性过渡段)

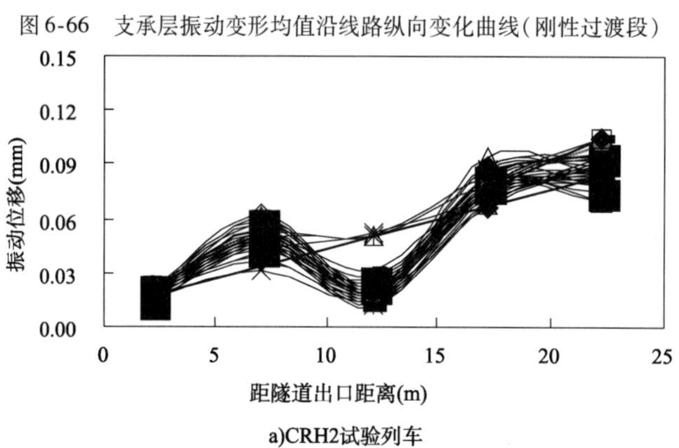

a)CRH2试验列车

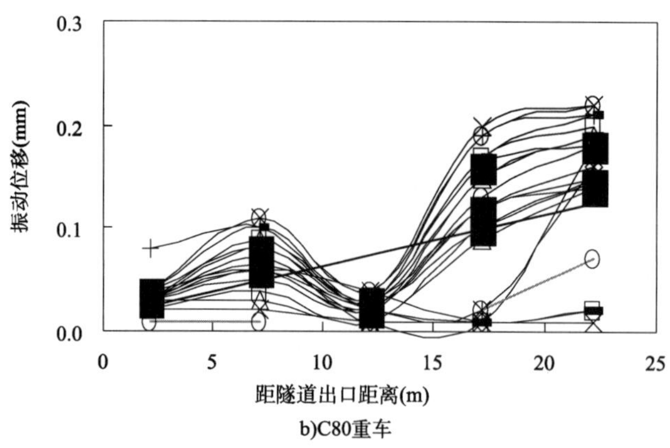

b)C80重车

图6-67　支承层振动变形均值沿线路纵向变化曲线(一般过渡段)

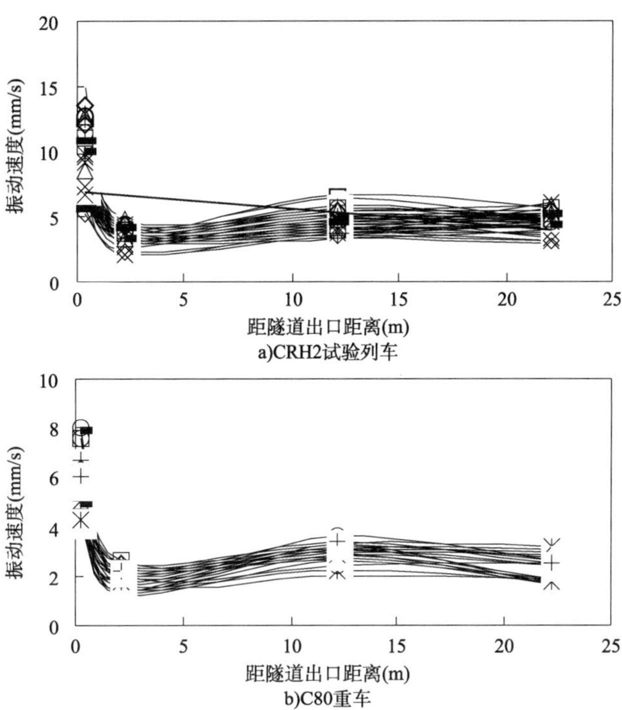

a)CRH2试验列车

b)C80重车

图 6-68 支承层振动速度均值沿线路纵向变化曲线(刚性过渡段)

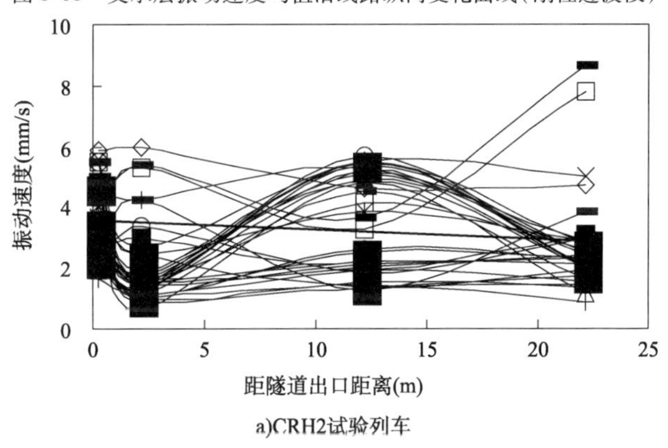

a)CRH2试验列车

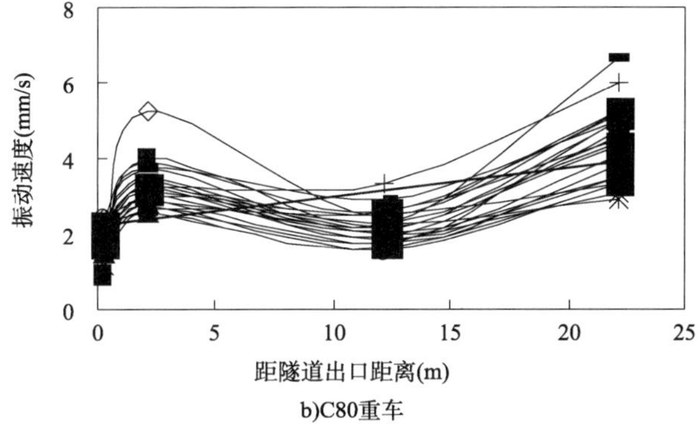

b)C80重车

图 6-69 支承层振动速度均值沿线路纵向变化曲线(一般过渡段)

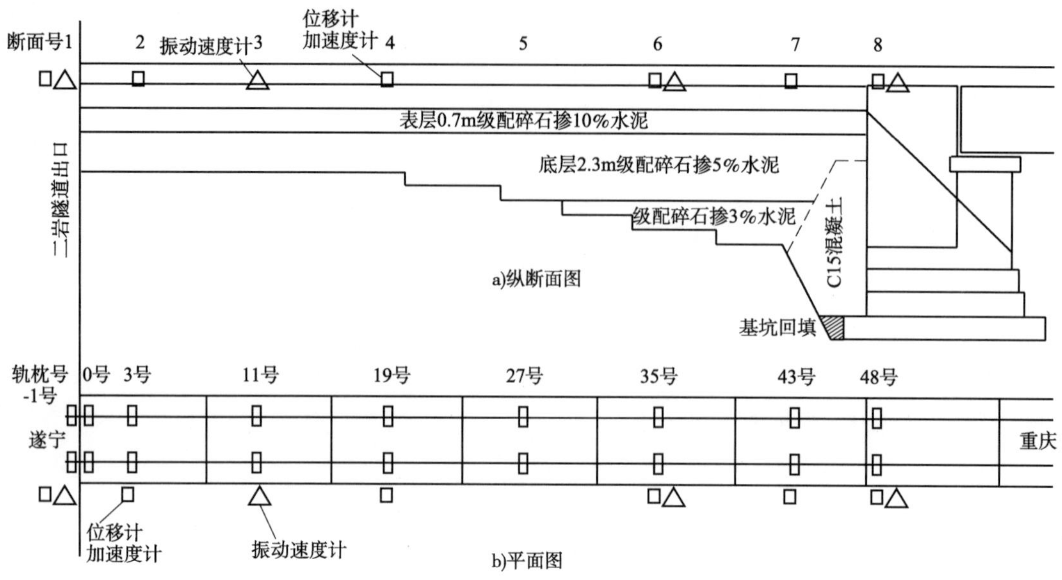

图6-70　两桥(隧)之间短路基过渡段结构及测点布置示意图

(2)振动变形结果与分布

在过渡段测试范围的支承层振动变形均值沿线路纵向变化平稳或呈小幅波浪形变化，与桥隧交界附近数据相对较大，如图6-71所示，表明过渡段的加强措施产生了效果；过渡段测试范围振动变形均值的平均变化坡度(斜率)为 -0.00012mm/m 和 0.00089mm/m。

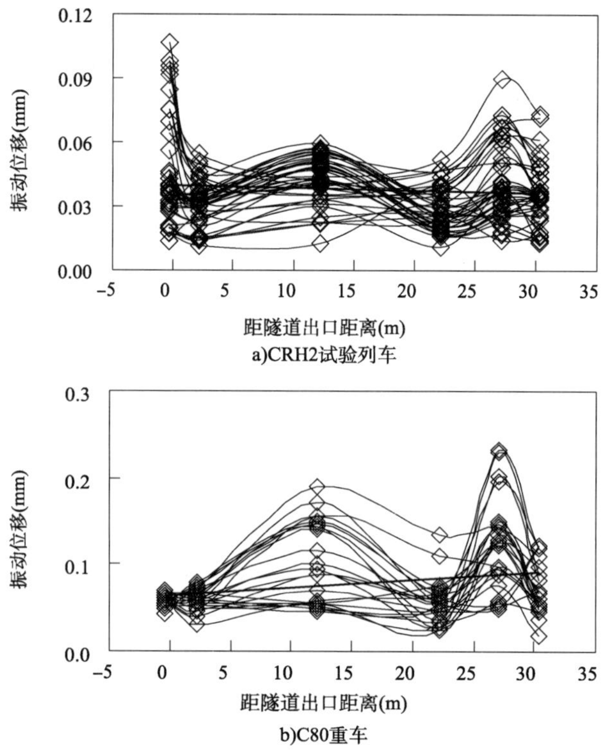

图6-71　支承层振动变形均值沿线路纵向变化曲线

(3)振动速度结果与分布

在过渡段测试范围的支承层振动速度均值沿线路纵向变化平稳或呈小幅波浪形变化，与桥隧交界附近数据相对较大，如图6-72所示；过渡段测试范围振动速度均值的平均变化坡度(斜率)为－0.0327mm/(s·m)和0.0129mm/(s·m)。

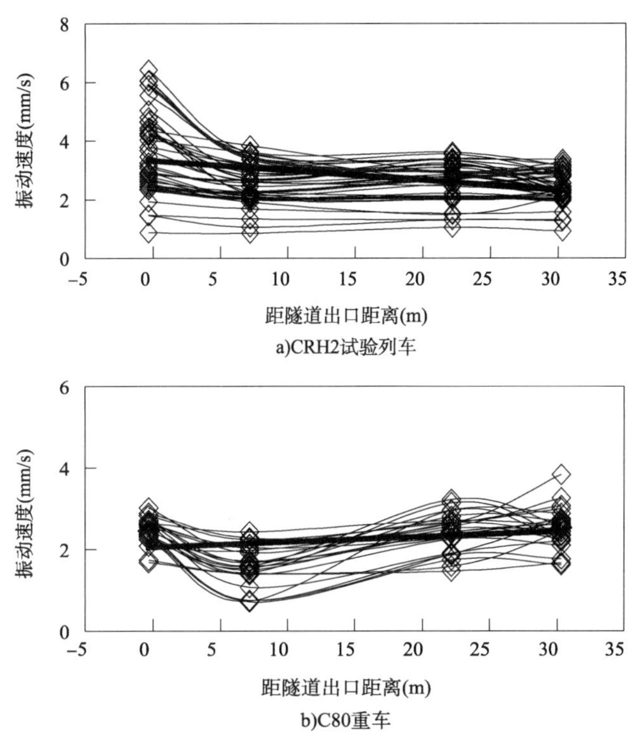

图6-72 支承层振动速度均值沿线路纵向变化曲线

(4)振动加速度结果与分布

在过渡段测试范围的支承层振动加速度均值沿线路纵向变化平稳或呈小幅波浪形变化，与桥隧交界附近数据相对较大，如图6-73所示；过渡段测试范围振动加速度均值的平均变化坡度(斜率)为0.00258m/(s^2·m)和0.00152m/(s^2·m)。

4)试验小结

通过不同车速条件下CRH2动车组和重载货物列车(C80重车)的实车运行试验，测试了遂渝线无砟轨道综合试验段路基过渡段3种典型结构共4处工点的动力特性及其沿线路纵向的变化规律[桩－板结构与路基过渡段、刚性和一般隧路过渡段、两桥(隧)之间短路基过渡段]，对测试数据进行了整理分析，有如下基本结论和建议。

(1)由于CRH2动车组和C80重车在车辆轴重、行车速度、车辆动力学性能等方面差异较大，由其引起的无砟轨道路基面动应力和支承层振动位移、振动速度、振动加速度等动力响应不一。其中，车辆轴重对路基面动应力和支承层振动位移影响最大，行车速度和车辆动力学性能对支承层振动速度和振动加速度影响较大，分别为路基及过渡段动力学设计的主要控制因素。

(2)由于动车组具有轴重轻、车辆减振性能好等特点，无砟轨道及路基结构承受的动应力和振动变形相对较小，对线路的动力作用不显著。相对而言，重载货物列车的影响则显著而剧烈。测试数据表明，CHR2 试验列车引起的动应力和振动位移只有 C80 重车的 1/2 ~2/3。

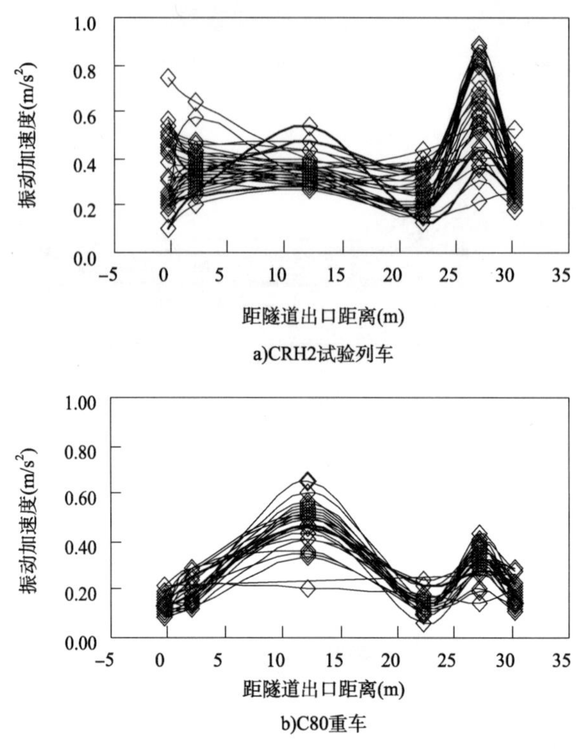

图 6-73　支承层振动加速度均值沿线路纵向变化曲线

(3)车辆的轴重和行车速度对过渡段范围的动应力、振动位移、振动速度、振动加速度等动态指标沿线路纵向分布规律的影响不大。动应力增量、振动变形、振动速度及振动加速度等动力学指标沿过渡段纵向变化平稳，过渡段的处理措施达到了预期效果。

(4)对比刚性和一般隧路过渡段的测试数据可知，采用水泥稳定级配碎石进行隧路过渡段填筑，可获得更好的动态过渡性能，主要表现为过渡段的弹性更好、振动更小、行车的冲击作用更低。

(5)两桥(隧)之间短路基采用半刚性的水泥稳定级配碎石进行填筑，是一种新型的处理措施。与已采用过的刚性片石混凝土或浆砌片石路基相比，既实现了两桥(隧)之间短路基全长等刚度过渡的目的，又达到了改善无砟轨道及路基结构弹性的效果。

(6)测试数据表明，路基承受的动应力沿深度衰减的趋势明显。线路中心位置的动应力在路基面下 0.6 ~2.7m 深度范围呈曲线规律衰减，在路基面下 3m 位置附近的动应力约衰减 70% 以上，与现场原位加载试验和理论计算基本一致。

6.4.4　路基面支承刚度测试分析结论及启示

路基及过渡段的路基面支承刚度对无砟轨道结构的长期耐久性和高速行车的平稳性有较大影响，是高速铁路无砟轨道设计的关键技术之一。针对遂渝铁路无砟轨道综合试验段路基及过渡段结构设计的具体条件，开展了路基过渡段用水泥稳定级配碎石粒料工程性质试验、典型路基结构的路基面支承刚度的现场加载试验、路基过渡段路基面支承刚度实车测试及纵向刚度匹配效果验证等方面的室内外动静态测试和计算分析工作，基本掌握了路基和过渡段的支承刚度及其变化规律和主要影响因素，为路基与桥隧涵等构筑物纵向刚度合理匹配的结构设计奠定了试验基础，并有以下基本认识和结论。

1）路基过渡段用水泥稳定级配碎石粒料工程性质试验

（1）水泥稳定级配碎石粒料作为一种具有中国特色的优质工程材料，已大量应用于公路工程。由于高速铁路无砟轨道结构对线路纵向的平顺性要求甚严，利用水泥稳定级配碎石粒料的强度和模量可调性，将其用于路基结构垂向和纵向刚度的逐渐调整，是目前铁路客运专线路基及过渡段技术处理的最常用工程措施之一。

（2）采用相同重量的粗集料（16～40mm）、细集料（5～16mm）和石屑（0～5mm）拌和而成的级配碎石粒料，具有较好的级配和适中的颗粒大小，能满足基床表层用级配碎石和级配砂砾石的要求，也基本满足过渡段用级配碎石的要求（但细颗粒含量偏少），属于级配良好的碎石粒料（$C_u \geqslant 5$，$C_C = 1 \sim 3$）。级配碎石粒料在风干状态下的含水量较低，难以压实。水泥稳定级配碎石粒料在适宜含水量条件下能压实到较密实的状态。

（3）掺灰率对水泥稳定级配碎石粒料的无侧限抗压强度和抗压模量等力学性质指标影响显著，对水泥稳定级配碎石粒料的密度影响不大。主要表现为：无侧限抗压强度和抗压模量随掺灰率的增加而大幅提高，呈现出近似的线性和幂函数相互关系；密度随掺灰率的增加只有小幅提高，并呈近似线性的相互关系。

（4）水泥稳定级配碎石粒料的无侧限抗压强度与抗压模量之间具有较好的一致性对应关系，主要表现为抗压模量与无侧限抗压强度一起升降，基本符合幂函数的相互关系。

2）典型路基结构的路基面支承刚度的现场加载试验

（1）反映路基面支承刚度特性的压力—位移加载曲线呈非线性分布。采用 Winkler 弹簧地基或 Hooke 弹性地基获得的地基系数和变形模量可用于描述路基结构的支承刚度。通过路基结构在荷载作用下的沉降变形曲线获得的地基系数和变形模量，受加载面积和加载类型的影响明显。主要表现为：随着加载面积的增大，地基系数有减小的趋势，加载面积对变形模量的影响低于对地基系数的影响。

（2）路基面的支承刚度有随加载面积增大（表现为荷载的影响范围加深，基床底层相对较弱的填料性质对路基面支承刚度的影响加强）而逐渐减小的特性，但其减小量随加载面积的增大有逐渐减小的趋势（表现为荷载的影响范围逐渐趋于稳定），当加载面积增大到$1.0 \times 1.0\text{m}^2$至$1.5 \times 1.5\text{m}^2$以后就基本趋于稳定了；基床以下路堤填料的性质对路基面支承刚度影响不大，加载应力的影响深度基本未超出基床范围，不同加载面积荷载的有效影响深度约为板长的1.5倍，与理论计算和动态测试结果吻合。

（3）路基各结构层的填料性质对路基面支承刚度有不同程度的影响。主要表现为：加载幅值和加载面积较小时，荷载的影响范围较浅，路基面的支承刚度主要受基床表层材料性质的影响。随着加载幅值和加载面积的增大，荷载的影响范围加深，路基面的地基系数和变形模量受基床底层材料的性质影响显现。针对具体的测试工点，水泥稳定级配碎石填料的力学强度高，路基的支承刚度最大；红层泥岩改良土填料的结构性强，路基的支承刚度较高；级配碎石填料为松散介质，必须经过充分碾压才能实现较高的路基支承刚度。

(4)路基基床结构层填料力学性质对路基面支承刚度影响显著,尤其是半刚性的水泥稳定级配碎石路基结构的支承刚度远大于一般路基结构的支承刚度,通过控制不同的掺灰率可有效调节路基的支承刚度,实现过渡段纵向刚度的匹配。

3)路基过渡段路基面支承刚度实车测试及纵向刚度匹配效果验证

(1)车辆的轴重和行车速度对过渡段范围的动应力、振动位移、振动速度、振动加速度等动态指标沿线路纵向分布规律的影响不大。动应力增量、振动变形、振动速度及振动加速度等动力学指标沿过渡段纵向变化平稳,路基与桩 - 板结构过渡段采用级配碎石和钢筋混凝土过渡搭板的处理措施、路基与隧道过渡段采用刚性渐变混凝土和水泥稳定级配碎石的处理措施、桥隧间短路基采用水泥稳定级配碎石的过渡措施等均达到了预期效果,基本实现了路基过渡段支承刚度沿纵向的渐变过渡。

(2)在桩 - 板结构与路基交接位置布设钢筋混凝土过渡搭板,对实现过渡段路基面支承刚度的沿线路纵向逐渐变化效果显著。采用水泥稳定级配碎石进行隧路过渡段填筑,可获得与混凝土刚性渐变过渡段一样的动态过渡性能,且弹性更好、振动更小、行车的冲击作用更低。桥隧间短路基采用半刚性的水泥稳定级配碎石进行填筑,既能实现与刚性片石混凝土或浆砌片石路基一样的短路基全长等刚度过渡的目的,又达到了改善无砟轨道及路基结构弹性的效果。

(3)测试数据表明,路基承受的动应力沿深度衰减的趋势明显。线路中心位置的动应力在路基面下 0.6 ~ 2.7m 深度范围呈曲线规律衰减,在路基面下 3m 位置的动应力约衰减 70% 以上,与现场原位加载试验和理论计算结果基本一致。

6.5 路基过渡段纵向刚度匹配技术综合分析

6.5.1 路基支承刚度合理范围

路基是承受轨道结构重量和列车荷载的基础,是铁道线路工程的一个重要组成部分。高速铁路对轨道的平顺性和稳定性提出了严格要求,与之适应,也要求高速铁路路基在具备一般铁路路基的基本性能之外,还需满足高速铁路轨道对轨下基础提出的性能要求。其中,基床结构具有强度高、刚度大、变形小是基本要求之一。基床刚度对线路结构的刚度影响巨大,足够的基床刚度是实现列车高速、安全、舒适运行的基本条件。列车的行车速度越高,要求路基的刚度越大,弹性变形越小。路基的刚度不足,将引起线路结构产生过大的变形,引起车辆—轨道—路基系统的相互作用由稳定状态变为发散状态,直接导致轨道几何状态恶化,修养工作量剧增,严重时还会引发行车安全问题。当然,路基的刚度过大也会引起车辆和轨道的振动增加、动力作用增强、舒适性降低等问题。但对松散介质的路基而言,主要矛盾是刚度不足。

有砟轨道结构由不同力学性能的材料(钢轨、轨枕、道砟、扣件等)组合而成,弹性较好,阻尼较大,结构松散,各种因素引起的轨面变形可通过起拨道捣固工作进行修复,具有较强地适应路基变形的能力,对路基的各类变形及支承刚度限值有一个较宽的适应范围,更多的是关注路基在列车荷载和气候环境作用下的长期变形破坏问题。相反,由于无砟轨道结构已将松散的道砟换成了刚度巨大的钢筋混凝土材料，使得无砟轨道结构对路基的变形和刚度极其敏感。对路基变形及刚度的控制，除应根据路基自身承受的动力作用进行结构设计外，还应考虑路基的变形及刚度对上部无砟轨道结构，尤其是混凝土道床结构的影响。

动力学计算和现场实车测试结果均表明，路基支承刚度变化对列车与线路的相互作用将产生影响。其中，对轮轨作用力以及钢轨支点压力大小的影响相对较小，对钢轨位移、路基面位移和路基面动应力的影响较大。路基支承刚度太小，钢轨和路基面的位移就很大，在长期列车荷载作用下塑性变形较大，难以保证线路的平顺性。路基支承刚度太大，路基面的动应力就大大增加，也容易使土质路基产生破坏。可见，适宜的路基支承刚度是实现路基结构变形稳定性和长期耐久性的基础。

运用车辆—线路耦合动力学理论计算分析表明，采用"钢轨挠度变化率"（钢轨动挠度曲线的斜率）是有效评价轨下基础刚度变化引起的轮轨动力作用以及过渡段工程效果的综合指标。为保证高速铁路轨道结构的高平顺性，由轨下基础刚度变化引起的钢轨挠度变化率应控制在0.3mm/m以下。由动力学仿真结果可以看出，当路基上无砟轨道路基支承刚度较小时，道床板在列车荷载作用下将发生"翘翘板"现象，路基支承刚度越小这种现象越严重，它对轨道结构及路基本身的受力和变形非常不利，同时还影响线路状态的稳定性。通过不同路基支承刚度条件下的轮轨力、钢轨挠度以及钢轨挠度变化率的动力仿真结果可知，路基上无砟轨道的路基面支承刚度最小值应控制在100～200MPa/m之间。

6.5.2 路基过渡段支承刚度纵向匹配

由于路基与桥、隧、涵等构筑物的沉降特性不一致，在路基与桥、隧、涵等构筑物的连接处附近极易产生沉降差，导致轨面发生弯折变形，产生静不平顺问题；另一方面，路堤与桥、隧、涵等构筑物的刚度差异十分巨大，能引起轨道刚度的较大变化，形成动不平顺问题。当列车通过该路段时，由轨下基础引起的轨道变形和刚度的突变，会加剧列车与线路的振动，引起列车与线路相互作用力的增加，加速线路的变形和破坏，影响行车的舒适性和平稳性，严重时甚至危及行车安全。这一现象将随着车速的提高和轴重的增大而加剧。

路基与桥隧涵等构筑物之间的过渡段范围存在的变形差和支承刚度不均匀引起的轨道不平顺问题，是高速铁路建设中普遍存在的一个技术难题，处理不当将严重影响高速铁路的运行品质。路基与桥隧涵等构筑物之间产生的变形与刚度不平顺问题，与在过渡段范围的路基填土强度、高度、密度、压缩性、刚度等密切相关。经过实践认为，除应保证过渡段路基填土的压实度要求外，还应选用强度高、压缩性小、刚度大的材料，以减小过渡段路基填料的沉降变形，并对路基填料的刚度提出要求。

基于路基过渡段存在的动静不平顺问题，可采用"刚柔过渡"的设计原则。由于桥隧涵等构筑物是用刚性很大的钢筋混凝土浇筑而成，是刚弹性体，而路基是用柔性较大的岩土材料填筑而成，是弹塑性体，路基与桥隧涵等构筑物之间存在巨大的刚度差，这个刚度差的存在必然引起路基与桥隧涵等构筑物之间产生较大的塑性变形差和刚度突变。使路基和桥隧涵等构筑物之间存在的这个刚度差和塑性变形差在过渡段范围内渐变，并保证渐变后任一点的刚度差不致影响车辆的平稳运行，任一点的塑性变形差不致使无砟轨道混凝土结构产生断裂和破损，就是路基过渡段设计的“刚柔过渡”思想，如图6-74和图6-75所示。

由图6-74和图6-75可知，路基过渡段长度的确定与刚度差 $\Delta\delta=\delta_2-\delta_1$、刚度坡度 $i_1=\Delta\delta/L_1$、塑性变形差 $\Delta l=l_2-l_1$、塑性变形坡度 $i_2=\Delta l/L_2$ 等参数有关。由刚度变化示意图求得的路基过渡段长度称为路基过渡段刚度过渡长度 L_1，由塑性变形变化示意图求得的路基过渡段长度称为路基过渡段塑性变形过渡长度 L_2，路基过渡段长度取两者中的大值，既保证了刚度差对路基过渡段长度的要求，又满足了塑性变形差对路基过渡段长度的要求，可从根本上保证路基过渡段无砟轨道混凝土结构不断裂和破损，路基过渡段的不平顺满足高速列车安全平稳舒适运行的要求。

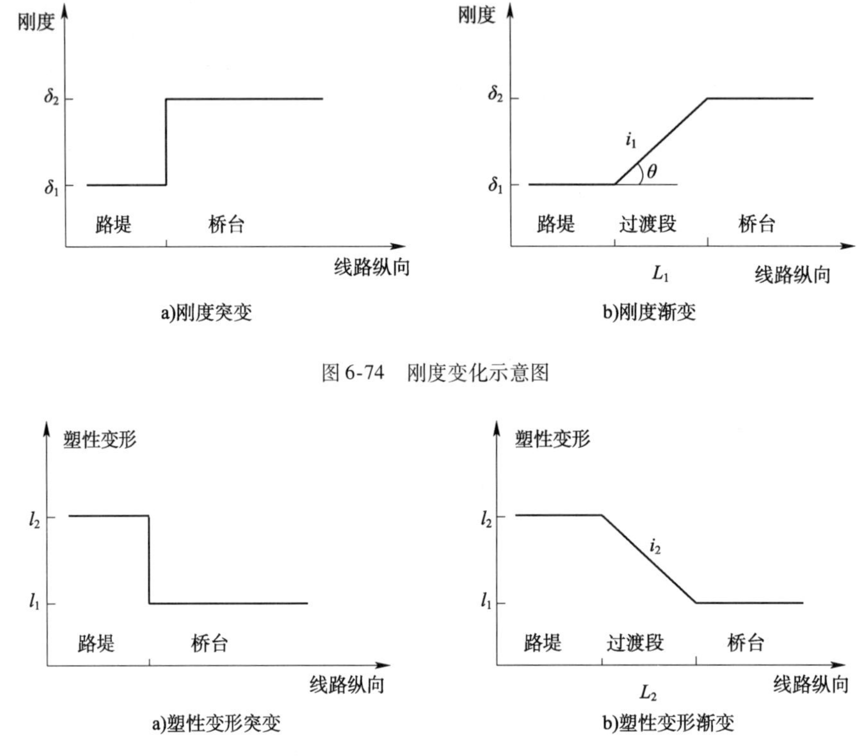

图6-74　刚度变化示意图

图6-75　塑性变形变化示意图

路基与桥台间的刚度差和塑性变形差可通过设计计算确定。确定路基过渡段刚度过渡长度 L_1 的关键是确定刚度渐变坡度 i_1 值，极限最大 i_1 值的确定原则是保证不因刚度变化过大而产生影响行车安全和舒适的不平顺。确定路基过渡段塑性变形过渡长度 L_2 的关键是确定塑性变形渐变坡度 i_2 值，极限最大 i_2 值的确定原则是保证不因塑性变形变化过大而使无砟轨道混凝土结构产生断裂和破损。i_1 和 i_2 值可通过相关的试验确定。

由车辆—线路耦合动力学理论计算结果可知，由轨下基础刚度变化引起的钢轨挠度变化率控制在0.3mm/m以下，将有效保证高速铁路轨道结构的高平顺性。通过不同路基支承刚度条件下的轮轨动作用力、钢轨挠度、钢轨挠度变化率的动力学仿真分析，遂渝线无砟轨道的路基与桥隧涵连接处，路基面支承刚度的经济合理值应为500～1000MPa/m。大于该数值后，无砟轨道的纵向刚度变化已非常不明显了。

6.5.3　路基过渡段刚度匹配技术与过渡段构造[56-58]

1）路基过渡段刚度匹配技术

从理论上讲，实现路基过渡段的“刚柔过渡”有两种方法：其一是在路基过渡段范围内使用能从路基刚度渐变到桥隧涵等构筑物刚度的变刚度材料，具体可采用不同掺灰率的水泥稳定级配碎石；其二是使用刚度介于路基与桥隧涵等构筑物材料刚度之间的某种材料，但沿线路长度方向变化其厚度，使路基过渡段范围整体刚度沿线路纵向逐渐变化，从而实现路基过渡段的“刚柔过渡”。

针对遂渝线无砟轨道综合试验段路基及过渡段的具体情况，采取了用级配碎石和 A、B 组填料提高路基支承刚度，以及用混凝土和水泥稳定级配碎石填料来实现路基与桥隧涵等构筑物之间的刚度匹配。在路基与桥梁之间主要采用了混凝土厚度渐变的刚性过渡措施和水泥稳定级配碎石 + 级配碎石的二次过渡段措施，在路基与隧道之间主要采用了混凝土厚度渐变的刚性过渡措施和水泥稳定级配碎石一般过渡段措施，在路基与涵洞之间主要采用了水泥稳定级配碎石 + 级配碎石的二次过渡段措施，在路基与桩 - 板结构之间主要采用了钢筋混凝土过渡搭板和水泥稳定级配碎石 + 级配碎石的二次过渡段措施，在桥隧间短路基主要采用了水泥稳定级配碎石的全长等刚度过渡措施等具体方案。

图 6-76 是遂渝线无砟轨道综合试验段路桥过渡段、路涵过渡段、路隧过渡段、两桥隧之间短路基、路堤与路堑过渡段 5 种典型过渡段结构示意图。

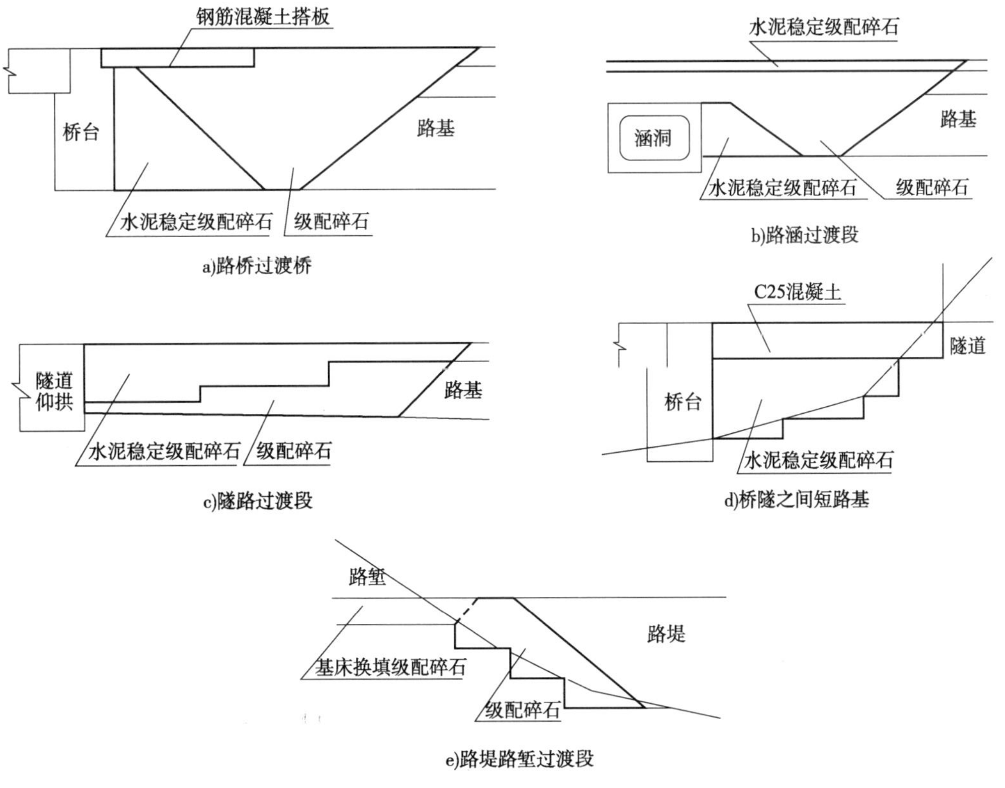

图 6-76　遂渝线无砟轨道综合试验段路基典型过渡段结构示意图

遂渝线无砟轨道综合试验段路基面支承刚度的实车测试数据表明,列车通过路基与桥隧涵等构筑物的过渡段时运行平稳,过渡段动力学指标沿线路纵向变化不大,路基过渡段纵向刚度匹配效果良好,达到了工程设计效果,基本实现了路基过渡段支承刚度沿线路纵向的渐变过渡。

总结遂渝线无砟轨道综合试验段实现路基支承刚度及纵向匹配的技术与途径,主要有:

(1)在路基范围设置路基面刚度和沉降渐变的过渡段。

(2)路基过渡段采用刚度较大且压缩变形小、稳定快的水泥稳定粒料或碎石填筑。

(3)对于长度较短的两桥隧之间短路基,采用全长等刚度刚性路基形式。

(4)桥梁与路基之间,设置了消除桥路差异沉降影响的构造措施——钢筋混凝土搭板。

2)路基过渡段结构优化与构造

高速无砟轨道铁路,为实现线路纵向刚度的均匀化,需要在线下基础刚度变化的地方设置过渡结构,这已成为共识。相关的理论研究与工程实践说明,路基与桥、涵、隧等构筑物之间设置刚度和沉降渐变过渡段是必须的,也是可行的,过渡段刚度和变形控制的理论和技术已成为共识;但著者认为,在工程上如何实现过渡段刚度和变形的控制,路基过渡段结构与构造的作用不可忽视。下面给出著者总结归纳的路基过渡段结构与构造。

(1)刚度差异构筑物之间刚度过渡

两个刚度差异的构筑物之间,需要设置使刚度渐变过渡的措施。可以采取的办法包括,在刚度较低一侧设置刚度较高且刚度渐变的结构,或在刚度较高一侧设置刚度较低且刚度渐变的结构。如隧道与路基连接,可采用在路基段设置刚度较大的水泥稳定粒料楔形填筑体(图6-77)。

(2)刚度差异构筑物之间刚度和沉降变形过渡

两个刚度差异的构筑物之间,当存在沉降变形差异时,需要采取使刚度和沉降变形渐变过渡的措施。可以采取的办法包括,在刚度较低一侧设置刚度较高且刚度和沉降渐变的结构。如路基与桥梁连接,可在路基段设水泥稳定粒料置楔形填筑体,同时为防止路基与桥梁连接出现沉降差异错台,在路基与桥梁之间设置钢筋混凝土搭板(图6-78)。

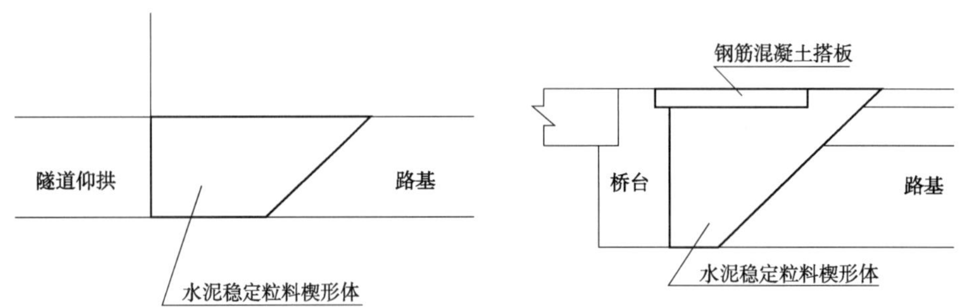

图6-77　隧道与路基刚度过渡结构　　图6-78　路基与桥梁之间设置钢筋混凝土搭板

(3)两个大刚度构筑物之间刚度衔接

山区铁路中常出现桥隧相连的情况,这是典型的两个大刚度构筑物之间衔接问题。当两桥之间、两隧之间或桥隧之间的距离较短时,可归为这一类。可采取的办法是在两个大刚度构筑物之间设置沉降变形为零且刚度与构筑物刚度相当的结构物。如在两桥之间设置采用水泥稳定粒料填筑的刚性路基,或采用桩－板结构路基。图 6-79 为典型的两桥之间、两隧之间或桥隧之间短路基过渡段结构和构造。

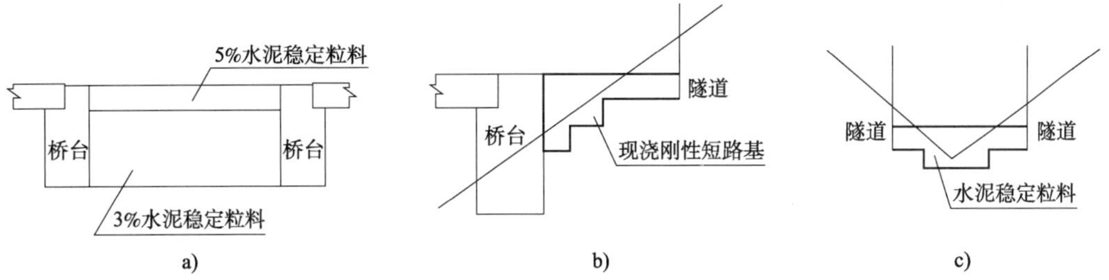

图 6-79　两桥之间、两隧之间或桥隧之间刚性短路基

(4)两个大刚度构筑物之间刚度和沉降变形衔接

当两桥之间的距离较长时,从工程经济性出发,两桥之间可能选择采用路堤形式通过,在桥－路－桥之间存在刚度和沉降变形的衔接问题。可以采取在路基一侧设置刚度较高且刚度和沉降渐变的水泥稳定粒料楔形结构,如图 6-80 所示。

(5)防止构筑物之间差异沉降错台

防止构筑物之间因差异沉降而出现错台,理论上可以采取控制构筑物沉降变形,使两个构筑物沉降变形一致;但对于不同的构筑物而言,要控制沉降变形差异小于 5mm,实际上十分困难。如在路基与桥梁墩台之间设置钢筋混凝土搭板,则可以实现防止路基与桥梁墩台之间因沉降变形差异而出现的错台。图 6-81 为防止构筑物之间差异沉降的搭板结构。

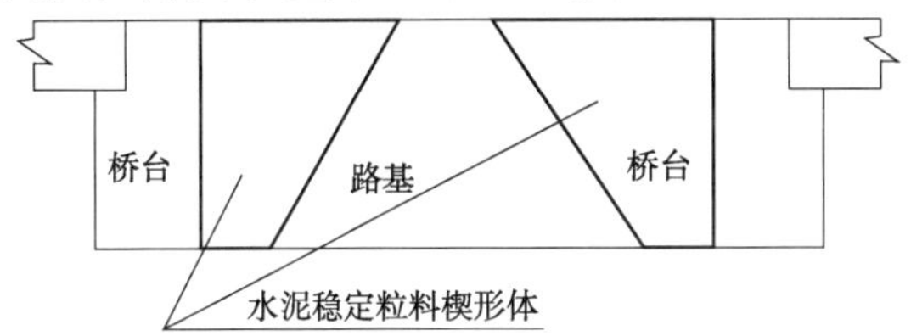

图 6-80　桥－路－桥之间刚度和沉降变形过渡结构

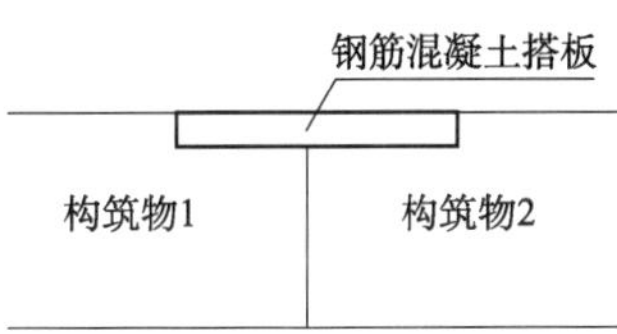

图 6-81　防止构筑物之间差异沉降的搭板结构

第7章　路基防排水

水对土体的浸湿、饱和作用，将引起土体强度的降低，引发各种工程病害。如铁路基床土体强度不足，在列车动荷载作用下常常引起基床的变形、翻浆冒泥；边坡土体强度不足，可能引起边坡变形甚至失稳；路堤土体强度不足，将引起路基沉降。可以说，水是促使路基病害发生和发展的重要原因之一。因此，做好路基防排水工作，保持路基经常处于干燥、稳定和坚固状态就显得尤为重要。无砟轨道铁路对路基沉降变形限制严格，为路基工程保证其动力特性和承载性能的长期稳定，必须构建完善的路基防排水体系，并采取更加完善的路基防排水措施。

7.1　路基防排水体系

无砟轨道铁路路基防排水体系如图7-1所示。

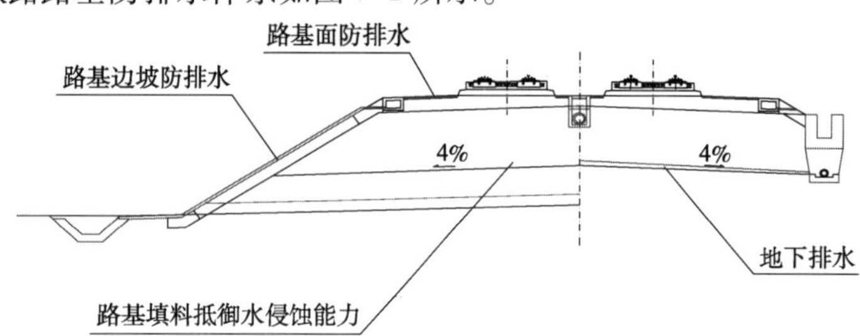

图7-1　无砟轨道铁路路基防排水体系

无砟轨道铁路路基防排水体系的构成包括以下三个部分：

(1)路基填料，抵御水侵蚀能力。

(2)地下排水，包括路堤基底地下排水和和路堑基床换填底部地下排水。

(3)地面排水，包括路基面防排水和边坡防排水系统(包括路堤、路堑边坡防排水以及侧沟、天沟、排水沟)。

7.2　路基填料抵御水侵蚀能力

影响路基工程长期稳定性的因素有：

(1)岩土材料抵御水侵蚀能力。

(2)气候及水文特征。

(3)路基防排水措施。

上述三个因素中,岩土材料抵御水侵蚀能力最为重要。气候及水文特征,决定路基工程可能受水侵蚀的程度,可作为选择路基防排水工程的主要参考,如在西北降雨量极少且蒸发量大于降雨量的地区、西南多雨地区,路基工程防排水措施存在较大的不同。路基工程防排水措施,可以起到保护路基不受或少受水侵蚀的作用,但属于被动防护。因此,采用水稳性好的岩土材料、采取措施提高路基填料的水稳性是设计方案的首选。

我国现行规范制定了客运专线无砟轨道铁路路基填料材质要求以及填筑压实控制参数,通过控制填料的材质以及压实度来保证填筑体的强度和变形满足设计要求。为保证填筑体强度和变形的稳定,现行规范对客运专线无砟轨道铁路路基使用C组等非良质填料做了严格的限制:

基床表层:采用级配碎石。

基床底层:采用A、B组填料及改良土。

基床以下路堤:采用A、B、C组(不含细粒土、粉砂及易风化软质岩块石土)填料及改良土。

由于对填料材质限制严格,实际工程中大量的挖方或隧道弃渣往往不符合要求而不能直接用作路基填料。我国客运专线铁路建设规模大、线路长,线路区域地质条件复杂,优质填料来源困难,因此,扩大可用的填料范围,使挖方或隧道弃渣中C、D组填料也可以用作客运专线的路堤填料,对我国的铁路建设具有重要意义。结合遂渝线无砟轨道综合试验段开展了红层泥岩(C组填料)填筑工程试验[2],设置了两段长度各为30m的红层泥岩土和红层泥岩改良土路堤试验段。红层泥岩填料填筑无砟轨道的适应性试验研究表明:红层泥岩土采用常规压实设备可以达到较高的压实度(95%以上),且路基填料强度、变形均满足要求;红层泥岩填筑体浸水后会有较大程度的软化(有关试验参数见表7-1),但在最不利情况下,其强度和变形仍然能够满足要求。红层泥岩土和红层泥岩改良土路堤试验段实车综合试验及沉降变形监测表明:红层泥岩土和红层泥岩改良土路堤具有良好的动力和承载性能。这说明:对于非良质填料,当其强度、变形和水稳性均满足要求时是可以使用的。因此,为尽可能利用挖方或隧道弃渣,建议增加填料抵御水浸蚀能力即水稳性指标检测,作为判断填料是否可用的指标,工程中严格禁止使用水稳性指标不满足要求的填料。

遂渝线无砟轨道综合试验段红层泥岩填筑体水稳性能试验参数 表7-1

序号	指标体系	试验参数	备 注
1	软化系数	>0.34	压实度为92%条件下
2	CBR	>4%	
3	自由膨胀率	<3%	
4	有载膨胀率	0	荷载为100kPa

7.3 路基面防排水

7.3.1 路基面防排水系统

为防止降水渗入路基,路基面宜采用全封闭防水措施。

遂渝线无砟轨道综合试验段路基面采取了全封闭防水措施,包括:

(1)轨道基础板两侧路基基床表层铺设0.1m厚沥青混凝土封闭层,防止表水下渗。

(2)在无砟轨道路基左右两线的轨道板之间,设置贯通的C25混凝土纵向水沟。间隔50m左右设集水井,在集水井底部设置横向排水管,将积水通过横向ϕ200mm高耐压防断裂复合排水管排入路堤边坡上的排水槽或路堑侧沟。

(3)路堑侧沟外平台采用浆砌片石封闭。

设计要求路基面防水沥青混凝土渗透系数不大于10^{-4}cm/s。

作为路基面封闭防水层,路基面防水沥青混凝土应具备良好的防渗性能、高温稳定性、抗低温能力以及抗水损害能力等。结合武广客运专线武汉综合试验段,开展了路基面防水沥青混合料试验研究,提出了路基面防水沥青混合料SAMI的技术指标体系[59,60]。

但上述在轨道基础板两侧铺设防水沥青混合料SAMI的方法,由于轨道基础板外侧路基宽度狭窄,加之间隔一定距离设置有接触网杆塔,施工条件较差,需要专用施工装备——窄幅变幅沥青混合料摊铺机。为解决这个难题,进一步开展了全断面铺设沥青混凝土,即沥青混凝土兼作防水层和承载层的相关技术试验研究,提出了全断面铺设沥青混凝土指标体系及相应技术要求[61]。

7.3.2 路基面防水沥青混凝土

选用合理的路基面防水材料以防止降雨径流下渗至路基内部,是控制路基变形、保证路基稳定的重要措施。工程上常用以下几种:

(1)黏土衬层。

(2)土工合成材料。

(3)水泥混合料。

(4)沥青混合料。

黏土衬层因防渗性能好而被广泛用于垃圾掩埋场的基地处理,但不适合路基面防水的露天环境和抗侵蚀要求。土工合成材料在浅埋条件下长期防渗性能难以保证且修复困难。水泥混凝土由于温缩和干缩而普遍会产生开裂,无法满足防渗要求。沥青混合料具有结构性强、黏弹性好、污染少和经久耐用以及可回收再生等特点,广泛应用于土木、水利、环境等防水工程。我国参照国外特别是日本、德国无砟轨道工程经验,在路肩面两侧铺设防水型沥青混合料——SAMI(Surface Asphalt Mixture Impermeable)。

在遂渝线无砟轨道综合试验段和京津城际铁路无砟轨道的建设中,SAMI层基本布置形式如图7-2所示。然而,其施工及效果存在问题如下:

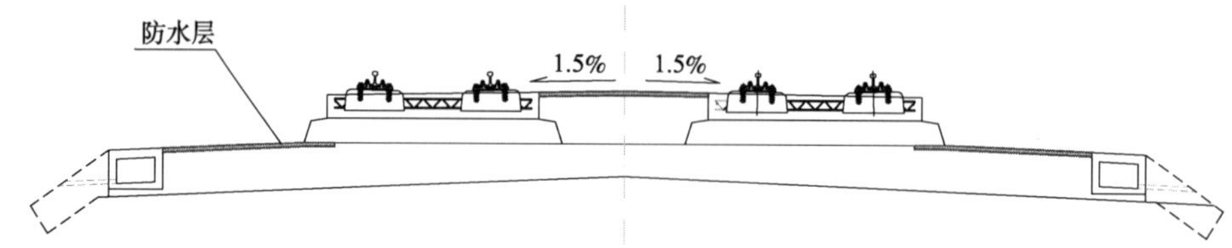

图7-2 无砟轨道路基面防水型沥青混合料(SAMI)层布设方式

(1)除防水性能指标外,未对材料的其他性能指标及物理指标作明确规定,不同施工单位实际完成的沥青混凝土封闭层质量差异较大。

(2)受遂渝无砟轨道试验段工期等因素的限制,不同施工单位实际采用的沥青混合料配制技术难以满足大规模生产的需要。

(3)受工期等因素的限制,不同施工单位主要采用人工或半机械施工方法施工,工程质量存在差异,难以满足大规模生产的需要。因此,需要对沥青混合料材料特性特别是功能及物理指标、配制技术以及施工工艺开展研究。

1)路基面防水沥青混合料指标体系

SAMI 材料不同于公路沥青混合料或水工沥青混合料,其指标体系的设计应考虑以下因素:

(1)防渗性要求对混合料的空隙率提出了限制。一般来说,空隙率应该足够小以保证良好的防渗特性。然而,过小的空隙率不仅使沥青含量增加导致成本上升,而且不利于 SAMI 层的高温稳定。实际上,水工沥青混合料的研究表明,空隙率小于 3% 的热拌沥青混凝土的渗透系数已近于零。

(2)SAMI 层作为路基面两侧防水封闭层,不涉及承载问题,但机械化施工要求其混合料具备一定的抵抗施工荷载的能力。此外,高速列车运行时产生的高频振动对于 SAMI 层具有一定影响。所以,SAMI 混合料在设计过程中仍需保留基本强度指标。

(3)SAMI 层与级配碎石基床表层之间具有较好层间接触条件,但在施工之前应考虑洒布透层油以保证一定的接触要求。

(4)由于沥青混合料物理力学性质的强烈温度依赖特征,必须将温度区划纳入指标体系的设计之中。参考我国《公路沥青路面施工技术规范》(JTG F40—2004),考虑 SAM 层功能需求,其混合料气候区划仅需以低温指标进行设计。鉴于我国高速铁路规划覆盖南北全域,低温区划可按照热区(极端最低气温大于 -9℃,主要覆盖我国南方大部地区)、温区(极端最低气温介于 -21.5 ~ -9℃之间,主要覆盖我国中北部地区)、寒区(-9℃,极端最低气温介于 -37 ~ -21℃之间,主要覆盖我国北部地区)和严寒区(最低极端气温小于 -37℃,主要覆盖我国极北部地区)执行。

为建立 SAMI 混合料完备的技术指标体系,需要系统考虑沥青混合料的技术性能指标如渗透系数、高温稳定性、动稳定度、劈裂强度、低温收缩系数、最小厚度等影响水力特性的作用机理。基于 SAMI 混合料性能指标的特点和 SAMI 层防水功能要求,SAMI 技术指标体系可以采用图 7-3 所示设计方案。该体系由五大指标组成,即渗透系数 K、空隙率 VV(Volume of Voids in Total Mix)、马歇尔稳定度 MS(Marshall stability)、冻融劈裂强度比 TSR(Tensile Strength Ratio)和低温线收缩系数 C。其中渗透系数 K 和空隙率 VV 作为控制指标,是进行 SAMI 混合料配合比设计的主要依据。

2)SAMI 混合料试验研究

根据沥青混合料的水力行为,选择三种不同集料公称最大粒径的沥青混合料 SAMI-5,SAMI-10,SAMI-13,研究不同的沥青含量和不同的级配组成对其渗透性能的影响。试验研究方案如图 7-4 所示,试验采用的集料级配如图 7-5 所示。

通过试验,分别测得三类混合料的毛体积相对密度(表观相对密度)和理论最大相对密度,结合原材料试验的沥青用量计算得出混合料的体积参数,如空隙率 VV、沥青体积百分率 V_b、矿料间隙率 VMA(Voids in Mineral Aggregates)以及沥青饱和度 VFA(Voids Filled with Asphalt)。在混合料物理性能试验基础上,开展压实混合料的渗透系数、标准马歇尔稳定度、冻融劈裂强度比以及低温线收缩系数等指标的试验。

核心指标
检验指标
配合比设计
优化指标
渗透系统K(cm/s)
空隙率VV(%)
标准马氏稳定度MS(kN)
冻融劈裂强度比TSR(%)
低温收缩系统C(℃⁻¹)
厚度、外观特性等
防水指标
高温指标
强度指标
低温指标
其他指标
防水层功能要求

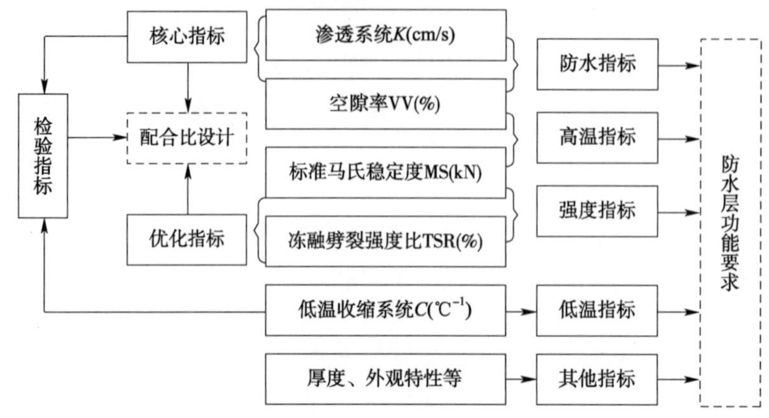

图 7-3　SAMI 技术指标体系

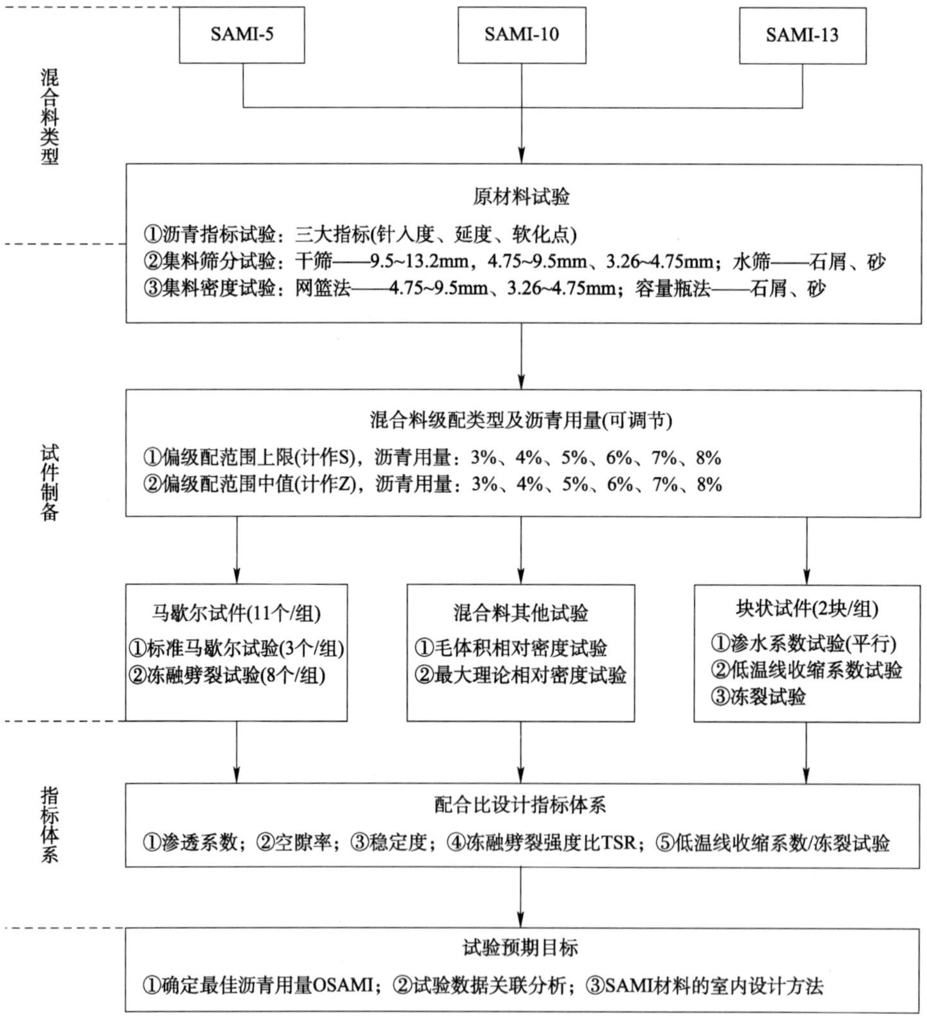

混合料类型
SAMI-5
SAMI-10
SAMI-13
原材料试验
①沥青指标试验：三大指标(针入度、延度、软化点)
②集料筛分试验：干筛——9.5~13.2mm，4.75~9.5mm、3.26~4.75mm；水筛——石屑、砂
③集料密度试验：网篮法——4.75~9.5mm、3.26~4.75mm；容量瓶法——石屑、砂
试件制备
混合料级配类型及沥青用量(可调节)
①偏级配范围上限(计作S)，沥青用量：3%、4%、5%、6%、7%、8%
②偏级配范围中值(计作Z)，沥青用量：3%、4%、5%、6%、7%、8%
马歇尔试件(11个/组)
①标准马歇尔试验(3个/组)
②冻融劈裂试验(8个/组)
混合料其他试验
①毛体积相对密度试验
②最大理论相对密度试验
块状试件(2块/组)
①渗水系数试验(平行)
②低温线收缩系数试验
③冻裂试验
指标体系
配合比设计指标体系
①渗透系数；②空隙率；③稳定度；④冻融劈裂强度比TSR；⑤低温线收缩系数/冻裂试验
试验预期目标
①确定最佳沥青用量OSAMI；②试验数据关联分析；③SAMI材料的室内设计方法

图 7-4　试验研究方案

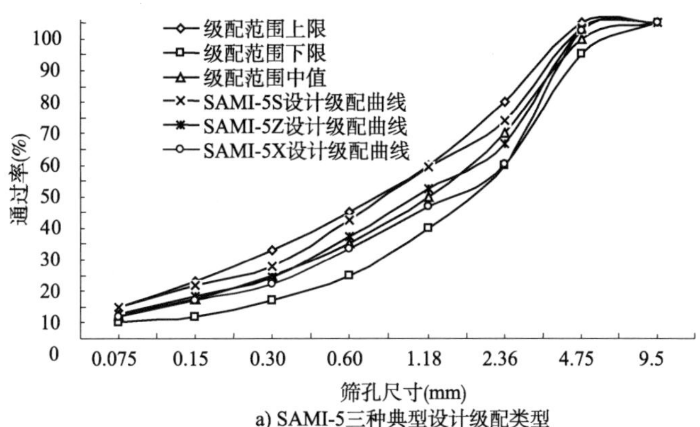

a) SAMI-5三种典型设计级配类型

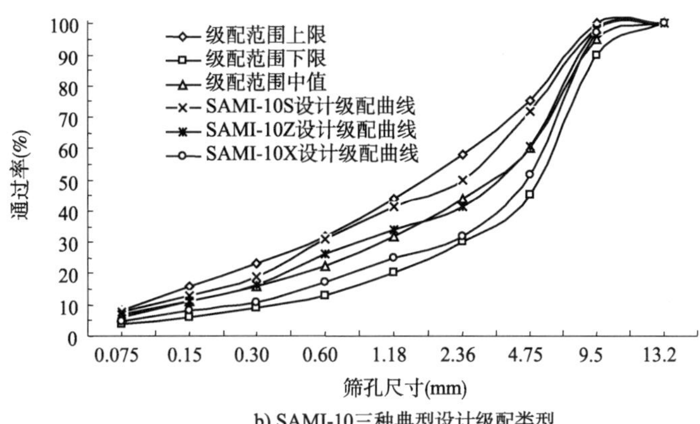

b) SAMI-10三种典型设计级配类型

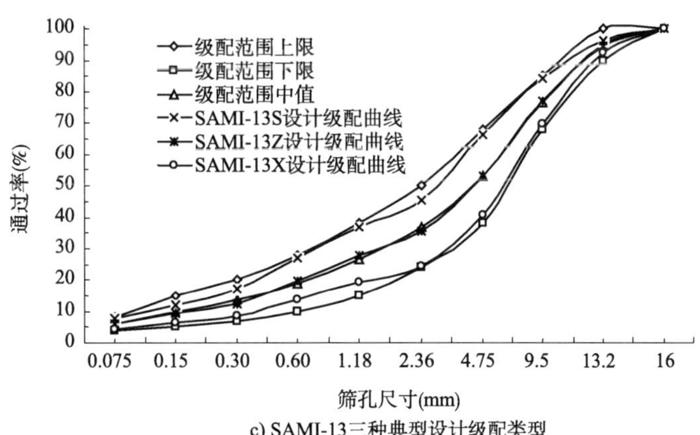

c) SAMI-13三种典型设计级配类型

图 7-5 SAMI 集料级配

3)SAMI 沥青混合料技术条件与配制技术

根据 SAMI 层的功能要求和室内试验结果分析,推荐 SMAI-10 作为路基面防水层沥青混合料级配类型,相应技术条件见表 7-2。

SAMI-10 混合料技术条件 表 7-2

级配范围	界限	13.2	9.5	4.75	2.36	1.18	0.6	0.3	0.15	0.075
		方孔筛筛孔尺寸(mm)								
		通过百分率(%)								
	上限	100.0	100.0	75.0	58.0	44.0	32.0	23.0	16.0	8.0
	下限	100.0	95.0	60.0	44.0	32.0	23.0	16.0	11.0	6.0

技术指标	渗透系数 K(cm/s)	空隙率 VV(%)	标准马氏稳定度 MS(kN)	冻融劈裂强度比 TSR(%)	低温线收缩系数 C(℃)
标准	$<10^{-4}$	1 ~ 3	>5	>60	$<30\times10^{-6}$

图 7-6 给出了最佳沥青含量的确定方法示例，SAMI 混合料配合比设计方法技术流程如图 7-7 所示。

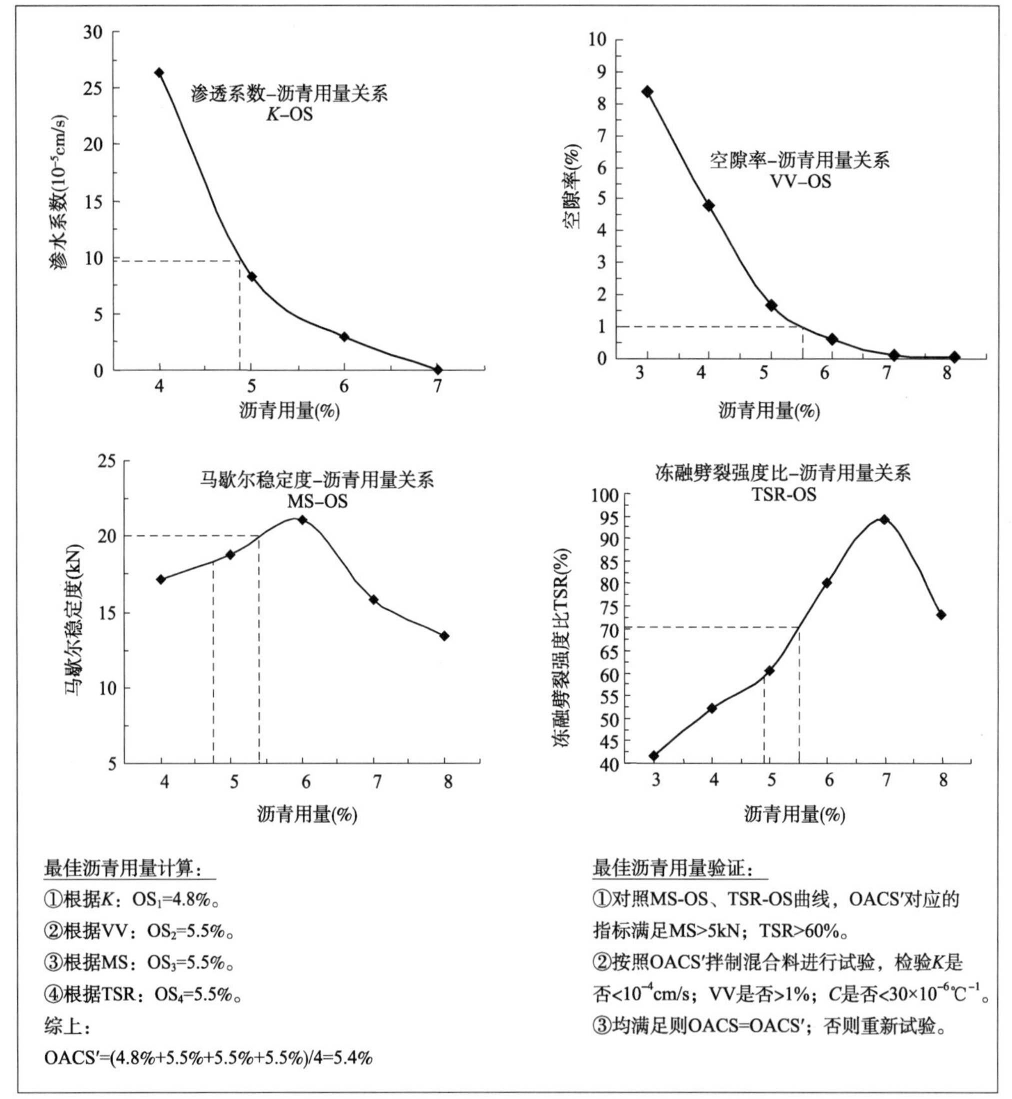

图 7-6 最佳沥青用量确定方法(以 SAMI-10S 为例)

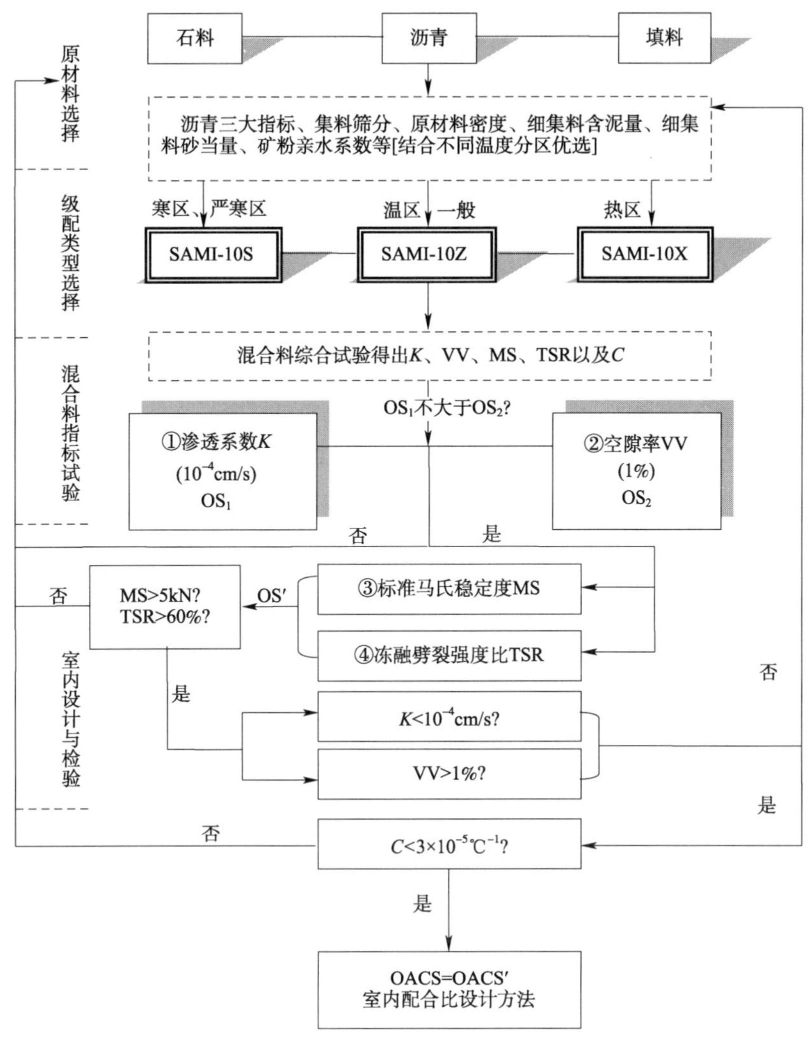

图 7-7　SAMI 配制技术流程图

7.3.3　全断面沥青混凝土表层及路基基床结构

前述在轨道基础板两侧铺设防水沥青混合料 SAMI 的方法，由于轨道基础板外侧路基宽度狭窄，加之间隔一定距离设置有接触网杆塔，施工条件较差，施工干扰大，施工质量难以保证。现场采用了现浇纤维混凝土的替代方案，但存在纤维混凝土板开裂，纤维混凝土板施工缝以及与轨道基础板接缝需采用嵌缝胶封堵等问题。为解决这个难题，开展了全断面铺设沥青混凝土，即沥青混凝土兼作防水层和承载层的相关技术试验研究，提出了全断面铺设沥青混凝土指标体系及相关技术要求。

全断面铺设沥青混凝土，作为承载轨道及列车动荷载的结构层，必须具备足够的强度，以及长期动荷载作用下的稳定性；作为防水层，其渗透性需满足防水的相关要求。全断面沥青混凝土强化基床表层，可以实现机械化施工"快速摊铺，快速碾压"的要求，从而保证防水层的施工质量和长期耐久性。通过试验研究，初步提出全断面基床表层沥青混凝土指标体系,见表7-3。

全断面基床表层沥青混凝土指标体系　表7-3

序号	指标名称	指标值
1	抗弯拉强度 R_B	≥4MPa
2	冻融劈裂强度比 TCR	≥70%
3	标准马歇尔稳定度 MS	≥5kN
4	渗透系数 K	≤10^{-4}cm/s

基于上述研究成果,针对严寒地区防止路基基床冻胀变形的技术要求,提出了采用全断面沥青混凝土基床表层作为防水层,采用严格控制细粒土含量、具有一定渗透性能的级配碎石作为排水层,具有“上封+下排”功能,可以实现有效控制路基基床冻胀变形的路基基床结构及构造要求[62,63]。

7.4 路基边坡防排水

7.4.1 路堤边坡防排水

未采取防护的土质路堤边坡易受雨水下渗浸润影响,引起边坡浅层强度降低,进而引起边坡浅部变形或失稳。同时,雨水在边坡上形成集中水流,冲蚀边坡,形成冲沟,加剧边坡变形。数值分析表明,边坡有效坡度的变化对路基面竖向沉降变形影响显著。因此,对于无砟轨道路基,除填料、路堤边坡坡度、填筑压实标准严格执行有关标准外,还必须采取有效措施防止边坡浅部变形。

在遂渝线无砟轨道综合试验段,针对重庆地区年降雨量较大(年降量达1185mm)的特点,其路堤边坡设计采用了以下防排水措施:

(1)为防止路基面的水漫流,冲刷路堤边坡,在路堤两侧设置带挡水缘的浆砌片石镶边,拦截地表水,引流归入边坡排水槽。

(2)边坡设置排水槽(设骨架护坡时为截水主骨架;未设骨架护坡地段,间隔15m左右在边坡上单独设置排水槽),将路基面以及边坡地表水引入排水沟。

(3)路堤边坡设置植被护坡,边坡高度大于3m,增设人字形浆砌片石截水骨架。

(4)路堤坡脚平台上设置横向排水沟,连接边坡截水主骨架(排水槽)与坡脚纵向排水沟,防止边坡水流冲刷路堤坡脚。

通过以上防排水工程,使路堤地段路基面、路堤边坡及边坡平台、路堤坡脚排水建筑相互衔接,形成完善的排水系统,防止或最大程度减小雨水对路基变形稳定的影响。

7.4.2 路堑边坡防排水

路堑边坡平台应设置平台截水沟。

根据路堑边坡岩土情况,可选择浆砌片石截水骨架内植被护坡或锚杆钢筋混凝土水框架梁内植被护坡,防止雨水冲蚀边坡。

7.4.3 地面排水及与边坡排水设施的衔接

地面排水包括:天沟、侧沟、排水沟。

天沟、侧沟、排水沟应与边坡排水设施等排水沟、槽、管相互衔接,保证排水通畅,并与过水涵洞、自然沟渠相连接,形成完整的排水系统。

7.5 地下排水措施

地下排水措施包括路堤底部地下排水和路堑基床换填底部地下排水。

7.5.1 路堤底部地下排水

路堤填方基底存在地下水,可能引起路堤底部填料强度降低,引起变形或路堤沿地基表面的滑动。对于路堤填方基底出露的泉眼,应设置排水通道(暗沟或盲沟),引排地下水。路堤填方基底为洼地、槽谷,或地下水发育时,路堤底部应设置排水层,避免地下水汇聚对路堤底部填料产生不利影响;当路堤填料为非良质填料时,应在路堤底部设置防排水层——既能排泄地下水,又能隔断地下水对路堤非良质填料的不利影响。图7-8为遂渝线无砟轨道综合试验段红层泥岩土试验段代表性横断面,其核心工程技术包括基底设防排水垫层。

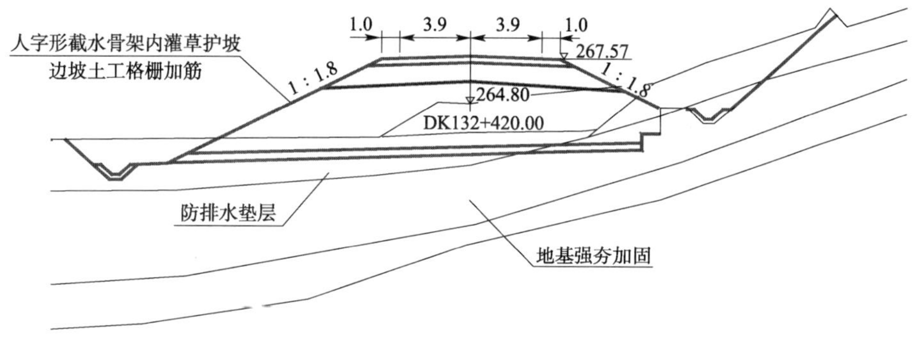

图7-8 遂渝线无砟轨道综合试验段红层泥岩土试验路堤基底防排水层(单位:m)

7.5.2 路堑基床底部地下排水

地下水水位处于路基基床附近时,在列车动荷载作用下,基床土动强度会降低,易引起基床发生变形。为防止基床病害引起无砟轨道结构开裂、破坏,对无砟轨道铁路路基应加强路基基床地下排水。

对位于富水地层或水田、水塘、地形凹槽地段的低路堤、浅路堑地段,以及地下水发育地段,在路堤基底、基床底层换填底部设置排水层,在排水沟或侧沟底部设置纵向盲沟,加强地下水流排泄处理。遂渝线无砟轨道综合试验段软质岩全、强风化层及土层地段路堑基床换填深度1~2.3m(换填A、B组填料),换填层下均设置了排水层,并在两侧设置排水盲沟。图7-9为遂渝线无砟轨道综合试验段路堑基床底部排水设计图。

纵向盲沟底部设置排水槽,采用C25混凝土浇筑,内埋ϕ200mm钢筋混凝土排水暗管(其局部开孔,也称排水花管)和洁净碎石,盲沟顶面和侧面用透水型土工布包裹,透水型土工布采用200g/m无纺土工布。为避免排水暗管直接承受列车荷载,排水管应设置在至轨道板两侧端部引出的45°线外侧。间隔50m左右及平面转折、纵坡变坡点处,设置供维护使用的检查井。

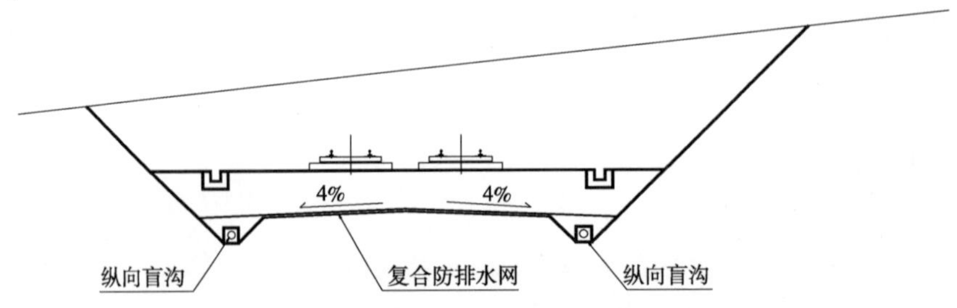

图7-9 遂渝线无砟轨道综合试验段路堑基床底部排水设计图

7.5.3 地下排水设施检查维修

地下排水设施应具备良好的性能,应做到免维修、少维修和可维修。

地下排水层结构应具备性能良好的反滤构造,以避免细颗粒堵塞排水通道。使用兼具反滤、排水、防水功能的高导水率三维复合防排水板[64]代替砂卵石材料,是一种值得推广的技术方案。

排水盲沟应设置检查井,以便于检查、维修,必要时可以通过检查井对排水暗管进行清淤。

第8章 路基防护

路基由岩土材料组成，并处于露天环境，裸露在大气中，风霜雨雪、气温变化和流水冲刷等都会对路基产生有害影响。路基是承受轨道和列车荷载的基础，其稳定与否直接影响列车运行的安全，为保证路基稳定，必须做好路基防护，针对影响路基稳定的因素，以及路基病害成因和演进机理，研究并采取适宜的路基防护措施，是保证路基长期稳定的重要措施之一。

8.1 路基防护原理与设计原则

8.1.1 路基常见病害

路基常见病害，可以归为以下几类：

1)风化剥落

一般发生在路堑边坡下部，或构成边坡软硬互层的松软层，在节理发育的变质岩坡面尤为严重。该部位受风化作用的影响显著，边坡表面破碎，呈薄片状或小颗粒状，沿坡面向下滚落，往往造成侧沟堵塞。

2)边坡溜坍

当砂黏土或其他黏性土的边坡土体遭受连续降雨影响，其表层土体产生变形、失稳，局部脱离向边坡坡脚溜滑。边坡基岩上面覆盖有砂黏土或其他黏性土层，连续降雨后地表水下渗导致土层失稳，或因基岩面地下水出露，促使覆盖土层沿基岩面溜滑。

3)坡面冲刷

在砂土质边坡或风化严重的石质边坡下，容易发生坡面冲刷。坡面冲刷会使边坡坡面形成条状鸡爪沟或冲坑，冲刷不断加剧将导致鸡爪沟加深或冲坑加大，严重时还会导致边坡局部垮塌。这不但破坏了坡面的完整，在暴雨时还时常造成泥流漫道现象。

4)崩塌滑坡

崩塌滑坡多发生于路堑边坡中上部。岩石路堑边坡节理发育、风化严重，或者土质路堑边坡的黏性土层和蓄水砂石层分层蕴藏，且有倾向路堑方向的斜坡层理存在。崩塌滑坡发生过程时间较长，先在边坡上部张开裂缝，逐渐发展扩大，周围岩石错动，进而坍塌体下缘凸起并局部坍塌或落石，随之即顺边坡大面积滑坡。其特征是整个边坡不稳定，而且往往会一直破坏到边坡坡度小于相应的天然休止角为止。

5)冻胀变形

冻胀变形,是寒区路基的常见病害,主要发生在土质路堤地段,以及地下水发育的路堑地段。

8.1.2 路基病害演化机理

路基病害的原因,总体上可分为内因——与路基岩土性质有关的因素,和外因——对路基岩土性质有影响的风、雨、雪、气温等环境因素,以及作用于路基上的重力荷载等。内因,对路基病害起着控制、主导作用。外因,对路基病害起着催化、促进作用。路基岩土性质对路基病害的形成起着决定作用,但环境因素往往是引起边坡病害的诱发因素或催化因素。

各类路基病害,其形成原因、演化机理各有特点。

1)风化剥落病害的形成原因、演化机理

风化剥落病害,主要发生在软硬互层的路堑边坡,节理发育的变质岩路堑边坡。路堑边坡岩体表面破碎,呈碎块、薄片或颗粒状,受重力作用,临空或失去支撑的岩土块体或颗粒脱离边坡岩土体,发生剥落,沿坡面向下滚落。风,会加剧剥落现象;雨水下渗,会降低边坡岩土体的强度,减小边坡岩土体对岩土块体或颗粒的支撑作用,加剧风化剥落病害的发展;气温的变化,会加剧边坡岩土体表面的开裂,加剧岩土体表面碎块化、颗粒化。

2)边坡溜坍病害的形成原因、演化机理

边坡溜坍病害主要发生在砂黏土或其他黏性土的路堑边坡,覆盖黏性土的路堑边坡,或黏性土填料路堤边坡。土质路基边坡上因受雨水冲刷导致表层坑洼积水并下渗,地表水顺边坡土体裂隙向下渗透而浸泡边坡,当边坡土体遭受连续降雨影响,其表层土体饱水后产生变形、失稳,局部脱离边坡土体形成溜滑。边坡岩体上面覆盖有砂黏土或其他黏性土层,连续降雨后地表水下渗会导致土层饱水后强度降低,产生变形、失稳,或因基岩面附近地下水集聚导致覆盖土层强度降低而出现沿基岩面溜滑。积雪,增加坡面荷载,会促进边坡溜坍的发生。

3)坡面冲刷病害的形成原因、演化机理

坡面冲刷病害主要发生于砂土类填料路堤边坡或风化严重石质路堑边坡。坡面水流会使边坡表面的颗粒脱离边坡体,逐渐在边坡坡面形成条状鸡爪沟或冲坑;条状鸡爪沟或冲坑会使水流集中,而集中的水流会进一步加剧冲刷,导致鸡爪沟加深或冲坑加大,严重时将导致边坡局部垮塌。

4)崩塌滑坡病害的形成原因、演化机理

崩塌滑坡病害主要发生在坡度较陡且节理发育、风化严重路堑边坡,或者坡度较陡的土质路堑边坡。往往是边坡下部失去支撑作用,发生变形或溜坍,引起边坡中上部产生开裂,逐渐发展扩大,引起局部坍塌或滑坡。雨水下渗,会降低边坡土体强度,加剧边坡下部土体的失稳,促进边坡中上部产生开裂;积雪,会增加坡面荷载,加剧崩塌滑坡病害的发生。

5)冻胀变形病害的形成原因、演化机理

路基冻胀变形主要发生在土质路堤地段,以及地下水发育的路堑地段。受气温变化影响,路基岩土体中的水分发生由温度高处向温度低处的迁移并在路基面及边坡附近积聚,发生冻结,引起路基冻胀变形,导致出现路基面隆起,路基边坡鼓胀、失稳等现象。

8.1.3 路基防护设计原则

路基防护,总的原则是采取工程措施减弱或预防不利环境因素的影响。基本思路是:严格控制路基填筑材料,强化路基防排水,选择适宜的边坡防护措施。

严格控制路基填筑材料是路基防护的根本措施。特别是寒区路基,应优先选择不冻胀材料,必须严格控制路基填筑材料的细粒含量。

完善的路基防排水系统是路基防护的重要措施。路基边坡防排水设施,要形成完整的系统,使坡面水流能够迅速汇聚并排出,排水通畅,并不产生新的冲刷。路基边坡防排水系统,还需要合理布置集水、排水设施,注意排水设施的衔接,注意排水末端处理,一般应设置消能、过滤设施;平原地势平坦,地表易积水,地下水位较高,应设置降低地下水位的排水渗沟、防护路堤边坡坡脚的护坡等;路堑地段,如有地下水出露,应设置排水渗沟降低地下水位,设置边坡支撑渗沟等疏排边坡地下水。

路基边坡防护也是路基防护的重要措施。路基边坡防护措施的选择,应遵循以下原则:

1)优先选用植被护坡防护

植被护坡,有工程初期投资少、防护效果好等特点,特别是有利于恢复因工程建设而被破坏的环境,是一种值得推广的边坡防护形式。

植被护坡,应充分考虑工程所处的环境,根据气候、地形、地质等条件,选用适宜的植物防护类型。

植被护坡,根据施工工艺可分为人工撒播或穴播植草、液压喷播植草、喷射种植基材植草等。从植物类型可分为植草和种植灌木,通常是灌、草结合。

2)结合边坡加固,选用刚性骨架与植被护坡综合防护

当采用植被护坡不能保证路基边坡稳定时,应增加边坡加固措施。通常,为保持或提高边坡稳定性,可在边坡表层设置提高边坡浅层土体稳定性的刚性骨架;同时,刚性骨架兼作为边坡分散排水的集水、排水槽。刚性骨架,还可以与锚杆、锚柱、锚索组成锚固刚性骨架。刚性骨架与植被护坡共同组成护坡系统,常用的有:浆砌片石截水骨架内植被护坡,混凝土截水骨架内植被护坡,锚杆(锚索)框架梁内植被护坡。

3)放缓边坡与支挡加固相结合,确保边坡稳定

放缓边坡,是增加路基边坡稳定性的有效措施,有条件时应优先选择放缓边坡。但节约土地资源,是工程设计必须遵循的基本原则。此外,工程设计还必须考虑工程经济性。在具体设计中,综合考虑节约土地资源、尽量减少路基的占地面积,或根据沿线不同的地形地貌,需要对防护类型进行合理选择和灵活组合。如增如支挡可以减少开挖边坡、减少占地。如路基边坡处于河岸或冲沟的一侧,上部防雨水冲蚀,下部防河流冲刷,可采用下部挡墙+上部护坡的组合防护措施;有时由于路基自然放坡占地太宽或侵入既有建筑物限界,也可采用这种防护方式,既经济又合理。

8.2 几种常用路基边坡防护形式及技术特点

8.2.1 植被护坡

1)植草

在边坡上植草适用于草类能够生长的土质边坡。一般宜选用易生活、生长快、根系发达、叶茎低矮或有匍匐茎的多年生草种。坡度较陡的土质路堑边坡,可通过实验用草籽与含有肥料的有机泥浆混合,均匀喷射在需防护的边坡上。

2)铺草皮

铺草皮的作用和植草相同,可使用在不陡于1:1的土质边坡上。在雨水充沛、气候温和的地区,严重风化的软质岩边坡亦可使用。铺草皮分为满铺草皮和方格草皮两种。草皮块尺寸一般为20cm×30cm,厚为10~15cm,从坡脚向上逐层错缝铺筑,用木槌拍紧,四角用木橛钉牢。方格草皮用于草根容易蔓延、高度不大的路堤边坡。方格尺寸为1.0m×1.0m或1.5m×1.5m。

3)植树

植树适用于各种土质边坡和风化极严重的岩石边坡,坡度不陡于1:1.5。树种应选用根系发达、枝叶茂盛、能迅速生长的低矮灌木。

植物防护施工和养护应根据当地气候、土质、含水量等因素,选用易于成活的植物。坡面植树应注意栽植季节,坡面植物种植后,应适时洒水施肥。

8.2.2 截水骨架内植被护坡

截水骨架内植被护坡,是指采用浆砌片石或混凝土在坡面形成带截水槽的骨架,并结合撒草种、铺草皮、喷播植草、网垫植草、栽植灌木等方法形成的一种植被护坡技术。骨架形状,有拱形、方格形、人字形等。

截水骨架内植被护坡,比较适用于易发生溜坍及坡面冲刷较严重的高路堤边坡和强风化岩石路堑边坡。边坡坡率一般在1:1.0~1:1.5之间,过高的边坡需要分级支护,每级坡高一般不超过10m,具体划分方案根据现场情况确定。

骨架一般采用方格形,间距3~5m,与边坡水平线成45°角,护坡的顶部0.5m及坡脚1m,用50号浆砌片石镶边。骨架应嵌入坡面一定深度,其表面与草坡或捶面平顺。在降雨量大且集中的地区,骨架上可作成截水沟式,以分流排除地表水。浆砌片石骨架也可以采用拱形。主骨架间距4~6m,拱高4~6m,视岩层的软硬程度和坡面变形等情况选定。浆砌片石骨架还可采用人字形,主骨架间距6~8m,人字骨架高3~5m,根据边坡岩土性质和变形情况而定。同时,为便利养护,应在适当位置设阶梯形踏步。

各种形式的截水骨架内植被护坡,不论采用哪种植被护坡方式,其施工工序基本相同。以浆砌片石截水骨架内植被护坡为例,主要工序为:平整坡面→浆砌片石截水骨架施工→骨架内回填种植土→植被护坡施工。

1)平整坡面

按设计要求平整坡面,清除坡面危石、松土、杂物、填补坑槽等。

2)浆砌片石截水骨架施工

(1)砌筑片石骨架施工前,应按设计要求在每条骨架的起讫点放控制桩,挂线放样,然后开挖骨架沟槽,其尺寸根据骨架尺寸而定。

(2)采用 M5 水泥砂浆就地砌筑片石。砌筑骨架时应先砌筑骨架衔接处,再砌筑其他部分骨架,两骨架衔接处应处在同一高度。

(3)在骨架底部及顶部和两侧范围内,应用 M5 水泥砂浆砌片石镶边加固。

(4)施工时应自下而上逐条砌筑骨架,并与边坡密贴。

3)骨架内回填种植土

片石骨架砌筑完成后,在骨架内填充种植土,应使用振动板使之密实,靠近表面时用潮湿的黏土回填。

4)植被护坡施工

根据设计方案,合理选择植被护坡施工方法。

8.2.3　锚杆(锚索)框架梁内植被护坡

当边坡稳定性需要增加或提高时,可选用锚杆(锚索)框架梁内植被护坡。

锚杆(锚索)框架梁内植被护坡,利用锚杆(锚索)与框架梁组成的边坡锚固系统,对边坡进行加固,提高边坡整体稳定性;框架梁内植被护坡,则对边坡进行防护。

锚杆与锚索,是常用的边坡锚固构件,其他锚固构件还有使用钢管的锚管、采用钻孔灌注混凝土的锚栓等。

一般情况下,锚索是需要施加预应力的,锚固力较大,多应用于已出现变形或对变形要求严格的工程;锚杆则一般不施加预应力(有时也会施加很小的预应力),只有当被锚固岩土体发生一定变形时才发挥锚固力。此外,锚索长度一般为 20 ~ 50m,锚杆则不到 20m。框架梁,作为预应力锚索的承载结构,通过预应力锚索施加的预应力将滑动岩土体与稳定岩体紧密连接为一体,增加岩土体各层面的抗滑力,同时又通过坡面上框架梁将各个锚索有效地连成一个整体,形成一个由表及里的加固体系,进而达到防止整体边坡失稳的目的。

锚杆(锚索)框架梁内植被护坡的技术特点:

1)兼具边坡加固和坡面防护功能

通过锚杆(锚索)锚孔注浆,对边坡岩体进行加固;通过贴于坡面的钢筋混凝土框架,对边坡体表层岩土起框箍作用,限制表层岩土变形和破坏。在框架内进行植被防护,既能防治水流对坡面的冲刷,又能防治坡面岩土风化剥落、落石等小型坡面变形,并达到美化自然环境的效果。

2)工程外形美观,与环境协调

锚杆(锚索)框架梁内植被护坡,其框架梁可以选择多种外观形式,常用的有方格形、人字形、拱形等,其形式美观,在预应力锚索框架内进行植被防护可以使坡面得到绿化,遮挡人工加固的痕迹,与周围的环境相协调。框架梁与截水骨架内植被护坡外形一致,不同防护措施相协调。

3)施工简便易行,技术风险低

锚杆(锚索)框架梁内植被护坡,要求遵循自上而下开挖一级加固一级的施工顺序,待上一级锚索进行初张拉后再开挖和加固下一级边坡,对每一级边坡的施工,还可以进行分层和分段施工。这样,大大减小了边坡施工本身对边坡体的扰动,避免因施工不当引起的边坡病害,施工简便易行,技术风险低。

4)可实施边坡动态设计

由于受各种条件的限制,尤其是山区高速公路或铁路沿线边坡众多,很难把每个边坡工点工程地质条件完全勘查清楚,设计依据的不准确或不充分会造成设计上的失误或不完善,这就需要动态地进行设计。锚杆(锚索)框架梁内植被护坡,可根据施工揭示的边坡地质情况,通过增减锚杆(锚索)的数量和锚固深度进行工程动态优化,实现工程的可靠性和经济性。

锚杆(锚索)框架梁内植被护坡施工工序如下:

开挖第一级边坡→钻凿锚杆(锚索)孔并安装杆(锚索)→现浇框架梁→待锚杆(锚索)锚固体和框架梁强度达到设计要求后进行锚索张拉→按前述程序开挖下一级边坡→施工锚杆(锚索)框架梁,直至完成全部边坡锚杆(锚索)框架梁施工→锚杆(锚索)框架梁内植被护坡施工。

第9章　路基工程纵断面设计

通常，铁路路基工程设计主要在路基横断面上进行，除地质复杂的工点外一般不进行路基纵断面设计。但对于时速200km以上客运专线无砟轨道铁路，为实现线路高平、高稳，对线下基础的沉降控制、不同线下基础间变形协调和刚度匹配提出了严格的要求。为实现路基与桥、隧等构筑物的变形协调和刚度匹配，结合中国首条无砟轨道试验铁路——遂渝线无砟轨道综合试验段的工程实践，提出并组织开展了路基工程纵断面设计。

9.1　路基工程纵断面设计的作用与意义

所谓路基工程纵断面设计，其含义是：

①路基沿线路方向的连续设计。

②路基沿线路方向与其他构筑物的接口设计。

为什么要进行路基工程纵断面设计？为追求功能和经济性的统一，路基工程一般因地制宜地采用或利用当地岩土材料构筑，与桥、隧等构筑物相比，其刚度明显偏小，在路基与桥、隧等构筑物连接处必然存在刚度差异；同时，由于路基、桥梁、隧道的基础形式以及相应地基处理方式的不同，在连接处可能存在沉降差异；此外，路基与桥梁、隧道的接口，需要协调一致。如何使路基、桥梁、隧道连接处工程协调，最大程度克服路基与桥梁、隧道连接处沉降差异、刚度差异，进行路基工程纵断面面设计，十分必要。客运专线无砟轨道铁路对线下基础的沉降控制、不同线下基础间变形协调和刚度匹配提出了严格的要求，在工程设计中进行路基纵断面设计，通过对不同线下基础连接处沉降控制、刚度匹配是否满足要求，四电管线是否"碰管"，排水设施是否衔接、通畅，施工组织是否存在干扰等内容的检查与处理，对做好线下基础连接处设计、确保客运专线铁路线下基础变形稳定、刚度均匀，十分必要。

路基工程纵断面设计的作用有两个：一是检查不同线下基础设计在功能上的协调性，检查刚度是否匹配、沉降是否协调；二是检查不同线下基础在接口上的一致性，检查排水是否衔接、通畅，检查四电管线"碰管"是否正确，检查施工工法及工序是否存在相互干扰或影响。

路基工程纵断面设计的意义在于：对不同线下基础设计可能存在的不协调、不匹配和相互干扰，通过对基于系统集成设计的图纸（路基工程纵断面设计图）进行检查，在施工前发现问题并修改、完善施工图，避免施工质量问题的出现。

9.2　路基工程纵断面设计的主要内容

路基工程纵断面设计包括以下内容：

①连接处刚度差异检查与处理。

②连接处沉降差异检查与处理。

③连接处工程接口设计检查与处理。

1)连接处刚度差异检查与处理

连接处刚度差异,是指不同线下基础支承轨道结构的界面刚度的差异,如路基面支承刚度与桥面支承刚度的差异。界面刚度与线下基础结构形式与材料等有关,是综合反映线下基础性能的指标。根据相关研究:客运专线铁路桥梁的桥面支承刚度在10000~15000MPa/m之间;为防止或限制基床结构累积变形,应对路基面动变形限制,采用我国规范推荐的三层结构路基,路基面支承刚度限值一般在200MPa/m以上;路基与桥、隧、涵等构筑物的过渡段,综合考虑工程可实施性和经济性,结构采用刚度较高的水泥稳定粒料,路基面支承刚度控制在500~1000MPa/m。

我国有关客运专线铁路设计规范,明确在刚度差异较大的线下基础之间应设置过渡段,并对过渡段构造做出了详细规定,给出了过渡段纵断面标准图。

实际工程中,针对具体的地形、地质情况,应参照过渡段纵断面标准图对连接地段路基进行纵断面设计,以保证连接地段刚度渐变、协调。

2)连接处沉降差异检查与处理

客运专线无砟轨道铁路对路基、桥涵和隧道等线下基础的变形(包括工后沉降和沉降差)限制严格,其值达到了毫米级的标准,且对路基与桥隧构筑物沉降差异限制严格(要求沉降差不大于5mm,要求过渡段沉降差造成的折角不大于1/1000)。

路基纵断面设计,需要重点检查不同线下基础的沉降控制措施是否满足规范要求,连接处不同线下基础的差异沉降是否满足过渡段要求,不同线下基础地基处理施工是否有干扰。检查应包括设计参数、计算模型、工程布置、施工组织等。

3)连接处工程接口设计检查与处理

线下基础与“四电”设备、不同线下基础之间的接口设计,是工程设计中一项重要内容。

路基工程与“四电”设备的接口,包括以下内容[8]:

(1)通信、信号、电力电缆槽及手孔设置。

(2)综合接地贯通地线在路基地段的敷设方式。

(3)通信、信号、电力、综合接地贯通地线的横向连接线(以下简称“接地电缆”)及接触网PW线的横向过轨管道敷设方式

(4)电力电缆从路肩向坡脚转换方式。

(5)通信、信号、电力电缆引入通信基站或信号中继站。

(6)接触网立柱基础。

(7)声屏障立柱基础。

“四电”设备与路基工程有关的接口设计,一般在路基标准断面及有关设计说明中反映;与桥梁、隧道工程有关的接口,一般在桥梁、隧道相关构造图中反映。

路基与桥梁、隧道工程的接口,主要包括:

①“四电”管线“对接”。

②排水设施的衔接检查。

③施工组织检查。

路基纵断面设计，重点检查路基与桥梁、隧道工程的接口设计，检查路基与桥梁或隧道工程的“四电”管线的平面位置、高程是否一致，路基与桥梁或隧道工程的排水设施是否完整，排水方向是否一致，连接处排水设施的平面位置、高程是否一致，检查施工组织是否安排合理，是否存在施工干扰。

4）路基工程纵断面设计图内容

为满足路基工程纵断面设计目标的要求，路基工程纵断面设计图应包括并不限于以下内容：

（1）地面及地层线。

（2）地层代号及地层特性、主要岩土参数。

（3）桥台、涵洞、隧道等构筑物结构轮廓。

（4）路基面高程。

（5）路基层状结构及技术参数。

（6）路基及桥台、涵洞、隧道基础措施、施工工法及主要参数。

9.3　路基工程纵断面设计实践

在遂渝线无砟轨道综合试验段工程设计中，著者提出并组织开展了路基工程纵断面设计。遂渝线无砟轨道综合试验段位于重庆北碚，是中国首条无砟轨道试验段铁路，全长13.16km，但沿线地形起伏大，有隧道4座6980延米，桥3座711延米，涵洞22座，路基长度5.38km，路基与桥、隧等构筑物过渡段近50处。由于线下基础频繁过渡，加之地形复杂、工程建设标准高，在工程设计过程中，我们深深感到：路基横断面设计难以反映工程设计意图，很多工程细节难以交代清楚。因此，提出了路基工程纵断面设计。路基工程纵断面设计图主要反映了地基处理、路基填料分层、过渡段构造、基底排水等内容，通过路基纵断面设计，主要解决了以下问题：

（1）基于路基纵断面设计，对地基处理范围、地基处理深度等进行了调整，并据此修改了路基横断面。

（2）从纵断面发现，两个构筑物距离较近时，按过渡段标准图设计的路基过渡段出现重叠，需要对过渡段设计进行修正。

（3）隧道出口段路基换填底部应设置沿线路纵向向外的排水坡，出口应与排水沟衔接。

（4）个别桥、隧相连地段，桥隧之间短路基应结合桥梁墩台基坑处理及地质情况进行特殊设计，不能套用过渡段标准图。图9-1为遂渝线无砟轨道综合试验段某段路基工程纵断面设计图。

通过遂渝线无砟轨道综合试验段设计，我们认识到：对于无砟轨道铁路，特别是地形、地质复杂的山区无砟轨道铁路，必须进行路基工程纵断面设计。在后来的武广、郑西等客运专线无砟轨道铁路设计中，也都进行了路基工程纵断面设计。

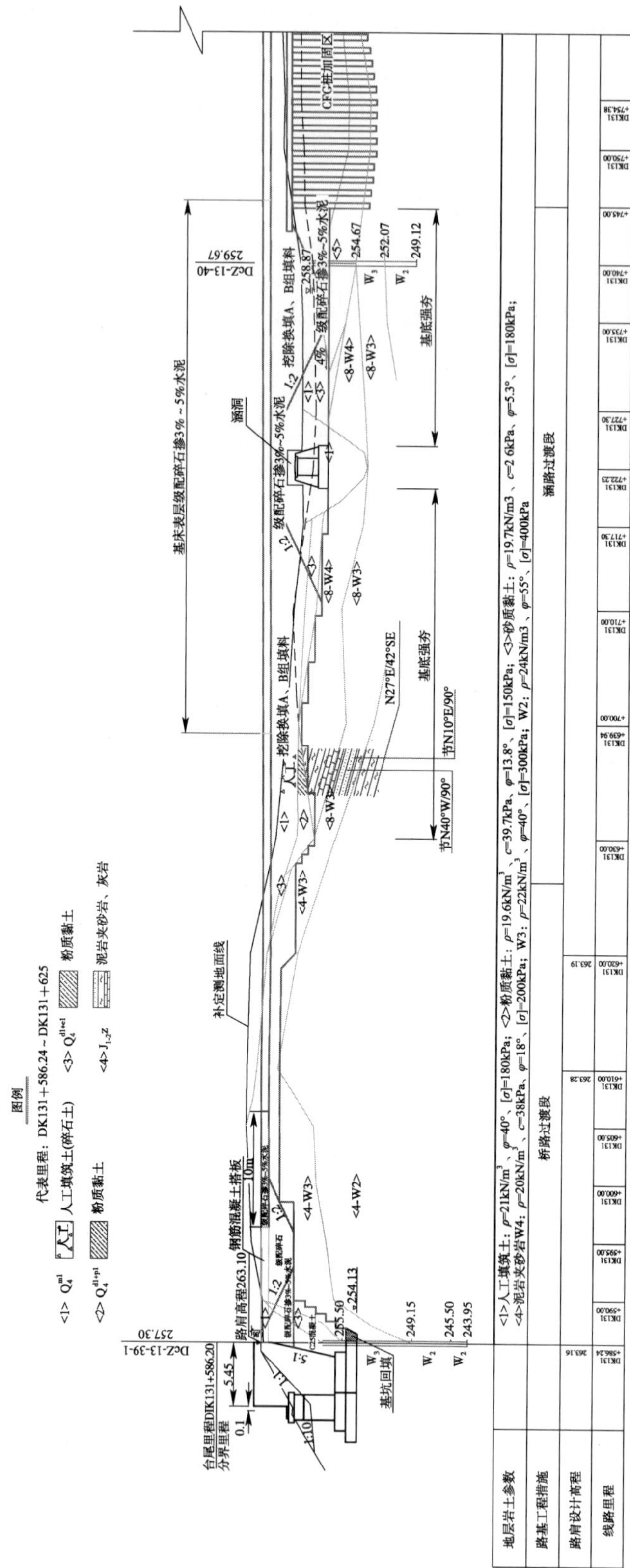

图9-1 遂渝线无砟轨道综合试验段某段路基工程纵断面设计图(尺寸单位:m)

基于传统的工程设计做法，路基纵断面设计是在先进行路基横断面设计的基础上，再依据横断面设计以及桥梁、隧道接口资料绘制纵断面，在纵断面上检查路基与桥、隧等构筑物连接处工程是否合理、是否协调，根据检查结果反过来修改路基横断面设计。路基纵断面设计工作流程相对偏长，路基纵断面设计的重要性也因此未能充分显现。从工程意义上看，路基工程纵断面设计的目的是保证客运专线铁路线下基础纵向变形稳定、刚度均匀，这应该是主要的和重要的；路基横断面设计则是为了实现路基纵断面的功能而进行的辅助设计。为此，笔者建议：客运专线无砟轨道铁路，应按照“纵断面优先”的原则，首先进行路基工程纵断面设计，依据路基工程纵断面设计进行路基横断面辅助设计，路基横断面的数量可以适当减少。

第10章　山区斜坡地段路基设计

斜坡地段路基是山区铁路常见的工程类型。在山区修建无砟轨道高速铁路，必须高度重视斜坡地段路堤变形控制和斜坡地段路基防异物入侵问题。

10.1　斜坡地段路堤变形控制

10.1.1　斜坡地段修建铁路路堤面临的技术难题

斜坡地段填筑路堤，即斜坡填方工程。根据斜坡地基岩土条件，可分为一般斜坡填方工程和斜坡软弱地基填方工程。斜坡软弱地基填方工程，指地基系软弱土层，地基土的强度相对较低，在填土荷载作用下地基会产生较大变形，填方工程的主要安全问题是填方连同地基的过量变形及失稳问题，一般斜坡地基填方工程、斜坡软弱地基填方工程模型如图10-1所示[66,67]。

斜坡地段的铁路路堤，应满足表10-1、表10-2路基稳定性和沉降控制标准的要求。无砟轨道铁路对路基沉降变形、特别是不均匀沉降变形限制严格，当在斜坡上修建无砟轨道铁路路堤，由于存在斜坡路堤填方高度差异、斜坡地基土层厚度差异、斜坡复合地基施工困难、斜坡路堤填筑压实施工困难、陡坡路基支挡结构横向变形等不利因素，无砟轨道铁路斜坡路堤还存在如何有效控制路基不均匀沉降、差异沉降的技术难题。

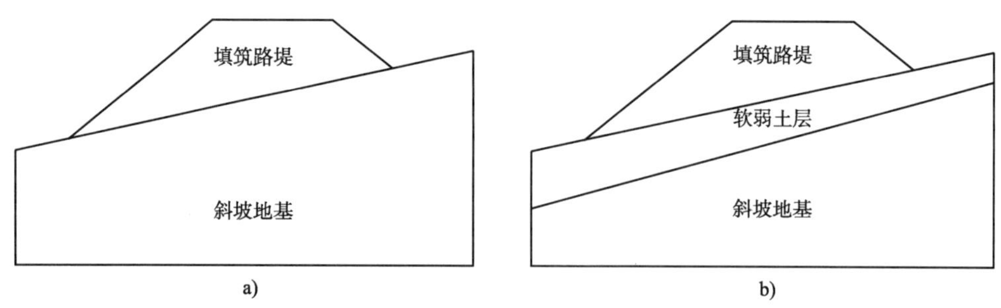

图10-1　斜坡填方工程

铁路路堤稳定性控制标准　　表10-1

设计时速(km/h)	稳定安全系数[F_s]	
	施工期	运营期
$250 \leqslant v \leqslant 350$	1.15	1.30
$120 \leqslant v \leqslant 200$	1.10	1.25

续上表

设计时速(km/h)	稳定安全系数[F_s]			
	施工期		运营期	
≤120	1.10		1.20	
斜坡软弱地基路堤稳定安全系数[F_s']				
软弱地基横向坡度	水平地基	1:20	1:10	1:7.5
稳定安全系数	[F_s]	[F_s] +0.05	[F_s] +0.10	[F_s] +0.15

高速铁路路基沉降控制标准 表10-2

设计时速(km/h)	一般地段工后沉降(mm)	过渡段差异沉降(mm)	沉降速率(mm/年)
200	≤150	≤80	≤40
250	≤100	≤50	≤30
300、350	≤50	≤30	≤20
无砟轨道	≤15	≤5	

1)斜坡路堤填土高度差异造成差异沉降

由于存在斜坡,路堤横向填筑高度不同,将引起填筑体本身横向的差异沉降;斜坡坡度越大,填筑体高度差越大,造成填筑体本身的横向差异沉降也越大。

根据国内外高速铁路经验和实测资料,路堤填土压实沉降量,当路堤以粗粒土、碎石类土填筑时,约为路堤高度的0.1% ~0.3%;当以细粒土填筑时,约为路堤高度的0.3% ~0.5%。该部分路堤沉降,一般在路堤竣工至少一年以后才能完成。对于无砟轨道铁路毫米级变形限制条件,斜坡路堤因填土高度差异造成的差异沉降应该得到重视。

2)斜坡地基变形引起差异沉降

斜坡地基土层在填土荷载作用下,斜坡地基内的附加应力扩散不再像平面地基条件呈对称椭圆形等值线向深部发展,而是呈不对称性,斜坡地基土层因填土引起的应力与应变集中在下方侧坡脚附近,使斜坡地基下方侧的变形加剧,地基失稳的可能性更大,不均匀性变形也更加明显,从而加剧斜坡地基路堤的差异沉降。

3)斜坡复合地基厚度差异引起不均匀沉降

当斜坡地基软弱土层无法采用挖除换填处理时,为满足无砟轨道铁路沉降要求,一般需要对地基进行加固,通常采用复合地基处理。由于存在斜坡,通常在斜坡地基上挖台阶后再逐级进行复合地基施工,斜坡地基土层厚度存在上坡侧小下坡侧大的情况,客观上斜坡复合地基厚度差异也存在不均匀沉降问题。

4)路基下部支挡结构变形引起路基不均匀沉降

当斜坡地基坡度较大时,在斜坡上直接填筑路堤变得十分困难,通常需要在斜坡下方侧设置路基下部支挡结构进行收坡,如在斜坡下方侧设置路堤桩板墙等。

路基支挡结构高度较大时,支挡结构顶部在填筑体土压力及上部荷载作用下会产生一定的横向变形;地基岩土体越差,通常支挡结构顶部水平变形也会越大。支挡结构顶部的横向变形(路基横断面方向的水平变形)对路堤沉降有影响,为控制无砟轨道铁路路基变形,需要对路基下部支挡结构顶部的横向变形加以限制。

10.1.2 斜坡地段路堤变形控制思路及设计原则

1)斜坡地段铁路路堤变形控制思路

无砟轨道铁路路基对变形要求严格,路基变形对线路结构会产生影响,主要表现为两个方面,即整体竖向沉降可能导致线路几何线形的改变和不均匀沉降变形可能引起上部结构产生附加应力、影响结构安全。如前分析,斜坡地段路堤由于斜坡地基特殊性而存在更容易出现不均匀变形的突出问题,因此,斜坡地段无砟轨道铁路路基变形控制,不仅要控制路堤及地基工后沉降,还要控制因为斜坡地基、斜坡路堤以及斜坡复合地基、路基下部支挡结构横向变形引起的路基不均匀沉降。

2)斜坡地段无砟轨道铁路路堤变形控制设计原则

针对斜坡软弱地基路堤,人们总结了清除地基软弱土层、提高地基抵抗变形的能力、限制斜坡地基侧向变形、采用以桥代路方案等技术原则[68]。对于斜坡地段无砟轨道铁路路堤,为满足无砟轨道铺设条件,必须更加严格控制地基沉降,严格控制斜坡路堤不均匀沉降变形,工程设计应重点围绕如何消除或减小地基沉降、如何有效控制路堤不均变形来进行。

10.1.3 斜坡地段路堤变形控制措施

控制斜坡地段路堤变形,主要有以下五个方面的措施:

(1)清除地基软弱土层

这是一种简单而有效的措施,一般适用于缓于1:2.5的斜坡路基,台阶宽度不应小于2m。当地基土层厚度较薄时可采取挖除薄层土层,在基岩上挖台阶再进行路堤填筑的方法,既可保证填筑路堤的稳定性又可有效控制填筑路堤的变形;当土层厚度较厚但计算工后沉降满足无砟轨道铁路要求时,也可在原地面上挖台阶后再进行路堤填筑。

(2)限制斜坡地基侧向变形

限制地基的侧向变形,可有效保证斜坡地基路堤的稳定,也可起到减小因地基侧向变形引起的地基沉降变形的作用。

限制斜坡地基侧向变形的最常用、最有效的技术措施是在下坡一侧路堤坡脚附近设置钢筋混凝土侧向约束桩。侧向约束桩通常采用挖孔灌注桩,桩截面1.5m×2m~2m×3m,单排或双排布置,可有效限制地基的侧向变形,提高路堤稳定性。设置侧向约束桩后,斜坡地基的侧向变形受到桩的限制,潜在滑动圆弧向上移动,可能出现潜在跨越桩顶的滑动弧面,设计时应进行“越顶检算”,稳定系数满足设计要求,否则应调高桩顶高程或调整桩位。

此外,钢筋混凝土桩桩-网结构路基,路堤及上部荷载主要由桩来承受,地基土体的竖向沉降较小,横向变形不大,实际也起到了限制地基侧向变形的作用。斜坡地段采用桩-网结构路基,桩顶可采用横、纵梁连接成框架结构,增强群桩的整体受力效果和抗滑、抗剪能力。

(3)提高地基抵抗变形能力

提高地基抵抗变形的能力,可减小地基沉降,也可减小地基横向变形,增加地基稳定性。提高地基抵抗变形能力的途径主要有两个:一是通过强夯或重锤夯实,使地基土体的密度提高；二是通过在地基土层中置换或植入竖向增强体，如各种强度相对较高的桩体，形成复合地基。

斜坡路堤由于地面倾斜特别是基岩面也倾斜时，采用强夯或重锤夯实加固易形成地基向下坡一侧的变形破坏，一般不宜采用。散体桩复合地基，如振动碎石桩、振冲碎石桩复合地基，在路堤荷载作用下的沉降较大，且沉降稳定时间较长，难以满足无砟轨道铁路铺设条件要求。无砟轨道铁路通常采用强度较高的水泥土搅拌桩、水泥砂浆桩、水泥旋喷桩、低强度混凝土桩（含 CFG 桩）复合地基。其共同特点是，桩的强度较高，桩间距通常为桩径的 2 ~ 5 倍。工程设计中要充分考虑斜坡地基的坡度效应，斜坡地基在路堤荷载作用下产生竖向沉降的同时将伴随发生一定的水平位移，实际沉降一般较计算值略大。此外，斜坡路堤易受外界环境变化的影响，上方一侧堆载和下方一侧挖方都可能影响路基的稳定，斜坡复合地基的加固范围应适当加宽。

（4）减小路堤不均匀沉降

当斜坡地基为浅层土层或基岩时，可通过清除浅层土、在基岩上挖台阶设置路基纵向和横向过渡段，解决纵向、横向刚度不一致和填筑高度差不同造成的差异沉降；当地基为较厚土层时，可分区进行复合地基加固，加密路堤下方侧复合地基加固桩的间距，减小地基不均匀沉降；陡坡路基，可在填筑路堤下部、填筑压实困难的部分采用级配碎石掺水泥填筑，或采用浆砌片石或素混凝土回填。

（5）减小路基下部支挡结构横向变形

斜坡地段，常采用在斜坡或陡坡路堤下方一侧设置重力式挡土墙、桩板墙等路基支挡结构进行收坡加固。对于无砟轨道铁路路基，为有效控制路基沉降，必须将路基支挡结构的横向变形控制在一定范围。控制路基支挡结构横向变形的路径是：一是增大支挡结构刚度，但支挡结构刚度增大会引起投资增加；二是在支挡结构上增加锚索等横向约束，限制支挡结构的侧向水平变形；三是借鉴桩 - 板结构路基的思路，由桩 - 板结构直接承受全部轨道及列车荷载并竖向传递到深部地基中，避免支挡结构因水平受力而产生的水平变形；四是基于增大支挡结构刚度与桩 - 板结构路基的结构创新，采用锚索桩板墙结构、桩 - 板路基结构、板椅式桩板墙结构、排桩基础悬臂式挡墙组合结构等新型支挡结构，如图 10-2 所示。

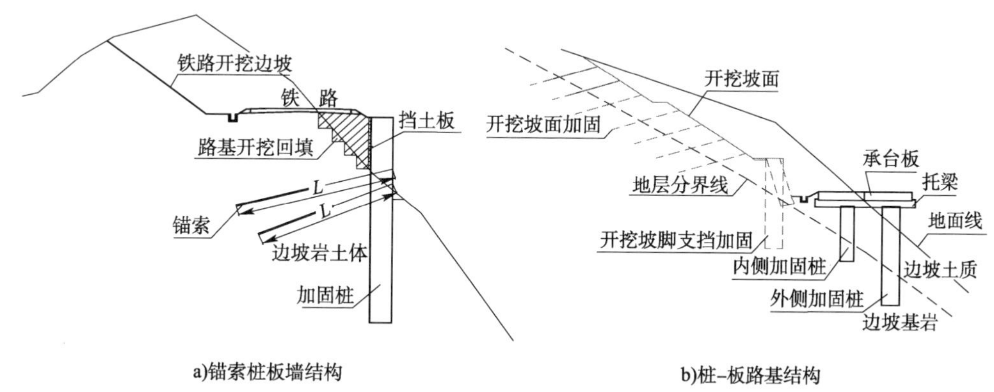

图　10-2

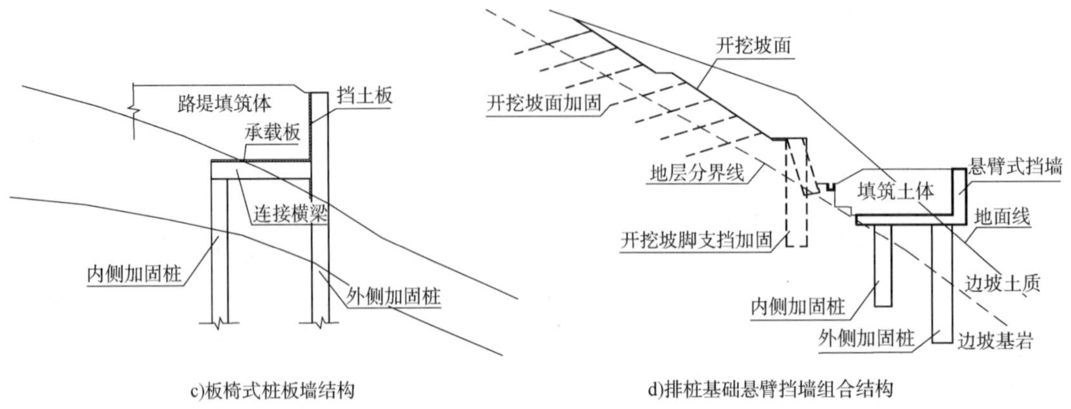

c)板椅式桩板墙结构　　d)排桩基础悬臂挡墙组合结构

图 10-2　陡路路基新型支挡结构

10.2　斜坡地段路基防异物入侵

10.2.1　斜坡地段路基异物入侵危害

斜坡岩土体在重力作用下失稳后直接或间接造成的危害人民生命和财产安全的地质灾害称为斜坡灾害。斜坡灾害的物质来源(即异物源)主要是斜坡上的不稳定岩土体。根据异物源运动形式将其分为两类:一是以滑动为主的松散堆积体,以及泥石流,其危害性主要表现为掩埋构筑物;二是以滚动、跳跃为主的崩塌块体,其危害性主要表现为撞击构筑物。

斜坡灾害作为地质灾害的一种,具有地质灾害的突发性和灾难性等共性特征,发生在铁路、公路等基础设施附近时,往往会出现落石、堆积体、泥石流等异物入侵,砸坏轨道,掩埋、冲毁路基,影响正常交通运营。根据中铁二院工程集团有限责任公司近期设计的西南山区铁路斜坡地段深路堑、陡坡路基、危岩落石工点统计结果(表 10-3),上述斜坡地段路基的长度占到路基长度的 10% ~20% 。对于山区铁路,斜坡地段防异物入侵,是一个无法回避、必须高度重视的问题。

西南客运专线铁路深路堑、陡坡路基、危岩落石工点统计表　　表 10-3

线　别	速度目标值(km/h)	轨道类型	深路堑、陡坡路基、危岩落石工点(m/处)	占路基长度比例(%)	备　注
渝利线	200	有砟轨道	12542/165	17.1	
兰渝线	200	有砟轨道	43846/509	15.2	
贵广线	300	无砟轨道	21396/296	17.2	
成贵线	350	无砟轨道	23040/401	19.3	
成渝线	350	无砟轨道	20440/301	20.5	
成九线	300	有砟轨道	8139/79	12.1	
长昆线	350	无砟轨道	23506/208	14.3	
云桂线	250	有砟轨道	37236/347	10.8	部分无砟

10.2.2 斜坡地段路基异物入侵防范原则

斜坡地段异物入侵严重威胁铁路、公路等交通运输及旅客生命安全，其危害极大，解决斜坡地段路基异物入侵问题，通常应遵循以下原则：

（1）以防为主。这是斜坡地段路基防异物入侵的首要原则，主要包含两个方面的含义：一是要弄清斜坡的演变规律，在查明导致斜坡稳定性降低的主导因素的基础上，采取消除和改变这些因素的措施，对可能发生灾害的斜坡进行预防性治理，以防止斜坡灾害的发生，如清除不稳定岩体、孤石等；二是在线路选线时，对斜坡灾害密集分布、严重不稳定且治理极其困难的地段予以绕避，如修桥跨河到地质条件相对较好的彼岸或线路内移、修建隧道躲避本岸灾害，即贯彻地质选线避让的原则。

（2）防治结合。对难以绕避的一般斜坡工点，应采取可靠的工程治理措施以防止斜坡灾害的发生，或采取可靠的防护措施，避免或减轻灾害。应根据工程重要性或斜坡灾害危害性，针对性制订治理方案，做到防治结合。

（3）综合治理。对于采取工程防护措施后仍然存在一定风险的斜坡工点，应采用工程治理与监测预报相结合的综合治理措施。一方面，因山区斜坡地段分布广泛，暴雨、地震等自然灾害日趋活跃，人类活动不断加剧，以及其他诸多不可预测因素，难以完全准确判识；另一方面，斜坡灾害所具有的周期性、滞后性（一般在强降雨后经过一段时间发生），让人们找到了许多预测灾害发生的方法，国家推行的地质灾害监测预警、地质灾害气象预报和群测群防取得的成功说明采用监测预报防止斜坡地段异物入侵是切实可行的。以泥石流综合治理为例，我国多省在泥石流灾害较严重的部分区域初步建立了群测群防网络，同时对活动频繁的泥石流，在整个泥石流流域内，采用蓄水、拦挡、排导、植被等多种措施，全面进行综合治理，以遏制泥石流的形成，减少泥石流的危害。

针对斜坡地段异物入侵，工程设计人员应贯彻上述“以防为主”“防治结合”“综合治理”的理念，综合考虑相应的防范措施。在铁路选线阶段，要坚决贯彻地质选线原则，绕避重大斜坡灾害地段；在工程建设及运营阶段中，要采用可靠的工程治理和防护措施，避免或减轻灾害；同时，对采取工程防护后仍然存在一定风险的斜坡工点，加强异物入侵的监测预报，确保铁路运营安全。

10.2.3 斜坡地段路基异物入侵防范技术[69-71]

铁路、公路等基础设施附近存在斜坡异物入侵风险区域，特别是客运专线铁路附近，应充分考虑斜坡地段防异物入侵问题，采取有效的综合防范措施。斜坡地段异物入侵防范技术，可分为三个方面：①异物源处理技术；②拦截异物技术；③监测预警技术。

1）斜坡地段异物源处理技术

斜坡地段异物入侵，其异物源主要为崩塌落石、滑坡和泥石流。

针对崩塌落石，常用的异物源处理技术主要包括：

（1）清除。对于规模小、危险程度高的危岩体，或潜在不稳定的孤石，通常采用爆破或手工进行清除，彻底消除崩塌隐患，防止造成灾害。

（2）支撑。支撑是指对悬于上方、以拉断坠落的悬臂状或拱桥状等危岩采用墩、柱、墙或其组合形式支撑加固。

(3)锚固。锚杆不仅可提高滑动面的抗滑能力,其自身强度亦提供了部分抗剪力。若为预应力锚杆,还使结构面压紧,增强了岩体的完整性。

(4)护坡。对于破碎岩体坡面可采取喷射混凝土防护,或设置防护网防护。

对于滑坡,主要采取抗滑桩锚固、挡土墙支挡以及截排地表、地下水等措施,防止滑坡滑动。

对于泥石流,主要采取设置稳坡固沟、调蓄洪水的工程,减少泥石物质来源、减弱泥石动力来源,具体包括防止坡脚和坡面受到侵蚀和冲刷的护坡、变坡、挡土墙;减轻泥石流下切侵蚀作用的护底工程、浅坝工程;削减洪峰,调节水动力条件,减小对下游松散土体冲刷的调洪水库等,以及恢复植被和合理耕牧等生物措施。

通过对异物源的处理,达到消除异物源,或降低产生异物的可能性。

2)斜坡地段拦截异物技术

斜坡异物入侵灾害发生过程中,对入侵异物进行有效拦截,将有效缓解其危害,常用的工程技术包括遮挡、拦截、消能等。

(1)遮挡

对潜在异物入侵地段,可设置明洞或棚洞,以遮挡崩落的块石,同时又可加固边坡下部而起稳定和支撑作用。

(2)拦截

在潜在异物入侵地段,在斜坡上大致沿等高线修建拦截建筑物,以拦截斜坡上方的落石等异物。拦截建筑物,主要有刚性防撞桩、拦石墙、拦石栅栏、防护网等。

刚性防撞桩,由下部埋入地下、上部露出地面一定高度的抗滑桩,以及设置在露出地面抗滑桩之间的横向连接型钢构件组成,可以拦截较大块径的落石。图 10-3 为某铁路安装的拦截斜坡上方落石的刚性防撞桩。

图 10-3　拦截斜坡上方落石的刚性防撞桩

拦石墙,通常与拦石栅栏、防护网联合使用。

防护网,分为柔性防护网和刚性防护网。柔性防护网由型钢立柱、拉锚绳、钢绳网、减压环等组成,具有多种型号,可以拦截不同冲击能量的入侵异物。刚性防护网,由型钢立柱、连接钢绳、吸能装置、钢丝网等组成,型钢立柱与连接钢绳及连接在钢绳上的吸能装置共同组成支撑防护体系,具有良好的抗异物冲击能力,可减弱入侵异物的冲击作用;钢丝网附着在连接钢绳上,其网眼尺寸一般不大于 3cm×3cm,可有效拦截入侵异物。图 10-4 为某铁路安装的防斜坡异物入侵的刚性防护网。

图 10-4 防斜坡异物入侵的刚性防护网

(3)消能

为减轻异物撞击作用,遮挡、拦截建筑物通常设置消能装置或结构,如在明洞或棚洞顶部设置缓冲层,在拦石墙背部设置缓冲层,拦截防护网一般设置吸收消化异物撞击能量的消能装置。或设置排导槽等导引设施,避免异物危害铁路。

3)斜坡地段异物入侵监测预警技术

斜坡地段异物入侵监测,包括斜坡异物源监测以及斜坡入侵异物的监测。

(1)斜坡异物源监测

斜坡异物源监测,主要是对斜坡变形进行监测。随着现代科学技术的飞速发展,变形监测技术手段也在不断更新换代。目前,以测量机器人、地面三维激光扫描仪为代表的现代地面测量技术,改变了经纬仪、全站仪等人工观测技术,实现了测量自动化;以测斜仪、沉降仪、应变计等为代表的地下观测监测技术,正实现数字化、自动化、网络化;以 GPS 技术、合成孔径雷达干涉差分技术和机载激光雷达技术为代表的空间对地观测技术,正逐步得到发展和应用。同时有线网络通信、无线移动通信、卫星通信等多种通信网络技术的发展,为工程变形监测信息的实时远程传输、系统集成提供可靠的通信保障,现代变形监测正逐步实现多层次、多视角、多技术、自动化的立体监测体系。

斜坡变形动态监测技术,大体上可分为三大类,包括巡视观察法、外部观测法和内部观测方法。

①巡视观察法:定期安排专业人员沿一定线路对边坡及可能影响的范围进行巡视观察,观测坡面、地表附近建筑物、构筑物是否有裂缝,是否产生地面鼓胀、局部坍塌,寻找发现其变形迹象及发展变化,同时对地下水出露情况及其他异常情况进行观测。裂缝、地下水调查

及简易观测是巡视法的主要内容。通常,巡视只能观测斜坡明显的异常现象,如较大的裂缝等,不能观测到微小的变形,观测范围和时间有限,观测精度受人为因素影响大,有可能出现误判、漏判情况。因此,从监测的角度出发,巡视只能作为补充而不能起主导作用。

②外部观测方法:包括精密大地测量技术、GPS 测量技术、近景摄影测量和 INSAR 干涉雷达测量等。上述方法皆以坡体表面位移(包括水平位移和垂直位移)为观测对象,其中精密大地测量技术最为成熟、精度最高,是目前广泛使用的最有效的外观方法。但外部观测方法只能观测地表点的位移情况,对斜坡坡体内部的变形发展情况无法确定,不利于研究坡体的变形特征和为工程处理提供足够的设计依据;且观测时要求人员较多,野外作业及资料整理时间相对较长,不利于监测信息的及时反馈;受通视条件和气象条件影响较大,连续观测能力较差,难以实现自动化观测等。

③内部观测方法:将测试元件埋入坡体内部,监测坡体在工程实施过程中的各种物理量变化的方法。内部观测方法仍以最直观的物理量与坡体变形作为主要的观测对象,常用的仪器有:多点位移计、倾斜仪、测缝计、沉降仪、收敛计等。其最大的优点在于可连续不间断地了解坡体内部的变形情况,可以准确地反映坡体的变形范围、程度等;另外,仪器的观测精度较高(可达 0.01 ~0.1mm),可较早地探测到坡体变形的异常迹象。内部观测方法还可观测支护结构的受力状态(如采用钢筋计、锚索测力计、应变计、土压力计等),与变形观测成果进行综合分析,了解支护结构的工作状态并评价支护的有效性等。由于传感器技术和自动化技术的发展,埋入式仪器大都可以实现集中遥测或自动化观测,观测周期短且可连续进行观测。

在斜坡变形监测实际应用中还存在以下问题:一是部分监测设备费用昂贵,影响普及推广应用;二是因测试元件安装方法不当引起的破损与数据不准确现象还时有发生;三是预报模型与报警触发条件的确定比较困难;四是耐久性问题比较突出,特别是测试元件受恶劣气候影响容易失效。

近十年来,光纤光栅传感技术获得了长足的发展,在交通、水电、石化等领域得到越来越多的应用。光纤光栅传感器采用波长编码,可以在一根光纤上串联多个传感器,容易组网,能实现实时准分布式网络化传感;体积小、精度高、寿命长、高可靠性、防水、抗电磁干扰、抗腐蚀、防雷击、远距离传输、类型多样、安装方便(工作温度 -40 ~ +80℃,寿命 20 年以上);可以测量温度、压力、位移、应变、加速度等多种参量;光纤光栅传感器不仅能用于静态测试,同时也完全适用于高速动态测试。

对于工程实际应用来说,监测是基础,分析是手段,预报是目的。边坡变形的预测预报问题一直是国内外工程地质和岩土力学等学科领域专家和学者关注的热点。近年来,在定量预报方面,提出了许多预测预报模型和方法,如基于现代数学理论的灰色模型、生物生长模型、神经网络模型以及基于非线性理论的协同预报模型、突变理论模型和动态分维跟踪预报模型等,并且还提出了一些具有实用价值的预报思想,如非线性预报、实时跟踪预报、系统综合预报、全息预报、信息融合技术预报等。

(2)斜坡入侵异物监控预警

我国铁路部门在公铁并行段、公跨铁立交桥、隧道洞口段危岩落石等异物监控方面开展了相关研究工作,并实施了异物监控。公跨铁立交桥(或公铁并行地段)异物监控采用电网传感器，一旦异物撞坏防护网，通过电网感应的方式即可向调度中心告警并与信号设备联动，使前方列车停车。

近年，视频录像监控系统在城区道路监控等领域应用较多，具有可视化和随时调用查看的优势。随着视频监控的广泛推广，行为识别技术应运而生，这是一种可对物体实现监测、分类、跟踪和计数的视频分析系统，可根据一定规则来分析和判断，从而可设置对特定行为报警。该系统可自动将监控区域的视频影像高速无线传输至主控计算机，通过计算机内置的视频自动识别监控警示软件，全天候无人值守实时自动监控危险路段安全状况，自动识别障碍物或事故停留物并采用警示语音、警示文字、截图邮件和截图彩信方式予以警示。

针对斜坡入侵异物，可结合防异物入侵的拦截防护网设置光纤传感系统，并设置覆盖铁路限界的视频录像监控系统来进行监控并预警。

上述“斜坡异物源监测 + 斜坡入侵异物监控”的斜坡地段异物入侵监测预警方案，可以实现对异物源和入侵异物的监控，对保障铁路运营安全具有重要作用。图 10-5 为中铁二院工程集团有限责任公司研究开发的铁路斜坡地段防异物入侵监控预警系统构成示意图。

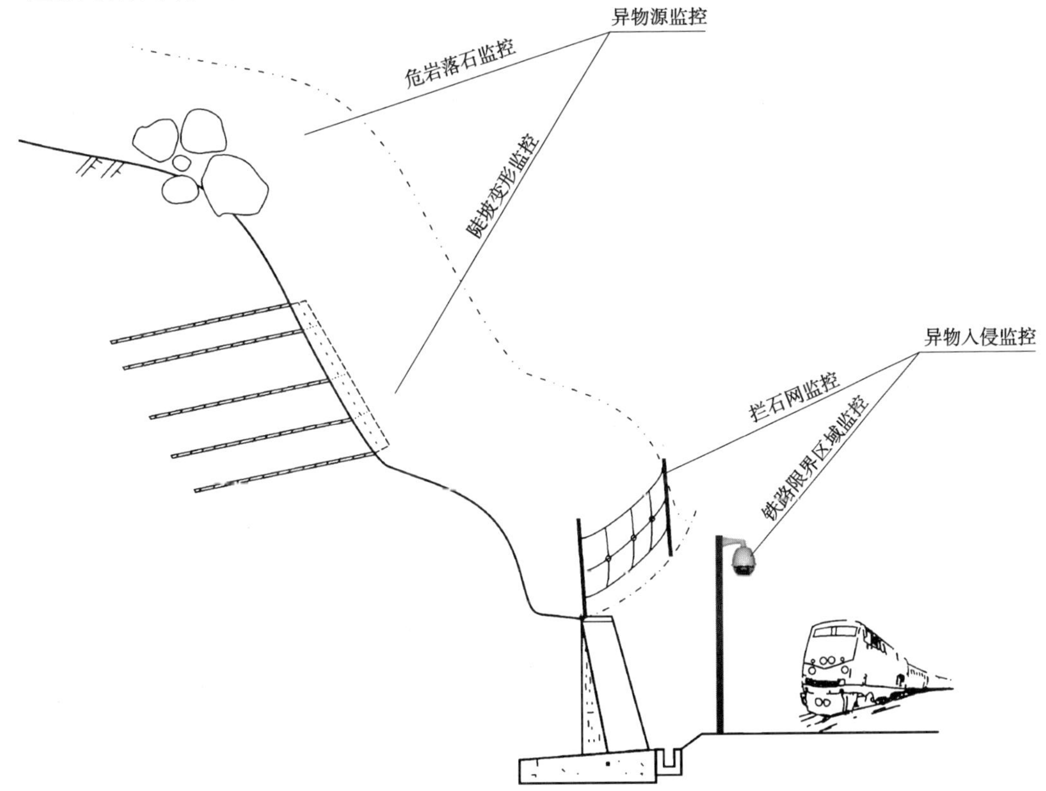

图 10-5　铁路斜坡地段防异物入侵监控预警系统构成示意图

作者相关研究成果

1 主持或作为主要参加者完成的相关研究报告

[1] 中铁二院工程集团有限责任公司,等. 遂渝线无砟轨道铁路路基工程关键技术研究[R]. 成都,2007.
[2] 中铁二院工程集团有限责任公司,等. 遂渝线无砟轨道路基工程关键技术研究分报告一——桩—板结构路基试验研究[R]. 成都,2009.
[3] 中铁二院工程集团有限责任公司,等. 遂渝线无砟轨道路基工程关键技术研究分报告二——桩—网结构路基试验研究[R]. 成都,2009.
[4] 中铁二院工程集团有限责任公司,等. 遂渝线无砟轨道路基工程关键技术研究分报告三——无砟轨道路基与桥隧涵构筑物刚度匹配技术试验研究[R]. 成都,2009.
[5] 中铁二院工程集团有限责任公司,等. 遂渝线无砟轨道路基工程关键技术研究分报告四——无砟轨道路基基床动力学特性试验研究[R]. 成都,2009.
[6] 中铁二院工程集团有限责任公司,等. 遂渝线无砟轨道铁路路基工程关键技术研究分报告五——红层泥岩填筑无砟轨道路基适性及工程技术研究[R]. 成都,2009.
[7] 中铁二院工程集团有限责任公司,等. 遂渝线无砟轨道路基工程关键技术研究分报告六——无砟轨道路基检测及长期性能测试研究[R]. 成都,2009.
[8] 中国铁道科学研究院,等. 遂渝线无砟轨道综合试验段路基及过渡段动力性能测试报告[R]. 北京:中国铁道科学研究院,2007.
[9] 中铁二院工程集团有限责任公司,等. 客运专线隧路过渡段设计关键技术研究[R]. 成都,2007.
[10] 中铁二院工程集团有限责任公司,等. 红层泥岩路基基床动力学特性试验研究[R]. 成都,2012.
[11] 中铁二院工程集团有限责任公司,等. 基于层状体系的无砟轨道铁路路基结构设计理论与应用研究[R]. 成都,2012.
[12] 中铁二院工程集团有限责任公司,等. 客运专线无砟轨道路基面防水材料试验研究[R]. 成都,2010.
[13] 中铁二院工程集团有限责任公司,等. 高速铁路防异物入侵刚性防护网技术研究[R]. 成都,2011.
[14] 中铁八局集团有限公司,等. 高速铁路线下工程变形监测及评估技术与数据处理系统研究[R]. 成都,2012.
[15] 中铁二院工程集团有限责任公司,等. 全断面沥青混凝土路基基床表层结构试验研究[R]. 成都,2013.

2 作为第一作者公开发表的相关学术论文

[1] 魏永幸,薛新华. 客运专线无砟轨道铁路复合地基沉降预测研究[J]. 铁道工程学报,2012(10):28-30.

[2] 魏永幸. 客运专线无砟轨道铁路路基纵断面设计[J]. 铁道工程学报,2010(12):18-22.
[3] 魏永幸,邱延俊. 高速铁路无砟轨道路基面支承刚度研究[J]. 铁道工程学报,2010(7):15-18.
[4] 魏永幸,薛新华. 桩 - 网结构路基沉降计算方法探讨[J]. 铁道工程学报,2010(10):36-40.
[5] 魏永幸,薛新华. 无砟轨道桩 - 网结构路基设计方法研究[J]. 高速铁路技术,2010(1):22-26.
[6] 魏永幸. 利用红层泥岩填筑高速铁路路基工程技术的试验研究[J]. 铁道工程学报,2009(12):39-43.
[7] 魏永幸. 客运专线无砟轨道桩 - 板结构路基[J]. 铁道工程学报,2008(4):19-22.
[8] 魏永幸. 遂渝线无砟轨道桩 - 网结构路基及其试验研究[J]. 铁道工程学报,2006(5):32-35.
[9] 魏永幸,罗强,邱延骏. 斜坡软弱地基填方工程特性及工程技术研究[J]. 铁道工程学报,2006(9):10-15.
[10] 魏永幸,蒋关鲁. 无砟轨道路基关键技术探讨—以遂渝铁路无砟轨道综合试验段为例[J]. 铁道工程学报,2006(5):39-44.
[11] 魏永幸,蔡成标,罗强. 客运专铁路两桥(隧)之间短路基合理设计参数研究[A]. 客运专线铁路建设技术交流会论文集[C]. 长江出版社,367-372.
[12] 魏永幸,李云华,杨正国. 高导水率复合防排水板及其在铁路工程中的应用[J]. 铁道勘察,2007(3):62-63.
[13] 魏永幸. 客运专线无砟轨道铁路工后沉降评估技术[A]. 客运专线工程技术学术研讨会论文集[C]. 铁道工程学报(增刊),2008:94-109.
[14] Wei Yongxing, Zhang Minjin. Discussion on Design and Calculation Method of Pile-plank subgrade for Unballasted Track[A]. New Technogies of Railway Engineering[C]. China Railway Publishing House, 2012: 418-421.
[15] 魏永幸,罗强,邱延骏. 斜坡软弱地基填方工程技术研究与实践[C]. 人民交通出版社,2013.

3 作为第一设计人获得授权的相关专利

[1] 魏永幸,等. 无砟轨道钢筋混凝土桩 - 网结构路基及其构筑方法:中国,ZL200710050181.9[P].2007.
[2] 魏永幸,等. 红层泥岩填筑高速铁路路基及其构筑方法:中国,ZL200710050182.3[P].2007.
[3] 魏永幸,孙利琴. 高速铁路路桥过渡段路基构造:中国,ZL200920080074.5[P].2009.
[4] 魏永幸,孙利琴. 高速铁路短路基构造:中国,ZL200920080075.x[P].2009.
[5] 魏永幸,邱延峻. 减振型无砟轨道路基基床构造:中国,ZL200920081891.2[P].2009.
[6] 魏永幸,秦小林. 高速铁路防异物入侵刚性防护网:中国,ZL200920297528.4[P].2009.
[7] 魏永幸,秦小林. 高速铁路防异物入侵刚性防护网连接阻尼器:中国,ZL200920297529.9[P].2009.
[8] 魏永幸,等. 季节性冻土地区无砟轨道高速铁路路堑基床结构:中国,ZL201310221787.x[P].2013.
[9] 魏永幸,等. 季节性冻土地区无砟轨道高速铁路路堤基床结构:中国,ZL201310221582.1[P].2013.

参考文献

[1] 钱立新. 世界高速铁路技术[S]. 北京:中国铁道出版社,2003.

[2] 何华武. 无砟轨道技术[S]. 北京:中国铁道出版社,2005.

[3] 吴克俭. 无砟轨道技术再创新研究与实践[J]. 铁道工程学报,2010(6):55-60.

[4] 中铁二院工程集团有限责任公司,等. 遂渝线无砟轨道综合试验段研究总报告[R]. 成都:中铁二院工程集团有限责任公司,2007.

[5] 朱颖. 致力打造具有中国自主知识产权的高速铁路——遂渝线无砟轨道综合试验段总体设计[J]. 中国勘察设计,2007(6):55-60.

[6] 吴克俭. 铁路客运专线工程技术的发展与创新[J]. 中国铁道出版社,2008(4):1-6.

[7] 沈东升. 客运专线无砟轨道的技术应用与发展[J]. 中国铁道出版社,2009(10):11-14.

[8] 何华武. 中国高速铁路创新与发展铁路[J]. 中国铁道出版社,2010(12):5-8.

[9] 吴克俭. 中国高速铁路技术标准体系[J]. 中国铁道出版社,2010(7):1-7.

[10] 中铁二院工程集团有限责任公司,等. 遂渝线无砟轨道铁路路基工程关键技术研究[R]. 成都:中铁二院工程集团有限责任公司,2009.

[11] 魏永幸,蒋关鲁. 无砟轨道路基关键技术探讨—以遂渝铁路无砟轨道综合试验段为例[J]. 铁道工程学报,2006(5):39-44.

[12] 宣立华,魏永幸. 客运专线无砟轨道铁路关键技术及其实现思考[J]. 路基工程,2008.

[13] 魏永幸. 客运专线无砟轨道铁路工后沉降评估技术[A]. 客运专线工程技术学术研讨会论文集[C]. 铁道工程学报(增刊),2008:94-109.

[14] 魏永幸,薛新华. 客运专线无砟轨道铁路复合地基沉降预测研究[J]. 铁道工程学报,2012(10):28-30.

[15] Huang,Y. H. Pavement Analysis and Design[M]. 2nd Ediciton. Pretice Hall,2004.

[16] 魏永幸,邱延俊. 高速铁路无砟轨道路基面支承刚度研究[J]. 铁道工程学报,2010(7):15-18.

[17] 刘彬,魏永幸. 客运专线铁路无砟轨道路基防排水体系的思考[J]. 铁道工程学报,2008.

[18] 中铁二院工程集团有限责任公司,等. 遂渝线无砟轨道路基工程关键技术研究分报告四——无砟轨道路基基床动力学特性试验研究[R]. 成都:中铁二院工程集团有限责任公司,2009.

[19] 中铁二院工程集团有限责任公司,等. 遂渝线无砟轨道路基工程关键技术研究分报告六——无砟轨道路基监测及长期性能测试研究[R]. 成都:中铁二院工程集团有限责任公司,2009.

[20] 王凯. 层状弹性体系的力学分析与计算[M]. 北京:科学出版社,2009.

[21] 王凯. 层状弹性体系理论及其在半刚性基层沥青路面分析中的应用[J]. 中国公路学报,1990(4):32-41.

[22] 中铁二院工程集团有限责任公司,等. 基于层状体系的无砟轨道铁路路基结构设计理论与应用研究[R]. 成都:中铁二院工程集团有限责任公司,2012.

[23] 魏永幸. 利用红层泥岩填筑高速铁路路基工程技术的试验研究[J]. 铁道工程学报,2009(12):39-43.

[24] 中铁二院工程集团有限责任公司,等. 红层软岩地区修建时速 200 公里客货共线铁路关键技术研究

[R]. 成都:中铁二院工程集团有限责任公司,2007.

[25] 中铁二院工程集团有限责任公司,等. 红层泥岩路基基床动力学特性试验研究[R]. 成都:中铁二院工程集团有限责任公司,2008.

[26] 中铁二院工程集团有限责任公司,等. 遂渝线无砟轨道铁路路基工程关键技术研究分报告五——红层泥岩填筑无砟轨道路基适性及工程技术研究[R]. 成都:中铁二院工程集团有限责任公司,2009.

[27] 魏永幸. 利用红层泥岩填筑高速铁路路基技术的试验研究[J]. 铁道工程学报,2009(12):3-84.

[28] 魏永幸,等. 红层泥岩填筑高速铁路路基及其构筑方法:中国,ZL200710050182. 3[P]. 2008.

[29] 魏永幸,曹新文,黎康,等. 红层泥岩填筑时速 200 公里铁路高路堤适应性研究[A]. 客运专线工程技术学术研讨会论文集[C]. 铁道工程学报(增刊),2004:34-39.

[30] 中铁二院工程集团有限责任公司,等. 武广客运专线花岗填料特性及工程措施研究[R]. 成都:中铁二院工程集团有限责任公司,2010.

[31] 刘洋. 基于客运专线路基动强度的全风化花岗岩路用性能[J]. 铁道科学与工程学报,2009(5):31-36.

[32] 中铁二院工程集团有限责任公司,等. 郑西线黄土填料特性及工程措施研究[R]. 成都:中铁二院工程集团有限责任公司,2010.

[33] 罗照新. 郑西客运专线黄土填料改良试验研究[J]. 路基工程,2007(3):82-84.

[34] 孙宏林,赵新益. 下蜀黏土改良土填筑京沪高速铁路基床的试验研究[J]. 岩土工程学报,2004(2):293-295.

[35] 赵新益. 石灰改良下蜀黏土作为高速铁路路堤填料的动力特性试验研究[J]. 铁道标准设计,2012(11):1-10.

[36] 孙利琴,魏永幸. 遂渝线无砟轨道综合试验段路基工程设计[J]. 铁道勘察,2007(3):98-101.

[37] 王开云,赵栋,周成,等. 光纤编码型铁路路基沉降监测系统技术研究与应用[J]. 高速铁路技术,2014(2):36-42.

[38] 中铁二院工程集团有限责任公司. Q/73020712 – 6. 2 – 2013,光纤编码型铁路路基沉降监测系统安装通用技术要求[S]. 成都:中铁二院工程集团有限责任公司.

[39] 中铁八局集团有限公司,等. 高速铁路线下工程变形监测及评估技术与数据处理系统研究[R]. 成都,2012.

[40] 中铁二院工程集团有限责任公司,等. TB 10106—2010 铁路工程地基处理技术规程[S]. 中国铁道出版社,2010.

[41] 中铁二院工程集团有限责任公司,等. 武广客运专线软土、松软土特性及工程措施研究[R]. 成都:中铁二院工程集团有限责任公司,2010.

[42] 魏永幸. 遂渝线无砟轨道桩 – 网结构路基及其试验研究[J]. 铁道工程学报,2006(5):32-35.

[43] 魏永幸,等. 无砟轨道钢筋混凝土桩 – 网结构路基及其构筑方法:中国,ZL200710050181. 9[P]. 2007.

[44] 中铁二院集团有限责任公司,等. 遂渝线无砟轨道路基工程关键技术研究分报告二——桩 – 网结构路基试验研究[R]. 成都:中铁二院工程集团有限责任公司,2009.

[45] 魏永幸,薛新华. 无砟轨道桩 – 网结构路基设计方法研究[J]. 高速铁路技术,2010(1):22-26.

[46] 西南交通大学,等. 客运专线高强度桩复合地基承载特性及结构优化研究[R]. 成都:西南交通大学,2009.

[47] 魏永幸,薛新华. 桩 – 网结构路基沉降计算方法探讨[J]. 铁道工程学报,2010(10):36-40.

[48] 中国铁道科学研究院. 加筋网垫在桩网支承路基中的受力机理及计算方法研究[R]. 北京:中国铁道科学研究院,2009.

[49] 魏永幸. 客运专线无砟轨道桩 – 板结构路基[J]. 铁道工程学报,2008(4):19-22.

[50] 中铁二院工程集团有限责任公司,等. 遂渝线无砟轨道路基工程关键技术研究分报告一——桩 – 板结

构路基试验研究[R]. 成都:中铁二院工程集团有限责任公司,2009.

[51] Wei Yongxing,Zhang Minjin. Discussion on Design and Calculation Method of Pile-plank subgrade for Unballasted Track[A]. New Technogies of Railway Engineering[C]. China Railway Publishing House,2012:418-421.

[52] 中铁二院工程集团有限责任公司,等. 遂渝线无砟轨道路基工程关键技术研究分报告三——无砟轨道路基与桥隧涵构筑物刚度匹配技术试验研究[R]. 成都:中铁二院工程集团有限责任公司,2009.

[53] 中国铁道科学研究院,等. 遂渝线无砟轨道综合试验段路基及过渡段动力性能测试报告[R]. 北京:中国铁道科学研究院,2007.

[54] 中铁二院工程集团有限责任公司,等. 客运专线隧路过渡段设计关键技术研究[R]. 成都:中铁二院工程集团有限责任公司,2007.

[55] 中铁二院工程集团有限责任公司,等. 客运专线两桥(隧)之间短路基参数试验研究[R]. 成都:中铁二院工程集团有限责任公司,2006.

[56] 魏永幸,蔡成标,罗强. 客运专铁路两桥(隧)之间短路基合理设计参数研究[A]. 客运专线铁路建设技术交流会论文集[C]. 长江出版社出版,367-372.

[57] 魏永幸,孙利琴. 高速铁路短路基构造:中国,ZL200920080075. x[P]. 2009.

[58] 魏永幸,孙利琴. 高速铁路路桥过渡段路基构造:中国,ZL200920080074[P]. 2009.

[59] 中铁二院工程集团有限责任公司,等. 客运专线无砟轨道路基面防水材料试验研究[R]成都:中铁二院工程集团有限责任公司,2009.

[60] 邱延峻,魏永幸. 客运专线无砟轨道路基面防水型沥青混合料指标体系与配制技术[J]. 铁道学报,2008(5):85-91.

[61] 中铁二院工程集团有限责任公司,等. 全断面沥青混凝土路基基床表层结构试验研究[R]. 成都:中铁二院工程集团有限责任公司,2012.

[62] 魏永幸,等. 季节性冻土地区无砟轨道高速铁路路堑基床结构:中国,ZL201310221787. X[P]. 2013.

[63] 魏永幸,等. 季节性冻土地区无砟轨道高速铁路路堤基床结构:中国,ZL201310221582. 1[P]. 2013.

[64] 魏永幸,李云华,杨正国. 高导水率复合防排水板及其在铁路工程中的应用[J]. 铁道勘察,2007(3):62-63.

[65] 魏永幸. 客运专线无砟轨道铁路路基纵断面设计[J]. 铁道工程学报,2010(12):18-22.

[66] 魏永幸. 基于填方工程的斜坡软弱地基及其成因[J]. 地质灾害与环境保护,2006(3):11-67.

[67] 魏永幸,罗强,邱延骏. 斜坡软弱地基填方工程特性及工程技术研究[J]. 铁道工程学报,2006(9):10-15.

[68] 魏永幸,罗强,邱延峻. 斜坡软弱地基填方工程技术研究与实践[M]. 北京:人民交通出版社,2011.

[69] 中铁二院工程集团有限责任公司,等. 高速铁路防异物入侵刚性防护网技术研究[R]. 成都:中铁二院工程集团有限责任公司,2009.

[70] 魏永幸,秦小林. 高速铁路防异物入侵刚性防护网:中国,ZL200920297528. 4[P]. 2009.

[71] 中铁二院工程集团有限责任公司,等. 艰险山区陡坡路基异物入侵监测预警系统研究[R]. 成都:中铁二院工程集团有限责任公司,2009.

相关工程图片

图片 1　遂渝线无砟轨道综合试验段路基基床结构室内模型试验

图片 2　遂渝线无砟轨道综合试验段桩 - 板结构路基室内模型试验

图片 3　遂渝线无砟轨道综合试验段桩 - 网结构路基室内模型试验

图片4　遂渝线无砟轨道综合试验段桩－网结构路基现场施工

图片5　遂渝线无砟轨道综合试验段桩－网结构路基(动车组通过蔡家车站高度17m的桩－网结构路基)

图片6　遂渝线无砟综合轨道综合试验段桩－板结构路基(图中弯道处为高度15m的桩－板结构路基)

a)

b)

图片 7　遂渝线无砟轨道综合试验段实车试验

图片 8　武广客运专线斜坡软弱地基高路堤

图片9 武广客运专线两桥隧之间短路基

图片10 武广客运专线武汉试验段路基面防水沥青混凝土防水层